주식회사 지배구조의 법리

주식회사 지배구조의 법리

김효신

경북대학교출판부

김효신

경북대학교 법학전문대학원 교수
한국상사법학회 부회장
한국상사판례학회 부회장
사법시험출제위원
법학교육위원회 위원
정부공직자윤리위원회 위원

경북대학교 법과대학 학장
경북대학교 행정대학원 원장
사법제도개혁추진위원회 위원
산업재해보상보험심사위원회 위원

〈주요 저서 및 논문〉
『보험법의 법리』(2005, 경북대학교출판부)
「기업지배구조변화에 따른 이사회개선방안」, 상사판례연구 제18권 제3호(2005, 한국상사판례학회)
「전자선하증권도입에 따른 법적 과제」, 상사법연구 제26권 제2호(2007, 한국상사법학회)
「집행임원제도도입과 회사지배구조의 변화」, 중앙법학 제9권 제3호(2007, 중앙법학회)

주식회사 지배구조의 법리

찍은날 2009년 9월 21일 | **펴낸날** 2009년 9월 30일
지은이 김효신
펴낸이 노동일 | **펴낸곳** 경북대학교출판부
출판등록 1973년 10월 10일 ㉑97호 | **주소** 대구광역시 북구 산격동 1370번지
전화 053-950-6741~3 | **팩스** 053-953-4692 | **E-mail** press@knu.ac.kr
Homepage http://knupress.com

정가 19,000원
ISBN 978-89-7180-277-9 93360

※파본은 바꾸어 드립니다.

머리말

주식회사지배구조에 대한 논의는 그동안 상사법학계의 중요한 테마 중의 하나였다. 1999년 상법 개정 이후 우리나라에서는 감사위원회, 사외이사, 이사회내 위원회제도 등 미국식 이사회제도들을 많이 도입하였다. 최근에는 이사회를 개선하여 이사회의 업무집행기능과 감독기능을 분리하자는 논의가 활발해지고 있다. 즉 현행 이시회제도를 사외이사를 중심으로 하여 감독기관으로 개편하고 업무집행기관으로 집행임원제도를 도입하며 이사회 내의 위원회제도를 활성화할 필요가 있다는 것이다. 이러한 논의를 기반으로 주식회사지배구조에 대한 기본적인 내용을 이 책에 담았다.

주식회사법은 지배구조의 체계에 따라 그 내용을 파악하는 것이 가장 합리적이다. 따라서 이 책은 회사지배구조, 주식회사의 법적 개념, 주식회사의 설립과 관련된 사항 등 기본적인 요소들을 이해하고, 이를 바탕으로 주식회사의 가장 중요한 구성요소인 주식, 주식회사의 기관인 주주총회, 이사회 · 대표이사, 감사 · 감사위원회의 순서로 서술하였으며, 마지막으로 회사의 자금조달 방법과, 구조개편에 대하여 서술하였다. 관련 판례들은 최근 판례를 중심으로 발췌하였으며, 주요 내용을 바로 확인할 수 있도록 본문 해당 부분에서 소개하는 형식을 취하였다.

책의 교정과 편집을 맡아준 경북대학교 대학원 상사법교실 박사과정생 이형균 君과 이재범 君에게 감사하며 학문적으로 대성하기를 기원한다. 그리고 책 발간을 위해 항상 애쓰시는 출판부 김용훈 선생님을 비롯하여 관계자 여러분의 노고에도 감사를 드린다.

2009. 9. 10.

김효신 씀

목차

머리말

제1장 · 회사지배구조 13

Ⅰ. 지배구조란 무엇인가? 13

1. 지배구조의 개념 / 2. 지배구조의 이론적 배경 / 3. 경영통제의 방식
4. 지배구조개선과 소유구조

Ⅱ. 지배구조의 비교법적 고찰 17

1. 미국 / 2. 독일 / 3. 프랑스 / 4. 일본 / 5. 우리나라

Ⅲ. OECD 기업지배구조원칙 21

Ⅳ. 우리나라의 기업지배구조 모범규준 21

1. 모범규준의 제정 배경 / 2. 모범규준의 제정목적 / 3. 모범규준의 내용과 구성
4. 모범규준의 적용 / 5. 모범규준의 개정 배경

제2장 · 주식회사란 무엇인가? 25

Ⅰ. 회사의 의의 25

1. 영리성 / 2. 사단성 / 3. 법인성

Ⅱ. 회사의 종류 32

1. 상법전의 분류 / 2. 경제상의 분류

Ⅲ. 회사의 능력 35

1. 회사의 권리능력 / 2. 회사의 의사능력·행위능력 / 3. 불법행위능력

Ⅳ. 회사설립의 입법주의 39

1. 자유설립주의 / 2. 특허주의 / 3. 허가주의 / 4. 준칙주의

Ⅴ. 주식회사의 개념 40

1. 주식회사의 의의와 요소 / 2. 주식회사의 경제적 기능

제3장 · 주식회사의 설립 44

Ⅰ. 발기인 · 발기인 조합 · 설립중의 회사 44

1. 발기인 / 2. 발기인조합 / 3. 설립중의 회사

Ⅱ. 주식회사설립절차 49

1. 정관작성 / 2. 주식발행사항결정 / 3. 주식인수절차 / 4. 출자이행절차
5. 기관구성절차 / 6. 설립경과조사 / 7. 설립등기

Ⅲ. 설립의 하자 56

1. 설립무효의 소 / 2. 사실상의 회사

Ⅳ. 주식회사설립에 관한 책임 57

1. 발기인의 책임 / 2. 유사발기인의 책임 / 3. 이사 · 감사 · 공증인 · 감정인의 책임
4. 검사인의 책임

제4장 · 주식과 주주 61

Ⅰ. 주식 61

1. 주식의 의의 / 2. 주식의 종류 / 3. 종류주주총회

Ⅱ. 주주 67

1. 주주의 의의 및 권리 · 의무

Ⅲ. 주권과 주주명부 72

1. 주권의 의의 / 2. 주권불소지제도 / 3. 주권의 상실 / 4. 주주명부

Ⅳ. 주식의 양도 79

1. 주식양도의 자유원칙과 그 제한 / 2. 주식양도의 방법 / 3. 주식매수선택권
4. 주식의 담보설정

Ⅴ. 주식의 소각 91

1. 이익소각 / 2. 주주총회결의에 의한 주식소각

제5장 · 주주총회 93

Ⅰ. 주주총회의 의의 93

1. 비교법적 고찰 / 2. 주주총회의 권한과 역할 / 3. 주주총회의 운영

Ⅱ. 주주총회의 소집 95

1. 소집권자 / 2. 소집절차 / 3. 소집지와 소집시기

Ⅲ. 의결권행사 99

1. 의의 / 2. 1주1의결권 / 3. 의결권행사

Ⅳ. 결의요건과 결의방법 107

1. 결의요건 / 2. 의결권의 계산 / 3. 총회진행

Ⅴ. 주주제안권 109

1. 의의 / 2. 요건 / 3. 효과

Ⅵ. 반대주주의 주식매수청구권 111

1. 의의 / 2. 매수청구권의 행사 / 3. 매수청구의 효과

Ⅶ. 주주총회결의의 하자 113

1. 주주총회결의 취소의 소 / 2. 주주총회결의무효의 소 / 3. 주주총회결의부존재의 소
4. 부당결의취소·변경의 소

제6장 · 이사회 대표이사 ········ 119

Ⅰ. 이사 ········ 119

1. 이사의 선임 / 2. 이사의 종임 / 3. 이사의 보수

Ⅱ. 이사회 ········ 126

1. 이사회의 의의 / 2. 이사회의 소집과 결의 / 3. 의사록의 작성과 열람
4. 이사회의 권한 / 5. 이사회내 위원회

Ⅲ. 대표이사 ········ 135

1. 의의 / 2. 선임과 종임 / 3. 권한 / 4. 표현대표이사

Ⅳ. 이사의 의무 ········ 145

1. 선관주의의무와 충실의무 / 2. 경업금지의무 / 3. 자기거래금지 / 4. 보고의무
5. 비밀유지의무 / 6. 감시의무 / 7. 이사회 출석의무

Ⅴ. 이사의 책임 ········ 156

1. 회사에 대한 책임 / 2. 제3자에 대한 책임 / 3. 업무집행지시자의 책임
4. 이사책임의 추궁방법

Ⅵ. 직무대행자 ········ 185

1. 선임 / 2. 권한과 책임

Ⅶ. 집행임원제도의 도입 ········ 187

1. 도입논의의 배경 / 2. 상법개정안의 집행임원

제7장 · 감사제도 ········ 190

Ⅰ. 총설 ········ 190

Ⅱ. 감사 ········ 191

1. 선임과 종임 / 2. 권한 / 3. 책임

Ⅲ. 감사위원회 197

1. 감사위원회의 의의 / 2. 감사위원회의 구성 / 3. 감사위원회의 운영
4. 감사위원회의 권한과 의무 / 5. 감사위원회의 책임 / 6. 개선방안 / 7. 사외이사제도

Ⅳ. 검사인 207

Ⅴ. 외부감사인 207

1. 의의 / 2. 외부감사의 대상회사 / 3. 외부감사인의 권한·의무·책임

Ⅵ. 준법감시인 212

제8장 · 주식회사의 자본조달과 계산 213

Ⅰ. 통상의 신주발행 213

1. 의의 / 2. 신주인수권 / 3. 신주발행의 절차 / 4. 액면미달발행금지
5. 신주발행의 하자

Ⅱ. 특수한 신주발행 229

1. 준비금의 자본전입에 의한 신주발행 / 2. 주식배당에 의한 신주발행
3. 전환주식 또는 전환사채의 전환에 의한 신주발행
4. 신주인수권부사채의 신주인수권행사에 의한 신주발행 / 5. 기타 신주발행의 경우

Ⅲ. 자본의 감소 232

1. 의의 / 2. 절차 / 3. 자본감소의 무효

Ⅳ. 사채 235

1. 사채의 발행 / 2. 사채의 유통 / 3. 사채의 이자지급과 상환 / 4. 사채의 관리
5. 전환사채 / 6. 신주인수권부사채 / 7. 기타 특수사채

Ⅴ. 주식회사의 계산 256

1. 계산규정 / 2. 재무제표와 영업보고서 / 3. 재무제표의 승인 / 4. 준비금
5. 공시 및 주주·채권자의 권리보호

Ⅵ. 이익배당 …… 263

1. 이익배당(현금배당) / 2. 주식배당 / 3. 건설이자의 배당 / 4. 중간배당

제9장 · 주식회사의 구조개편 및 소멸 …… 269

Ⅰ. 회사의 합병 …… 269

1. 합병의 의의 / 2. 합병절차 / 3. 간이화된 절차 / 4. 합병의 효과 / 5. 합병무효의 소

Ⅱ. 회사의 분할 …… 275

1. 분할의 의의 / 2. 분할의 종류 / 3. 분할의 절차 / 4. 분할의 효과

Ⅲ. 지주회사-주식의 포괄적 교환·이전 …… 281

1. 의의 / 2. 주식의 포괄적 교환 / 3. 주식의 포괄적 이전

Ⅳ. 주식회사의 소멸 …… 288

1. 의의 / 2. 주식회사 해산사유 / 3. 청산인의 선임과 해임 / 4. 청산절차 / 5. 청산의 종결

Ⅴ. 회사의 회생 …… 292

1. 의의 / 2. 회생절차의 개시 / 3. 회생절차의 기관 / 4. 채무자재산의 조사 및 확보
5. 회생채권자·회생담보권자·주주·지분권자 / 6. 관계인집회 / 7. 회생계획
8. 회생계획인가 후의 절차 / 9. 회생절차의 폐지

참고문헌 305

찾아보기 306

제1장 회사지배구조

Ⅰ. 지배구조란 무엇인가?

1. 지배구조의 개념

지배구조란 회사의 의사결정기구가 다수자 지배인가 아니면 소수자 지배인가 또는 경영자 지배인가를 가리키는 것이었다. 그러나 최근의 국내외적으로 기업 지배구조 개편에 대한 논의가 활발해지면서 그 의미는 기업의 경영과 통제에 관한 시스템을 가리키는 특수한 용도로 사용되고 있다. 이러한 의미에서 기업지배구조(corporate governance)란 기업경영에서 주주와 경영진 및 기타 이해집단간에 이해관계를 조정하고 규율하는 제도적 장치와 운영 메커니즘이며, 경영권을 가진 경영진에 대하여 채권자, 일반 주주 등 이해관계인들의 경영통제의 정도를 나타내는 수준 혹은 이를 규율하기 위한 제도적인 장치라고도 할 수 있다.

이러한 기업지배구조에 관한 논의가 국내외적으로 주목을 받게 된 이유는 세계경제의 글로벌화가 진행되면서 기업들이 안정적으로 외국인 투자를 유치하고 기술혁신을 지속하기 위해서는 선진국 수준의 기업의 투명성이 보장되어야 한다는 것이다. 특히 국제자본 자유화를 주도하고 있는 OECD에서는 1999년 5월 회원국이 기업들이 준수해야 할 기업지배구조원칙을 제정함으로써 이러한 논의에 큰 기여를 하였다.

회사지배의 가장 중요한 목적은 회사의 통상적인 경영권을 장악하는 것이기 때문에 회사지배란 결국 이사선임을 위한 결의의 의결권을 확보함을 뜻한다. 그러므로 가장 확실한 의결권의 확보는 발행주식의 과반수를 소유하는 것이다. 그러나 다수의 주주로 구성된 회사에서 전주주의 출석이란 드문 일이며, 또 출석하더라도 의결권의 집단적 행사는 예상하기 어려우므로 실제는 발행주식 총수의 과반수에 달하지 않는 단순 다수만 가지고도 회사지배가 가능한 경우가 많다. 더욱이 현대 회사에서는 주식이 광범위하게 분산되면서, 사채권자화하여 주주총회에 참석할 실익이 없는 군소주주를 탄생시키므로 지배에 요하는 의결권수를 완화시켜주고 이들을 상대로 의결권의 위임을 효과적으로 권유하면 군소주주의 의결권은 권유자의 지배권에 가담하게 된다. 또 아예 투자주주를 회사지배에서 소외시킬 목적으로 무의결권주식을 발행하기도 한다. 이리하여 소량의 주식을 가지고도 회사지배가 가능해지고 있으며, 이 때문에 현대 회사는 지배구조상의 변화를 겪고 있다.[1)]

2. 지배구조의 이론적 배경

기업지배구조(Corporate Governance)란 기업을 지휘하고 통제하는 메커니즘을 말하며 이것을 설명하기 위한 이론적 접근은 크게 2가지로 구분할 수 있다. 첫째는 대리인 이론(agency theory)이며 둘째는 계약적 지배이론(contractual governance theory)이다. 대리인 이론에서는 기업지배구조란 소유와 경영이 분리된 상태에서 주주와 대리인인 경영자 사이에 정보의 비대칭성으로 인해 경영자가 주인인 주주를 위해 경영을 하는 것이 아니라 경영자 자신을 위해 경영을 하게 되는 도덕적 해이에 빠지게 된다. 따라서 이를 방지하기 위해 주인인 주주가 대리인인 경영자를 효율적이고 효과적으로 감시·감독하기 위한 체계를 말한다.

계약적 지배이론은 주주 외에도 채권자, 경영자, 종업원 등 다양한 이해집단도 제한적이나마 실질적으로 잔여청구권자로서 기업위험을 부담한다고 본다. 그러므로 계약적 지배이론에 의하면 지배구조란 다양한 이해관계자들이 각자의 이익을 극대화하며 계약 비용을 최소화하기 위해 체결하는 장기적이고 안정적인 계약체계를 말한다.

기업지배구조는 크게 2가지 접근 방식이 있다. 그 중 하나는 주주 중심 지배구조 모델이고 다른 하나는 이해관계자 중심 지배구조 모델이다. 주주 중심의 모델은 대리인 이론에 바탕을 둔 모델로서 지배구조란 기업에게 자금을 제공한 주주들이 자신들의

---

1) 이철송, 『회사법강의』, 박영사, 2009, 386면.

투자에 대한 수익을 보장받기 위해 경영진의 자원배분에 대한 의사결정을 감독하고 통제하는 방법을 말한다. 미국과 영국을 비롯한 앵글로 색슨 국가에서 채택하고 있는 방식으로 시장을 통한 외부적 통제가 경영진에 대한 주요 통제 방식이다. 이해관계자 모델은 계약적 지배이론에 바탕을 둔 것으로서 지배구조란 주주, 경영자, 종업원, 채권자, 공급자, 지역사회 등 다양한 이해관계자들이 각 이해집단간의 이익을 극대화하기 위하여 경영진을 감시하고 통제하는 방식을 말한다. 독일을 비롯한 유럽 대륙과 일본에서는 이러한 방식을 채택하고 있는데 채권자이자 주주인 은행에 의한 통제 또는 내부적 통제 방식이 주로 사용된다.

최근 들어 자본시장의 글로벌화가 급속히 진전되고 기업의 자금조달 방식도 금융기관을 통한 간접조달 방식보다 주식시장을 통한 직접조달 방식이 선호됨에 따라 투자자에 대한 권리보호가 더욱 중요하게 되었다. 그리하여 주주 중심의 지배구조 방식이 점차 글로벌 스탠다드화 되어가고 있으며, 이해관계자 모델 방식을 채택했던 많은 국가들도 점차 주주의 권리보호 및 시장기능 강화를 위한 제도를 도입하고 있는 현실이다.

3. 경영통제의 방식

경영자의 경영을 통제하는 방식은 내부적 통제 방식과 외부적 통제 방식이 있다. 합리적인 지배구조를 갖추기 위해서는 내부적 통제 방식과 외부적 통제 방식의 조화를 이루어야 한다. 주주 중심의 지배구조 모델을 채택한 국가도 이사회의 독립성과 경영진 감독 기능을 강화하는 등 내부적 통제 방식을 적극 활용하고 있다. 또한 이해 관계자 중심 모델을 채택한 국가에서도 외부 통제를 강화하기 위하여 시장에 의한 경영진 감독과 주주의 권리 보호를 위한 각종 제도를 도입하고 있다. 내부적 통제 수단으로는 이사회에 의한 경영진 견제, 감사위원회의 감사, 경영진 보상체계 등이 있으며 주로 사전적 견제 수단이 많이 이용되고 있다. 이에 비하여 외부적 통제 수단은 기업 경영권 시장, 주주의 경영감시, 경영자 노동 시장, 기관투자자의 주주행동주의, 회계의 투명성 및 외부감사의 신뢰성 등이 있으며 특히 기업경영권 시장은 사후적 견제 수단으로 외부적 통제에서 매우 중요한 역할을 담당한다.

4. 지배구조개선과 소유구조

기업지배구조란 기업을 지휘하고 통제하는 메커니즘이며 소유구조는 일반적으로 회사 주식의 분포를 의미한다. 즉 전자는 기업경영 활동을 감시하고 통제하는 구조에 관한 동적인 개념이며 후자는 주식의 소유에 기한 의결권의 분포상황 및 경영권의 소재에 초점이 맞춰진 정적인 개념으로 구별되어야 하는 서로 다른 개념이다. 그럼에도 불구하고 현재 이 두 용어는 혼란을 야기하며 혼용되거나 오용되는 경우가 많은 것이 사실이다. 이는 "지배한다"는 것이 "소유한다"는 것과 실질상 유사한 것이라는 일반인의 인식에서 비롯되어지는 것으로 보인다. 그러나 이 두 개념은 서로 다른 평면을 가지고 있으며 마땅히 구별해서 사용되어 져야 한다.

기업지배구조와 소유구조를 구별해야 한다고 해서 기업지배구조에 있어 소유구조가 중요한 부분임을 부정하는 것은 아니다. 기업지배구조에 있어 소유구조는 그 중요성의 대소에 대해 의견차가 있을 뿐 그 자체가 중요 부분이라는 점을 부정하는 의견은 없다. 주주는 자기자본을 제공하고 경영권을 보유하는 자로서 기업의 잔여위험 부담자(residual risk bearer)이기 때문에 지배구조의 중심에는 항상 주주가 있다. 특히 소유가 분산된 경우에는 감시의 무임승차문제가 있기 때문에 주주를 대신하여 경영진을 감독할 메커니즘이 필요하게 되며 이를 위한 시스템이 기업지배구조이다. 기업지배구조 논의의 중심에는 항상 주주의 권리가 있듯이 지배구조 개선 논의의 핵심사항 중 하나도 소유구조의 투명성이다. 회사의 소유지분 관계는 투명하게 공시되어야 하는데 이는 곧 회사의 소유주가 누구이며 최종적인 의사결정권자가 누구인지 그리고 최종적인 권리 및 책임의 소재가 어디에 있는지를 명확하게 하는 것이다. 여기서부터 투자자의 투자의사결정이 시작된다고 볼 수 있다. 따라서 소유구조의 투명한 공시는 공개회사의 경우 가장 기본적인 의무이며, 간결하고 투명한 소유구조는 일반 투자자의 신뢰를 얻고 장기적인 성장발전의 기초로서 의미가 크다고 할 수 있다.[2)]

---

2) 정재규, 「기업지배구조개선과 소유구조」, 『CGReview』 35호, 한국기업지배구조센터, 2007. 11. 12.

Ⅱ. 지배구조의 비교법적 고찰

1. 미국

미국에서는 각주의 회사법에 준거하여 주식회사가 설립되므로 그 경영관리기구도 당연히 주회사법에 의해 규제되고 있다. 물론 다수의 주회사법은 미국법률가협회(American Bar Association, ABA)가 작성한 모범사업회사법에 의거하여 제정하고 있으므로 미국의 회사업무집행체제는 공통된 특징을 가지는데, 그것은 각주의 회사법에서 이사회가 회사의 업무집행에 관한 일반적 권한을 가지는 것이다. 그러나 실제의 업무집행행위는 이사회가 임명한 사장, 부사장, 재무이사 등의 집행임원에게 위임되고 이러한 이사회제도는 각주의 회사법이 규정하는 것이지만 회사법상 이사의 권한과 의무에 관하여는 전혀 규정하고 있지 않다. 그것은 통상 회사의 부속정관과 이사회의 결의로 규정되고 있으며 원칙적으로는 사장이 최고집행임원으로서 업무집행임원들의 업무집행활동을 총괄한다. 한편 공개회사의 경우 이사회 내부구성에 있어서 법률에서는 요구하고 있지 않지만, 증권거래소 증권거래 상장기준에 따라 감사위원회, 지명위원회, 보수위원회 등의 각종위원회가 설치되어 있다.

경영관리기구는 이사와 임원이 분리되어 있으며, 이사와 별개로 독립된 감사제도는 두지 않고 있다. 그러므로 미국은 이사회에서 업무집행기능과 감독기능을 통합하여 운영하는 일원적 경영관리구조를 가지고 있다. 한편 최근에는 이사회의 기능이 세분화되어 업무집행 등에 대한 의사결정은 집행위원회에 맡기고, 이사회는 업무집행감독기능만을 하는 것으로 변화되어가고 있다. 미국의 경영기구는 경영집행자인 CEO를 중심으로 한 경영집행진과 경영집행자를 보좌하고 감독하는 외부인들로 구성된 이사회가 분리되는 체계이다. 이사의 수는 적고 업무집행은 집행임원에게 위임된다. 이사는 어디까지나 외부적인 advisor에 불과하고 당해 사무의 전문가도 아니다. 대부분의 이사는 경영진이 제시한 사업계획에 대해 일반적이고 상식적인 질문을 하여 필요한 정보를 입수하고, 회사가 수립한 계획에 관하여 제3자적인 입장에서 오류나 모순을 검토하고 적절한 절차를 거쳤는지를 검토하는 것이 그 임무이다. 또 내부정보를 신뢰한 경우 면책된다는 규정에 따라 이사는 경영판단의 상세한 사항까지 알지 못하더라도 원칙으로 법적 책임을 지지 않는다.[3)]

2. 독일

독일의 경우에는 주식의 소유 집중이 인정되고, 은행이 위임장(proxy votes)을 통하여 회사를 지배하며, 가족 주주간에 소회사를 소유하는 사례가 많다. 회사의 주거래은행은 모니터링 역할을 하고 위임장에 의한 의결권의 대리를 행사한다. 거기다가 고용인이 500인 이상인 공개회사의 경우에는 회사경영의 이원제(two-tie system)을 채용하며, 이 경우에 감독기관인 이사회와 경영기구인 이사회가 구분된다.

1980년대 이래 국제적 투자가들은 기업지배구조에 관한 논의를 진행시켰고, 1990년대 기업들의 위기사태를 통해서 독일 내부에서도 기업지배구조 개선의 논의가 촉진되어 1998년에 『기업의 통제와 투명성에 관한 법』과 『자본조달용이화법』이 제정되었다. 주식법은 이사회의 정보제공의무를 규정하고 감사회제도와 결산감사인제도의 개선, 주주의 의결권 관련조항의 개선, 자기주식취득의 완화, 스톡옵션제를 채택하는 등의 개정이 있었다. 독일 기업지배구조기준정부위원회는 2002년 2월 26일 독일 기업지배구조기준을 제정하였는데, 이는 기업투명성을 제고하기 위하여 감사의 기능을 강화하려는 것이다.

전통적으로 관계중심 혹은 은행 중심의 독일식 기업지배구조인 라인(Rhein)모델은 시장중심의 영미식 기업지배구조와 다른데, 이것은 두 체제가 자본시장 발달정도나 기업과 은행간의 관계, 기업의 소유관계 등의 차이에서 기인한다. 그러나 1990년대 기업들의 위기사태 이후 독일에서도 기업지배구조의 개선논의가 촉진되게 되었다.

3. 프랑스

영미국가들은 시장에 대한 신뢰와 국가에 대한 견제심리를 바탕으로 시장 자본주의의 전통을 발전시킨 특징을 가지지만, 프랑스는 시장에 대한 불신과 국가에 대한 의존심리를 바탕으로 국가주도형 시장경제의 전통을 이어왔다. 따라서 영국과 미국에서는 주식시장과 경영권 시장을 통해 경영진을 감시·통제하는 외부통제시스템이 발달하게 되었지만,

---

3) 최준선, 『회사법』, 삼영사, 2009, 400-410면.

프랑스는 대주주인 정부에 의해 경영진을 감시·통제하는 내부 통제시스템이 발달하게 되었다. 그러나 최근 프랑스에서는 공기업의 민영화와 기관투자자의 영향력 증대 등으로 인하여 정부에 의한 직접적 영향력행사가 점차 줄어들고 있으며 시장에 의한 감시·통제가 점차 중요한 역할을 담당하고 있다.

프랑스의 경우에는 영미제도의 이사회와 독일제도의 이사회의 선택구조이며 근로자는 이사회에 관찰자(observer)로서 참여한다. 그리고 전통적으로 주주간의 상호 보유에 대한 간섭이 행하여지고 관료들이 끊임없는 반복의 개입을 하는 것이 특징이다. 회계검사인제도의 개선과 업무감독이사회, 경영감독인, 기업운영위원회, 결합기업운영위원회, 증권거래위원회 등을 통한 회사 경영에 대한 감독이 중심으로 되어 있으며, 또한 이사와 회계검사인의 책임을 강화하고 있다.

4. 일본

2002년 상법개정으로 회사지배구조에 대하여 미국 제도를 도입하고 있다. 즉 상법특례상 대회사와 그 외의 대회사는 정관의 정함으로 감사를 두지 않고 이에 갈음하여 이사 3인 이상으로 구성되는 지명위원회, 감사위원회 및 보수위원회를 둘 수 있도록 하고 위원회의 권한을 상세히 규정하고 있다. 이와 같이 위원회를 설치하는 회사를 위원회설치회사라고 한다. 이 회사는 위의 위원회 이외에 이사회에 의해 선임된 이사 및 대표이사을 두어 이사회가 위임한 사항을 결정하고 회사의 업무집행을 하도록 하고 있다. 그리고 위원회설치회사에서는 이사회가 이사 및 집행역이 집행을 감독한다. 위원회설치회사에는 감사를 둘 수 없고 감사위원회가 이사 및 집행역의 직무집행을 감사하는 권한을 가지며 종래의 감사가 행사하는 권한과 같은 권한을 행사한다.

5 우리나라

회사법상 주식회사의 경영기구는 주주총회가 경영담당자를 선택하는 일원제와 주주총회가 경영감독기관의 구성원을 선임하여 경영감독기관이 그 구성원 이외의 자로부터 경영자를 선임하는 이원제로 구분된다. 기업지배구조론의 목적이 경영에 대한 통제를 충실히 하는 것이기 때문에 일원제를 채택한 미국과 영국은 이사회가 개혁의 대상이며, 이원제를 채택한 독일은 감사회가 개혁의 대상이다.[4)]

우리 상법상의 주식회사 지배구조는 독일식의 이원제도나 영미식의 일원제도가 아니다. 우리 상법상의 주식회사의 지배구조를 보면, 경영기구를 이사회와 대표이사로 이원화하고 있는 점에서는 독일식 이원적 제도와 차이가 있다. 또한 감사라는 별도의 경영감독기관을 두도록 한 점은 독일식 이원적 제도와 가깝지만 합의체기관이 아니고 단독기관인 점에서 독일의 경우와는 다르다. 한편 경영권의 중심을 이사회에 두고 이사회로 하여금 업무집행에 관한 기능과 경영감독의 기능을 겸하게 하면서 감사에 갈음하여 이사회 내의 감사위원회를 둘 수 있게 하여 경영감독 및 감사를 맡기고 있는데 이는 미국식 지배구조를 도입한 것이다. 그러나 경영기구를 이사회와 대표이사로 분화하고 경영감독에 있어서 감사위원회와 감사 중 어느 하나를 회사가 자율적으로 선택하게 한 것은 프랑스회사법의 입법례에 근접하고 있다. 따라서 상법상의 주식회사의 운영 및 감독에 관한 기관구성은 순수한 독일식도 미국식도 아닌 이들의 혼합형 내지 변형 형태라고 할 수 있다.[5)]

우리나라는 이사회가 업무집행을 결정하는 업무집행기관을 겸하고, 경영자인 대표이사는 반드시 이사일 것을 요구한다. 집행과 감독이 분리되어 있지 않으며, 경영자와 감독기관인 이사회가 분리되어 있지 않은 까닭에 이사회의 경영감독기능에 본질적인 제약이 있다.[6)] 회사운영실무상으로도 기업지배구조평가에서 이사회부분이 가장 취약한 것으로 나타나고 있다. 따라서 이사회의 개선이 시급한 과제이고 이를 위하여 기존 이사회의 업무집행기능과 감독기능을 분리하여야 한다. 즉 현행 이사회제도를 사외이사를 중심으로 하여 감독기관으로 개편하고 업무집행기관으로 집행임원제도를 도입하며, 이사회 내의 위원회제도를 활성화할 필요가 있다.

---

4) 최준선 · 김순석, 『회사법 개정방향에 관한 연구』, 한국상장회사협의회, 2004, 239-240면.
5) 강희갑, 『회사법강의』, 책과 사람들, 2004, 428면.
6) 강희갑, 『주식회사 경영감독 · 감사 및 감사위원회제도에 관한 연구』, 한국상장회사협의회, 2002, 138-139면.

Ⅲ. OECD 기업지배구조원칙

OECD 기업지배구조 원칙(OECD Principles of Corporate Governance)은 기업지배구조에 관한 국제적 논의와 합의가 필요하다는 인식에 따라 1999년 2월에 초안이 발표된 후 동년 5월에 OECD 각료회의에서 통과하였다. 동 원칙은 1) 주주의 권리, 2) 주주의 동등 대우, 3) 기업지배구조에 있어서 이해관계자의 역할, 4) 공시 및 투명성, 5) 이사회의 임무와 책임 등에 관한 기준을 제시하였다. 또한 국제금융안정포럼(Financial Stability Forum)은 동 원칙을 12개 금융시스템 건전성 기준 중 하나로 지정하였다. 이 포럼은 주요 선진국 감독 당국, 국제 감독기구 등 41개 기관 관계자로 구성되어 있으며, 국제금융시장의 안정성을 논의하였다.

이후 엔론社(Enron Corporation) 등의 대형 회계부정 사건과 기업지배구조 환경 변화를 계기로 2002년부터 기존의 원칙을 수정·보완하여 2004년 5월 OECD 각료회의에서 개정 원칙을 통과시켰다. 개정 원칙에서 기업지배구조 제도 확립, 주주의 권리와 이사회의 독립성 및 책임이 강화되었으며, 기관투자자의 역할에 관한 세부 사항도 추가되었다.

OECD 기업지배구조 원칙은 일종의 지침으로서 회원국과 비회원국이 반드시 준수해야 할 의무사항은 아니지만 각국의 실정에 맞는 기업지배구조 기준을 제정하고 자국 시장의 건전 발전을 유도해 나갈 것을 권고하고 있다.

Ⅳ. 우리나라의 기업지배구조 모범규준

1. 모범규준의 제정 배경

기업은 새로운 경제적 가치를 창조하는 주체이며, 기업의 경쟁력이 국가의 경쟁력을 결정하는 핵심요체이다. 세계 각국은 자국 기업의 경영효율성을 높여 경쟁력을 제고하기 위하여 국제적인 자본이동을 자유화하고, 국가간의 교류를 증대하는 등 국제 정합성에 입각한 경쟁력 있는 제도와 관행의 도입을 추구하고 있다.

새로운 밀레니엄을 맞으면서 우리 기업도 국제경쟁에서 살아남기 위해 세계적 흐름에 적극적이고 능동적으로 대처해야 한다. 세계화된 자본시장에서 모범적인 기업지배구조는 투자결정에 매우 중요한 요소이다. 우리 기업이 장기자금을 안정적으로 조달하기 위해서는 신뢰할 수 있고 국제적으로 통용될 수 있는 지배구조를 갖추어야 한다.

이러한 시대적 요청에 부응하여 기업지배구조 개선위원회는 우리 기업이 대내외적으로 신뢰받고 경영의 투명성과 효율성을 높일 수 있는 바람직한 기업지배구조의 방향을 제시하기 위하여 본 모범규준을 제정한다.

2. 모범규준의 제정목적

본 모범규준은 미래지향적인 관점에서 우리 기업의 투명성과 효율성을 제고함으로써 기업가치를 극대화함을 목적으로 한다. 기업이 주주 등 이해관계자로부터 신뢰를 받기 위해서는 투명하고 책임있는 경영을 하여야 한다. 이러한 기업의 투명성과 책임경영의 기반 아래 창조적이고 진취적인 기업가 정신이 발휘될 수 있는 경영체제가 확립되어야 한다.

기업에는 다양한 이해집단이 존재한다. 다양한 이해관계자의 이해조정은 비용부담을 줄이고 기업의 경쟁력을 강화시킬 수 있도록 합리적이고 공정하게 이루어져야 한다. 또한 기업의 장기적인 발전을 위해 기업과 그 구성원은 투철한 윤리의식을 가지고 사회적 책임을 다하여야 한다.

3. 모범규준의 내용과 구성

기업지배구조 개선위원회는 우리 기업이 처한 경영환경의 특수성을 고려하면서도 국제적인 기업지배관행에 부합하는 원칙과 기준을 모범규준에 담고자 노력하였다. 또한 현행 법령상의 요구를 존중하면서도 미래지향적인 관점에서 바람직한 기업지배구조의 방향을 제시하였다.

모범규준의 내용은 전문과 주주, 이사회, 감사기구, 이해관계자, 시장에 의한 경영감시

등 본문 다섯 부문 및 권고사항으로 이루어져 있다. 각 부문마다 규준을 제시하였고 이해를 돕기 위한 주석을 달았다.

4. 모범규준의 적용

본 모범규준은 상장기업을 비롯한 공개기업을 적용대상으로 하고 있다. 그러나 비공개 기업도 모범규준을 준수하는 것이 바람직하다. 기업의 환경은 기업마다 상이할 뿐 아니라 끊임없이 변화하고 있어 기업지배구조는 유연하고 탄력적으로 운영되어야 한다. 그러므로 기업은 본 모범규준을 기본으로 하여 자발적으로 기업지배구조를 설계하여 운영하고, 지속적인 평가를 통하여 계속 발전시켜야 한다. 또한 본 모범규준도 시대적 상황변화에 따라 계속적으로 재검토되어야 한다.

5. 모범규준의 개정 배경

지난 1999년 9월에 발표된 모범규준은 지배구조 관련법제를 개정하는 모형이 되었으며, 모범규준을 지침으로 한 기업들의 자발적인 노력과 사회각계의 활동으로 기업경영의 투명성과 증권시장의 신인도가 적지 않게 향상되었고, 시장참여자의 기업지배구조에 대한 관심도 크게 증가되었다.

이러한 성과를 이룬 모범규준에 대한 개정 논의는 그간의 기업지배구조 환경의 변화와 함께 지난 수년간 전 세계적으로 지속되어온 지배구조에 관한 논의와 각국의 제도개선 동향을 배경으로 시작되었다. 그동안의 제도 개선과 일부 기업들의 자발적인 지배구조 관행의 변화로 인하여 기존 모범규준은 향후의 지배구조 개선 방향을 제시하는 데 다소 미흡하다는 인식을 주게 되었으며, 우리 기업의 지배구조 위험은 여전히 코리아 디스카운트의 원인 중의 하나로 설명되고 있다. 또한 미국에서 발생한 대규모 회계부정 사건들은 많은 나라들이 지배구조 개혁을 위한 새로운 법제를 도입하고 증권시장 관리자가 관련 규정을 강화하는 계기로 작용하였다.

이에 이러한 여건 변화를 고려하여 우리 기업의 지배구조 환경에 비추어 개선의 타당성이 인정되면서 동시에 글로벌 스탠다드에도 손색이 없는 내용을 담기 위하여 모범규준을 개정하게 되었으며, 향후에도 모범규준을 지속적으로 보완하고 발전시킬 것이다.

제2장 주식회사란 무엇인가?

Ⅰ. 회사의 의의

상법상 회사라 함은 상행위 기타 영리를 목적으로 하여 설립한 사단을 이른다(상법 제169조). 또한 회사는 법인으로 한다(상법 제171조 제1항). 따라서 회사의 특성으로 영리성, 사단성, 법인성 등을 들 수 있다.

1. 영리성

회사가 영리를 목적으로 한다는 것은 회사가 영리사업을 경영하여 그 이익을 사원에게 분배하는 것을 말한다.[7] 회사가 구성원에게 이익을 분배한다는 것은 회사가 대외적 활동에 의하여 이익을 얻고 이 이익을 배당의 형식으로 구성원에게 분배하는 것을 말한다. 그러므로 단체내부의 활동에 의해 구성원에게 직접 이익을 주는 익명조합이나 상호회사는 상법상의 회사가 아니다.[8] 회사가 영리를 목적으로 하는 것 중에 상행위를 영업으로 하면 상사회사가 되어 당연상인이 되며, 상행위이외의 영리를 목적으로 하면 민사회사가 되어 의제상인이 된다. 그러나 둘 다 상법이 적용된다는 면에서는 이를 특별히 구별할 실익은 없다.

비영리사업만을 목적으로 하는 회사도 존재할 수 있는가에 관하여 영리성은 회사의 본질에 관한 문제이므로 비영리사업만을 목적으로 하는 회사는 회사가 될 수 없다고

---

7) 정찬형, 『상법강의(상)』, 박영사, 2009, 282면, 410면.
8) 정찬형, 411면.

본다. 다만 어떤 회사가 비영리사업을 목적으로 하는가 아닌가의 여부는 정관의 정함으로 판단할 것이 아니고 구체적이고 실질적으로 판단하여 결정하여야 한다고 본다.[9)]

2. 사단성

1) 사단성의 의미

사단이란 개념은 조합에 대한 개념이다. 사단과 조합은 단체의 실질적 성질에 의하여 구별된다. 즉 사단이란 단체와 그 구성원과의 관계에 있어서 구성원의 개성이 조합에 비하여 상대적으로 희박한 단체이다.

상법상 인정되는 회사는 합명회사, 합자회사, 유한 회사, 주식회사 4종류의 회사가 있다. 이 중 인적회사인 합명회사와 합자회사는 실질이 조합인데 사단으로 설명할 수 있는냐에 문제가 있다. 이에 대하여 학설이 대립하고 있는데 ① 상법 제169조에 의해 여기서의 사단은 조합을 포함하는 개념이라고 보는 인적결합설[10)], ② 인적회사는 조합에 속하기는 하지만 사원관계에 의해 결합되므로 형식적으로 사단이라고 하는 형식적 사단설[11)], ③ 상법에서의 사단의 의미는 실질적 의미의 사단이며 조합과 사단의 구별을 절대시 할 수 없고 상대적 개념에서 회사는 사단이라고 하는 실질적 사단설[12)] 등이 있다. 근본적인 문제는 회사를 사단으로 규정한 입법에 문제가 있는 것으로 보이며 법조문에서 사단이라는 단어를 삭제하는 쪽으로 개정하는 것이 타당하다고 생각된다.

2) 1인회사

합명회사나 합자회사에는 1인회사가 문제되지 않으나 주식회사나 유한회사는 1인 설립이 가능하고 존속요건으로도 2인 이상의 주주나 사원을 요구하지 않으므로 1인회사가 인정될 수 있다(상법 제517조 제1호).

1인회사의 법률관계와 관련하여 제기되는 몇 가지 문제가 있다. 주주총회 소집절차

9) 최준선, 30면.
10) 정희철, 『상법원론』, 박영사, 1997, 279면.
11) 이범찬, 『상법』, 삼영사, 2009, 113면.
12) 손주찬, 『주석상법(상)』, 한국사법행정학회, 1972, 521면.

및 결의방법의 하자에 대하여 1인회사는 주주총회의 소집이나 결의방법이 상법의 규정에 위배된다고 하여도 그것이 1인주주의 의사에 합치하는 한 유효라고 볼 수 있다고 한다. 또한 1인회사의 대표이사가 회사에 손해를 가한 경우 배임죄의 성립에 대하여 긍정하고 있다.

대법원 2004. 12. 10. 선고 2004다25123 판결

[2] 주식회사에 있어서 회사가 설립된 이후 총 주식을 한 사람이 소유하게 된 이른바 1인회사의 경우에는 그 주주가 유일한 주주로서 주주총회에 출석하면 전원 총회로서 성립하고 그 주주의 의사대로 결의가 될 것임이 명백하므로 따로 총회소집절차가 필요 없고, 실제로 총회를 개최한 사실이 없었다 하더라도 그 1인 주주에 의하여 의결이 있었던 것으로 주주총회 의사록이 작성되었다면 특별한 사정이 없는 한 그 내용의 결의가 있었던 것으로 볼 수 있고, 이는 실질적으로 1인회사인 주식회사의 주주총회의 경우도 마찬가지이며, 그 주주총회 의사록이 작성되지 아니한 경우라도 증거에 의하여 주주총회 결의가 있었던 것으로 볼 수 있다.

[3] 임원퇴직금지급규정에 관하여 주주총회 결의가 있거나 주주총회의사록이 작성된 적은 없으나 위 규정에 따른 퇴직금이 사실상 1인회사의 실질적 1인 주주의 결재·승인을 거쳐 관행적으로 지급되었다면 위 규정에 대하여 주주총회의 결의가 있었던 것으로 볼 수 있다고 한 사례.

대법원 1983. 12. 13. 선고 83도2330 전원합의체 판결[13)]

배임죄의 주체는 타인을 위하여 사무를 처리하는 자이며, 그의 임무위반 행위로써 그 타인인 본인에게 재산상의 손해를 발생케 하였을 때 이 죄가 성립되는 것인 즉, 소위 1인회사에 있어서도 행위의 주체와 그 본인은 분명히 별개의 인격이며, 그 본인인 주식회사에 재산상 손해가 발생하였을 때 배임죄는 기수가 되는 것이므로 궁극적으로 그 손해가 주주의 손해가 된다 하더라도 이미 성립한 죄에는 아무 소장이 없다.

---

13) 동일한 취지의 판결로는 대법원 2006. 6. 16. 선고 2004도7585 판결.

3. 법인성

1) 법인성의 의미

상법은 모든 회사는 법인으로 한다고 규정하고 있다(상법 제171조 제1항). 어떤 단체를 법인으로 하느냐의 문제는 입법정책적인 문제이지만 회사에 법인격을 부여하는 것은 그 단체가 활동하는 데 있어 그 구성원이나 업무담당자의 다수성 및 변동성에 구애받지 않고 단일개체로서 영속성을 유지하고 회사에 대한 권리귀속을 명확히 함으로써 거래관계의 간명화를 도모하려는 법적 기술이다. 법인격을 가지면 법인 스스로 권리 의무의 주체가 되고 소송당사자능력을 갖게 되며 법인의 재산과 구성원의 재산은 독립되므로 법인자체에 대한 채무명의로써만 법인재산에 대하여 강제집행을 할 수 있다.[14] 회사는 법인이므로 주소가 있어야 하는데, 회사의 주소는 본점소재지에 있는 것으로 한다(상법 제171조 제2항).

2) 법인격 부인의 법리

(1) 의의

회사가 사원으로부터 독립된 실체를 갖지 못한 경우에 회사와 특정의 제3자간의 문제된 법률관계에 있어서만은 회사의 법인격을 인정하지 아니하고 회사와 사원을 동일시하여 회사의 책임을 사원에게 묻는 것으로 영미의 판례법에서 형성되었으며, 독일에서는 실체책임이론이라 한다.

주식의 전부 또는 대부분을 특정 주주가 소유하고 회사의 영업정책, 재정 운영이 오로지 그 지배주주의 완전한 지배하에서 이루어짐으로써 문제된 거래에서 회사가 자신의 독립된 의사와 존재를 갖지 못하고, 이 같은 지배력이 사기 범죄 기타 법상의 의무위반 또는 상대방의 권리를 침해하는 불공정한 행위를 하는데 이용되며, 이 같은 지배력의 행사 및 위법 불공정한 행위와 상대방의 손해 사이에 인과관계가 있을 때에 적용될 수 있다.

---

14) 최준선, 42면.

(2) 적용요건

적용요건은 지배요건과 자본불충분요건의 두가지를 들 수 있다. 지배요건은 회사의 독립된 법인격이 사원 개인과 분리하여 존재하지 않는다는 이해 및 소유의 일치가 있거나 사원에 의한 회사지배가 있어야 한다는 요건이다. 자본불충분 요건은 그 행위가 회사의 행위로 인정되면 형평에 어긋나는 결과가 발생하는 요건이다.

(3) 적용범위

첫째, 법인격부인의 법리는 계약의 경우에 적용되는 것이 일반적인 예이다. 이때 법원이 적용요건 가운데 자본불충분 요건을 적용함에는 상대방의 '인식 또는 상대적 인식'을 고려하고, 그에게 엄격한 입증책임을 부과시켜야 한다.

둘째, 불법행위책임의 추궁이다. 회사가 제3자에게 부담하는 불법행위에 기한 채무도 실질적 소유자에게 부담시킬 것인가가 문제된다. 법인격 부인의 법리를 적용할 필요성이 크고 위험도가 높은 사업을 소자본의 회사로 수행하는 자에 대하여 일반대중의 신뢰를 보호할 필요성이 크기 때문에 불법행위의 추궁에 있어서도 법인격부인의 법리를 적용할 수 있다.

셋째, 부인론의 역적용이다. 채무자가 강제집행을 면탈하기 위해 회사를 설립한 경우, 주주의 소유주식에 대해서 강제집행을 하면 된다는 견해와 법인격부인의 법리를 적용을 긍정하는 견해가 대립된다.

(4) 근거와 효과

법인격부인의 법리의 근거에 대하여 신의성실의 원칙 또는 권리남용금지로 보는 견해와 법인격의 개념에 내재하는 한계라고 보는 견해가 있다. 생각건대 후자의 견해가 타당하다고 생각된다. 법인격부인의 법리가 적용되면 회사의 독립된 존재가 부인되고 회사와 사원은 동일한 실체로 취급된다. 그리고 회사에 대한 판결의 기판력 및 집행력이 사원에게까지 확장되는 것은 아니며 사원에 대하여 강제집행을 하고자 하면 사원에 대한 집행권원을 얻어야 한다.[15)]

대법원 2004. 11. 12. 선고 2002다66892 판결

[1] 기존회사가 채무를 면탈할 목적으로 기업의 형태·내용이 실질적으로 동일한 신설회사를 설립하였다면, 신설회사의 설립은 기존회사의 채무면탈이라는 위법한 목적달성을 위하여 회사제도를 남용한 것이므로, 기존회사의 채권자에 대하여 위 두 회사가 별개의 법인격을 갖고 있음을 주장하는 것은 신의성실의 원칙상 허용될 수 없다 할 것이어서 기존회사의 채권자는 위 두 회사 어느 쪽에 대하여서도 채무의 이행을 청구할 수 있다.

[2] 기존회사의 채무면탈을 목적으로 기업의 형태와 내용이 실질적으로 동일하게 설립된 신설회사가 기존회사와 별개의 법인격임을 내세워 그 책임을 부정하는 것은 신의성실에 반하거나 법인격을 남용하는 것으로서 허용될 수 없다고 한 사례.

대법원 2006. 8. 25. 선고 2004다26119 판결

[1] 신용제공을 수반한 국제거래계약에서 계약 당사자인 자회사가 신용도가 높은 모회사의 지분 비율 및 모회사의 계약 체결 승인 사실을 진술하는 조항을 두거나 그러한 내용의 확인서를 작성하여 상대방에게 교부하였더라도 그 자체만으로는 모회사에게 어떠한 의무를 발생시킨다고 볼 수 없고, 별도의 수권서류가 작성·교부되지 아니한 이상 이러한 진술조항만으로 자회사의 의사가 모회사를 대리하여 계약을 체결하려는 것이었다고 해석할 수 없다.

[2] 자회사가 금전을 대출받거나 그 밖에 금전지급의무를 부담하는 국제금융거래에 있어, 모회사가 대주(貸主)에게 보증의 의사를 추단할 문구가 전혀 없이 단지 모회사가 자회사의 지분을 보유하고 있다는 사실의 확인과 자회사의 계약 체결을 인식 또는 승인하였다는 등의 내용을 담은 서면을 작성·교부한 데 그친 경우, 자회사가 모회사를 대리하여 계약을 체결하였다거나 자회사가 체결한 계약상 채무를 모회사가 보증하였다고 해석할 수 없다.

[3] 친자회사는 상호간에 상당 정도의 인적·자본적 결합관계가 존재하는 것이 당연하므로, 자회사의 임·직원이 모회사의 임·직원 신분을 겸유하고 있었다거나 모회사가 자회사의 전 주식을 소유하여 자회사에 대해 강한 지배력을 가진다거나 자회사의 사업 규모가 확장되었으나 자본금의 규모가 그에 상응하여 증가하지 아니한 사정 등만으로는 모회사가 자회사의

15) 정찬형, 420-421면.

독자적인 법인격을 주장하는 것이 자회사의 채권자에 대한 관계에서 법인격의 남용에 해당한다고 보기에 부족하고, 적어도 자회사가 독자적인 의사 또는 존재를 상실하고 모회사가 자신의 사업의 일부로서 자회사를 운영한다고 할 수 있을 정도로 완전한 지배력을 행사하고 있을 것이 요구되며, 구체적으로는 모회사와 자회사 간의 재산과 업무 및 대외적인 기업거래 활동 등이 명확히 구분되어 있지 않고 양자가 서로 혼용되어 있다는 등의 객관적 징표가 있어야 하며, 자회사의 법인격이 모회사에 대한 법률 적용을 회피하기 위한 수단으로 사용되거나 채무면탈이라는 위법한 목적 달성을 위하여 회사제도를 남용하는 등의 주관적 의도 또는 목적이 인정되어야 한다.

대법원 2008. 9. 11. 선고 2007다90982 판결
회사가 외형상으로는 법인의 형식을 갖추고 있으나 법인의 형태를 빌리고 있는 것에 지나지 아니하고 실질적으로는 완전히 그 법인격의 배후에 있는 사람의 개인기업에 불과하거나, 그것이 배후자에 대한 법률적용을 회피하기 위한 수단으로 함부로 이용되는 경우에는, 비록 외견상으로는 회사의 행위라 할지라도 회사와 그 배후자가 별개의 인격체임을 내세워 회사에게만 그로 인한 법적 효과가 귀속됨을 주장하면서 배후자의 책임을 부정하는 것은 신의성실의 원칙에 위배되는 법인격의 남용으로서 심히 정의와 형평에 반하여 허용될 수 없고, 따라서 회사는 물론 그 배후자인 타인에 대하여도 회사의 행위에 관한 책임을 물을 수 있다고 보아야 한다. 여기서 회사가 그 법인격의 배후에 있는 사람의 개인기업에 불과하다고 보려면, 원칙적으로 문제가 되고 있는 법률행위나 사실행위를 한 시점을 기준으로 하여, 회사와 배후자 사이에 재산과 업무가 구분이 어려울 정도로 혼용되었는지 여부, 주주총회나 이사회를 개최하지 않는 등 법률이나 정관에 규정된 의사결정절차를 밟지 않았는지 여부, 회사 자본의 부실 정도, 영업의 규모 및 직원의 수 등에 비추어 볼 때, 회사가 이름뿐이고 실질적으로는 개인영업에 지나지 않는 상태로 될 정도로 형해화되어야 한다. 또한, 위와 같이 법인격이 형해화될 정도에 이르지 않더라도 회사의 배후에 있는 자가 회사의 법인격을 남용한 경우, 회사는 물론 그 배후자에 대하여도 회사의 행위에 관한 책임을 물을 수 있으나, 이 경우 채무면탈 등의 남용행위를 한 시점을 기준으로 하여, 회사의 배후에 있는 사람이 회사를 자기 마음대로 이용할 수 있는 지배적 지위에 있고, 그와 같은 지위를 이용하여 법인 제도를

남용하는 행위를 할 것이 요구되며, 위와 같이 배후자가 법인 제도를 남용하였는지 여부는 앞서 본 법인격 형해화의 정도 및 거래상대방의 인식이나 신뢰 등 제반 사정을 종합적으로 고려하여 개별적으로 판단하여야 한다.

Ⅱ. 회사의 종류

1. 상법전의 분류

1) 합명회사

합명회사란 회사의 재산으로 회사채무를 변제할 수 없는 경우 회사채권자에 대해 직접·연대·무한의 변제책임을 지는 무한책임사원만으로 구성된 회사이다. 합명회사의 사원은 회사의 업무집행권과 대표권을 가지며, 사원의 교체에는 정관변경이 필요하고 전사원의 동의를 요한다. 사원이 사망한 경우 사원의 지위는 상속되지 않으나, 상속인은 다만 지분의 환급을 받게 된다(상법 제218조 제3호). 합명회사는 조합적인 성격이 강하며 인적 신뢰관계를 바탕으로 한 소수의 공동기업에 적합한 형태이다.

2) 합자회사

합자회사는 무한책임사원과 유한책임사원으로 구성된 회사이다. 무한책임사원은 회사채권자에 대해 직접·연대·무한의 변제책임을 진다. 한편 유한책임사원은 회사채권자에 대해 직접·연대책임을 지나 정관으로 정한 출자액의 한도내에서 책임을 진다. 합자회사의 업무집행과 대표는 무한책임사원이 하고 유한책임사원은 감시권이 있다. 유한책임사원의 지분의 이전은 무한책임사원의 동의가 있으면 가능하다. 유한책임사원의 사망 또는 금치산은 퇴사원인이 아니며 유한책임사원의 지분은 상속이 인정된다.

3) 주식회사

주식회사란 자기가 인수한 주식의 금액한도내에서 회사에 대한 출자의무를 질 뿐

회사채권자에 대하여 책임을 지지 않는 간접유한책임사원인 주주로 구성된 회사이다. 주식회사의 업무집행권은 원칙적으로 이사회와 대표이사에게 있고 대표권은 대표이사에게 있으므로 주주는 회사의 업무집행과 대표에 참여할 수 없다. 주주의 지위인 주식은 양도가 자유롭다. 사원의 개성이 문제되지 않는 전형적인 자본단체이므로 대기업에 적합한 형태이다.

4) 유한회사

유한회사는 균등액의 출자로서 성립하는 자본에 대한 출자의무를 부담할 뿐 회사채권자에 대하여 아무런 책임을 지지 않는 사원으로 구성되는 회사이다. 유한책임사원의 책임이 간접유한책임이란 점에서는 주식회사의 주주와 같지만, 특정한 경우에 자본에 대한 전보책임을 지는 점이 다르다(상법 제550조, 제551조, 제593조). 유한회사의 업무집행기관은 각 이사이고 이사가 회사를 대표한다. 유한회사의 사원의 수는 50인으로 제한되며 그 개성을 무시할 수 없으므로 지위의 양도는 원칙적으로 사원총회의 특별결의를 요한다.

2. 경제상의 분류

1) 지배회사 · 종속회사

일반적으로 어느 회사가 다른 회사를 계약 · 자본참가 · 임원의 파견 등에 의하여 지배하는 경우에 전자를 지배회사 또는 모회사, 후자를 종속회사 또는 자회사라고 한다. 상법상 어느 회사가 다른 회사의 발행주식 총수의 100분의 50을 초과하는 주식을 가지는 경우에 전자를 모회사, 후자를 자회사로 하고 있다. 또한 모회사와 자회사 쌍방이 가지는 주식의 합계나 자회사 단독으로 가지는 주식의 수가 다른 회사의 발행주식 총수의 100분의 50을 초과하는 경우, 그 다른 회사도 모회사의 자회사로 본다(상법 제342조의2).

2) 상장회사 · 비상장회사

상장회사란 증권시장에 상장된 증권의 발행회사를 말하고 상장회사를 제외한 회사를 비상장회사라고 한다(자본시장과 금융투자업에 관한 법률 제9조 제15항). 상장회사는 세법상 유리한 대우를 받지만 다른 한편으로는 투자자의 보호를 위하여 여러 가지의 규제를 받는다. 한국거래소는 증권시장에 상장할 증권의 심사와 상장증권의 관리를 위하여 규정을 제정하고 있는데 이것이 증권상장규정이다. 자본시장과 금융투자업에 관한 법률이 제정되어 2009년 2월 4일부터 시행되어 폐지된 『증권거래법』의 상장법인에 관한 특례규정을 상법의 회사편에 수용하여 상법을 개정하였다.

3) 내자회사 · 외자회사 · 합작회사 · 다국적회사

회사의 자분이 내국자본인 회사를 내자회사라고 하고, 외국자본인 회사를 외자회사라고 한다. 내국자본과 외국자본이 합쳐진 회사를 합자회사라고 한다. 외자회사와 합작회사에 대한 규율은 외국인투자촉진법에 의하고 있다. 다국적회사는 동일한 자본이 다수의 국가에서 동종영업을 위하여 출자되고 이 자본으로 별개의 회사가 설립되어 이들 회사가 상호관련을 갖는 것을 말한다.

4) 공개회사 · 폐쇄회사

이것은 실정법상의 분류가 아니고 회사의 규모와 운영실태에 따라 회사법의 일부 규정을 다르게 해야 한다는 입법론적 착상에서 나온 구분이다. 미국에서는 폐쇄회사(closely held corporation)를 공개회사(publicly held corporation)과 구별하여 개념을 규정짓고, 일반법에 대한 몇 가지 특례를 인정하는 입법경향이 보인다. 미국에서도 양자의 구별이 일정하지 아니하나, 델리웨어주회사법에서는 ① 주주의 수가 30인을 넘지 않고, ② 주식의 양도가 제한되며, ③ 주식을 공모하지 않는 회사를 폐쇄회사(closely held corporation)라 한다.[16)]

16) 이철송, 78-79면.

Ⅲ. 회사의 능력

1. 회사의 권리능력

회사는 법인이므로 권리능력이 있다. 그러나 회사의 권리능력은 성질상·법률상 그리고 정관목적에 의하여 제한을 받는다.

1) 성질에 의한 제한

회사는 자연인과 달리 성·연령·생명·신체·친족관계 등을 전제로 하는 권리의무를 가질 수 없다. 따라서 친권·상속권·부양의무 등은 인정되지 않는다. 그러나 유증을 받는다든가 명예권·상호권 등의 인격권과 사원권 등은 가질 수 있다. 회사는 성질상 인적 개성이 중시되는 지배인 등의 상업사용인은 될 수 없지만, 발기인·유한책임사원 등은 될 수 있다. 업무집행을 담당하는 이사·감사가 될 수 있는지에 대해서는 학설이 나뉘고 있으나, 자연인으로서의 경험과 개성이 중시되는 것이므로 법인은 이사·감사·검사인·청산인 등이 될 수 없다고 본다.

2) 법률에 의한 제한

회사의 법인격은 법률이 부여한 것이므로 회사의 권리능력은 법률에 의하여 제한될 수 있다. 청산중의 회사는 청산목적범위 내에서만 존속한다(상법 제245조, 제269조, 제542조 제1항, 제613조 제1항). 공익사업회사에 대하여는 특별법상 권리능력이 제한되는 경우가 있다. 이러한 특별법상의 권리능력 제한 규정이 단속법규인가 효력법규인가에 대하여 학설이 나뉜다. 특별법상의 제한규정을 일률적으로 단속법규로 보면 그러한 제한목적에 반할 뿐만 아니라 어떤 경우에는 일반공중의 손해발생의 위험도 있기 때문에 일률적으로 단속법규로 보는 견해에는 찬성할 수 없다. 각종의 특별법상의 개별적인 제한규정에 따라 그 제한목적과 일반공중의 이익을 고려하여 효력규정으로 해석하여야 할지의 여부를 결정하고 효력규정으로 해석될 때에는 특별법에 의한 권리능력의 제한으로 보아야 할 것이다.[17)]

3) 정관목적에 의한 제한

회사는 정관에 기재된 목적범위 내에서만 권리·의무의 주체가 될 수 있는가에 대하여 학설이 나뉘고 있다. 민법 제34조는 법인은 법률의 규정에 좇아 정관으로 정한 목적의 범위 내에서 권리와 의무의 주체가 된다고 규정함으로써 법인의 권리능력을 목적의 범위내로 제한하고 있는데, 상법에서는 이와 같은 규정을 두고 있지 않으므로 이 문제에 대하여 학설이 대립한다.

(1) 제한설

회사에 대해서도 민법 제34조가 유추적용되어 제한을 인정하는 입장으로 소수설이다. 그 근거로는 ① 민법 제34조는 법인일반에 공통적으로 적용되는 일반원칙이고, ② 회사의 사원은 출자한 재산이 설립목적에 사용될 것이라고 기대하므로 다른 용도로 사용된다면 사원보호에 문제가 있다는 점 등을 들고 있다.

(2) 무제한설

법인실재설에 입각한 학설로 목적에 의한 제한을 부정하며 통설의 입장이다. ① 민법 제34조는 공익법인에 대하여 정책적으로 인정한 규칙으로 영리법인인 회사에 유추적용할 것이 아니고 명문규정도 없다는 점, ② 회사의 활동범위가 넓은 것인데 회사의 목적이 등기된 사실만으로 제3자에 대한 대항력이 생기고 그 결과 목적에 의하여 권리능력이 제한된다면 회사와 거래하는 상대방에게 불측의 손해를 입힐 염려가 있는 점, ③ 회사 권리능력을 목적범위내로 제한하면 회사가 목적범위외의 행위를 하여 성공하면 그냥 이익을 자기의 것으로 하면서, 손실이 있으면 그 행위의 효력을 부인하게 되어 불성실한 회사에 대하여 책임을 회피할 수 있는 구실을 주게 되고 불필요한 분쟁이 발생하여 거래의 안전을 해할 위험성이 많은 점, ④ 회사의 목적은 등기되지만 제3자가 거래할 때마다 확인하는 것은 번잡하고 목적범위여부에 대한 판단이 어려워 거래의 실정에 맞지 않다는 점, ⑤ 비교법적으로도 대륙법 등에서는 전혀 목적에 의하여 회사의 권리능력

---

17) 정찬형, 433면.

이 제한되니 않고 영미법에서도 목적에 의한 제한은 점차 완화내지 폐지하는 경향이라는 점 등을 들고 있다.[18)]

대법원 2005. 5. 27. 선고 2005다480 판결

[1] 회사의 권리능력을 제한하는 '정관상의 목적범위 내의 행위'의 의미와 판단 방법

회사의 권리능력은 회사의 설립 근거가 된 법률과 회사의 정관상의 목적에 의하여 제한되나 그 목적범위 내의 행위라 함은 정관에 명시된 목적 자체에 국한되는 것이 아니라 그 목적을 수행하는 데 있어 직접, 간접으로 필요한 행위는 모두 포함되고 목적수행에 필요한지의 여부는 행위자의 주관적, 구체적 의사가 아닌 행위 자체의 객관적 성질에 따라 판단하여야 할 것인데(대법원 1988. 1. 19. 선고 86다카1384 판결, 1991. 11. 22. 선고 91다8821 판결 등 참조), 그 판단에 있어서는 거래행위를 업으로 하는 영리법인으로서 회사의 속성과 신속성 및 정형성을 요체로 하는 거래의 안전을 충분히 고려하여야 할 것인바, 회사가 거래관계 또는 자본관계에 있는 주채무자를 위하여 보증하는 등의 행위는 그것이 상법상의 대표권 남용에 해당하여 무효로 될 수 있음은 별론으로 하더라도 그 행위의 객관적 성질에 비추어 특별한 사정이 없는 한 회사의 목적범위 내의 행위라고 봄이 상당하다 할 것이다.

2. 회사의 의사능력·행위능력

회사는 법인으로서 권리능력이 있는데 그 행위는 회사의 기관을 통하여 하게 된다. 회사의 기관은 회사가 대내적·대외적 활동을 하기 위한 기구로서 회사의 조직의 일부인데 보통 자연인으로 구성된다. 회사와 기관의 관계를 대표관계라고 하는데 이에 관하여는 특별한 규정이 없으므로 대리에 관한 규정이 유추적용된다. 회사에 기관이 존재하는 한 의사능력은 문제되지 않는다. 또한 회사에는 무능력제도가 없으므로 회사는 언제나 행위능력자이다. 이는 기관구성원이 무능력자이더라도 같다.[19)]

18) 정찬형, 435면; 최준선, 65-66면.
19) 최준선, 70면.

회사의 권리능력에 관하여 무제한설에 의하면 대표권남용의 문제는 정관상 목적범위의 내외를 불문하고 문제되나, 제한설에 의하면 정관상 목적범위 외의 행위는 무효가 되므로 대표권남용을 거론할 실익이 없게 될 것이고 정관상 목적범위 내의 행위에 대해서만 대표권남용을 논할 실익이 있을 것이다.[20]

3. 불법행위능력

회사가 대표기관을 통하여 스스로 행위능력을 갖는다면 행위능력의 다른 측면인 불법행위능력도 있다고 보아야 할 것이다. 회사를 대표하는 사원이 그 업무집행으로 인하여 타인에게 손해를 가한 때에는 회사는 그 사원과 연대하여 배상할 책임이 있다(상법 제210조, 제269조, 제389조 제3항)고 규정하여 대표기관도 직접 제3자에게 책임을 지게하고 있다. 회사와 대표기관의 연대책임이란 부진정연대책임을 뜻한다. 대표기관 이외의 자(피용자)가 회사의 사무집행에 관하여 불법행위를 하였을 때에는 회사는 민법 제756조의 사용자배상책임의 법리에 의하여 책임을 진다.

대법원 2007. 5. 31. 선고 2005다55473 판결

주식회사의 대표이사가 업무집행을 하면서 고의 또는 과실에 의한 위법행위로 타인에게 손해를 가한 경우 주식회사는 상법 제389조 제3항, 제210조에 의하여 제3자에게 손해배상책임을 부담하게 되고, 그 대표이사도 민법 제750조 또는 상법 제389조 제3항, 제210조에 의하여 주식회사와 공동불법행위책임을 부담하게 된다. 그리고 주식회사 및 대표이사 이외의 다른 공동불법행위자 중 한 사람이 자신의 부담부분 이상을 변제하여 공동의 면책을 얻게 한 후 구상권을 행사하는 경우에 그 주식회사 및 대표이사는 구상권자에 대한 관계에서는 하나의 책임주체로 평가되어 각자 구상금액의 전부에 대하여 책임을 부담하여야 하고, 이는 위 대표이사가 공동대표이사인 경우에도 마찬가지이다. 따라서 공동면책을 얻은 다른 공동불법행위자가 공동대표이사 중 한 사람을 상대로 구상권을 행사하는 경우 그 공동대표이사는 주식회사가 원래 부담하는 책임부분 전체에 관하여 구상에 응하여야 하고, 주식회사와 공동대

20) 정찬형, 438면.

표이사들 사이 또는 각 공동대표이사 사이의 내부적인 부담비율을 내세워 구상권자에게 대항할 수는 없다.

Ⅳ. 회사설립의 입법주의

1. 자유설립주의

회사설립에 관하여 아무런 제한을 두지 않는 입법주의로서 영리사단의 실체만 형성되면 회사의 성립을 인정하는 입법주의이다. 이에 의하면 회사의 존재 및 그 성립시기가 불명확하고, 회사의 남설로 인한 폐해가 많기 때문에 오늘날 이 입법주의를 채택하는 경우는 찾아보기가 어렵다.

2. 특허주의

회사설립에 대하여 왕의 특별한 허가나 특별법의 제정에 의하여 개별적으로 회사의 성립을 인정하는 입법주의이다. 이에 의하면 거래의 안전은 보호될 수 있으나 회사설립이 어려워 자유로운 기업발전에는 문제가 있다. 현재에는 특수회사의 설립은 이 입법주의에 의하는 경우가 많다.

3. 허가주의

허가주의는 행정관청에 의한 허가나 기타의 처분이 있어야 회사설립이 가능한 입법주의이다. 거래의 안전은 보호할 수 있으나 행정관청의 정책이나 자의적인 결정에 의하여 회사의 성립이 방해될 가능성이 크므로 문제가 있다. 현재도 공익기업회사에 대해서는 실질적으로 이 입법주의에 의하고 있다.

4. 준칙주의

회사의 설립요건을 법으로 정하고 요건을 구비하여 등기함으로써 당연히 회사가 성립하는 입법주의이다. 이 입법주의는 거래의 안전과 영업의 자유를 적절히 조화시킨 것으로 우리나라와 대부분의 국가들이 취하고 있다. 준칙주의는 설립요건의 엄격여부에 따라 단순준칙주의와 엄격준칙주의가 있다. 이 중 엄격준칙주의는 설립의 책임에 대하여 상세한 규정을 둔 입법주의로서 대부분의 국가들이 이 입법주의를 취하고 있다. 우리 상법도 이 엄격준칙주의를 원칙으로 하고 있으나 일정한 영업에 대해서는 영업면허제도를 채택하고 있으므로 실질적으로는 엄격준칙주의와 설립면허주의를 절충하고 있다.[21)]

Ⅴ. 주식회사의 개념

1. 주식회사의 의의와 요소

주식회사는 주주의 출자에 의한 자본을 기초로 하고 자본은 주식에 의해 분할되며 주주는 그가 인수한 주식의 인수가액을 한도로 회사에 대하여 책임을 지는 회사이다. 따라서 주식회사(Aktiengesellschaft, company limited by shares, corporation)의 3요소는 자본, 주식, 주주의 유한책임이라 할 수 있다.

1) 자본

(1) 자본의 의의

자본은 원칙적으로 회사가 발행한 주식의 액면총액이다(상법 제451조). 이것은 회사성립의 기초가 되며, 존속 중 자본충실을 위해 유지해야 할 순재산의 규범적 기준이다.

---

21) 정찬형, 440면; 최준선, 72면.

자본은 주주에 대하여는 출자액과 동시에 책임의 한계를 뜻하며, 회사채권자에 대해서는 회사신뢰도의 공시적 기능을 가진다. 주식회사의 최저자본액이 5,000만 원으로 제한되어 있었으나 2009년 상법개정을 통하여 동 규정이 폐지되어 제한이 없어졌으며, 최고자본에 대한 제한도 없다.

(2) 수권자본제도

주식회사 설립 시 자본총액에 해당하는 주식의 인수가 필요한지에 대하여 우리상법은 수권자본제도를 채택하고 있다. 즉 자본을 정관의 기재사항으로 하지 않고(상법 제289조 제1항), 정관에는 회사가 발행할 주식 총수만 기재하도록 하고 회사 설립 시에는 수권주식 총수 중 4분의 1이상만 발행하면 되며(상법 제289조 제2항), 나머지 주식은 자본이 필요할 때 이사회 결의로 수시로 발행할 수 있도록 하고 있다.

(3) 자본의 3원칙

주식회사에서의 자본은 회사채권자 등에게 유일한 담보가 되므로 주식회사의 자본에는 자본확정의 원칙, 자본유지의 원칙, 자본불변의 원칙이 적용된다.

자본확정의 원칙은 자본이 정관에 의하여 확정되고 그 자본에 대한 주식인수도 확정되어야 한다는 의미이다. 우리 상법에서는 ① 회사가 설립 시 발행하는 주식의 총수는 정관의 절대적 기재사항으로서 등기사항이며(상법 제289조 제1항 제5호), ② 회사 설립 시 수권주식총수의 4분의 1이상이 반드시 발행되어야 하고(상법 제289조 제2항), 발행된 주식은 전부 인수와 납입이 되어야 하는 점(상법 제295조, 제305조) 등으로 자본확정의 원칙이 존속한다고 본다.

자본유지의 원칙은 자본에 상당하는 현실적인 재산이 회사에 항상 유지되어야 한다는 것으로, 상법에서 이 원칙을 반영한 예로는 ① 납입기일에 있어서의 전액납입 또는 현물출자의 전부이행(상법 제295조, 제305조, 제421조, 제425조), ② 현물출자 기타 변태설립사항의 엄격한 규제(상법 제299조, 제310조, 제313조, 제314조, 제422조), ③ 납입에 있어서 상계금지(상법 제334조), ④ 발기인과 이사의 인수 및 납입담보책임(상법 제321조, 제428조), ⑤ 주식의 할인발행의 제한(상법 제330조, 제417조) 등이다.

자본불변의 원칙은 자본을 임의로 변경시키지 못한다는 것이며 엄격한 법적 절차를 요하게 되는데, 자본감소제한규정(상법 제438조~제446조) 등이 여기에 해당하게 된다.

2) 주식

주식은 주식회사의 물적 요소인 자본과 인적 요소인 주주를 결합시킨다. 주식회사의 자본은 주식으로 분할되며, 주식은 자본의 구성단위임과 동시에 사원의 지위 자격을 나타낸다. 각 주식의 금액은 균일하며(상법 제329조 제3항), 주식의 액면총액은 상법상 자본이 된다. 다만 상환주식이나 주주총회에 의한 주식소각의 경우에는 액면총액이 자본이 되지 않는다. 이때에는 소각된 만큼 주식수와 액면총액이 감소하지만 이것은 자본감소 절차에 따른 것이 아니고 소각된 만큼 이익에서 공제되므로 자본은 감소하지 않는다.

3) 주주의 유한책임

주주는 회사에 대해서 그가 가진 주식의 인수가액의 한도내에서 책임을 지고 그 외에 회사채권자에게는 아무런 책임을 지지 않는다. 주주의 이러한 책임은 회사에 대해서만 지는 간접유한책임이며 주식회사의 본질에 관한 것이므로 정관이나 주주총회의 결의로서도 달리 정할 수 없다. 다만 주주가 이러한 유한책임을 사후에 개별적으로 포기하는 것은 허용된다고 볼 것이다.

법경제학적 접근에 의해 주주유한책임의 존재이유를 설명해 보면 다음과 같다. 즉 유한책임제도가 없다면 주주들은 경영자를 감시하는데 과도한 비용을 지출해야 할 것이고 나아가 주주들의 자력을 조사해야 하며 주주들의 변동에 대해서도 항상 관찰하여야 한다. 다른 주주가 무자력하다면 회사채무에 대해 자신이 책임져야 할 금액이 커지기 때문이다. 증권시장을 통하여 소량의 주식을 취득하는 자들도 무한책임의 위험이 따르므로 감시비용의 지출이 불가피하다. 소액투자의 경우 감시비용은 비경제적이므로 자본의 대중화는 불가능할 것이다.[22)]

22) 이철송, 167-168면.

2. 주식회사의 경제적 기능

주식회사는 전형적인 자본단체로서 회사 자체는 구성원으로부터 완전히 독립하여 소유와 경영이 분리되는 현상이 가장 뚜렷하다. 즉 주식회사는 주주의 변동이나 개성이 회사의 존재나 경영에 미치는 영향이 가장 적은 회사형태이며 항구적인 사업경영을 위하여 이용된다. 주식회사는 출자자인 주주의 책임이 그가 인수한 주금액을 한도로 하여 회사에 대해서만 책임을 지고 주주의 지위는 자유롭게 양도가능하다. 투자의 회수가 보장되므로 다른 어느 종류의 회사보다 투자에 가장 적합한 회사형태이고 따라서 대자본을 형성하는데 적합하다.

주식회사는 소유와 경영이 분리되어 전문경영인에 의한 경영이 가능하므로 대기업에 적합한 형태이고, 기업의 독립성과 영속성을 유지할 수 있다. 주식회사는 주식과 사채를 발행하여 자본시장을 통해 대중으로부터 부동자본을 흡수할 수 있고 다수의 주주에게 위험이 분산된다는 이점도 있다.

그러나 주식회사는 자본주의경제의 발전과 함께 기업집중·경영기관의 횡포·소수주주와 채권자 이익의 침해 등의 폐단을 불러왔다. 향후 회사법에서는 기업의 자유경쟁체제를 전제로 하면서 기업의 영리성과 공공성·사회성을 강조하여 이를 조화하는 해석과 입법이 중요한 과제가 될 것이다.

제3장 주식회사의 설립

Ⅰ. 발기인·발기인 조합·설립중의 회사

1. 발기인

1) 의의

주식회사의 발기인은 발기인으로 정관에 기명날인 또는 서명한 자로서 1주 이상 주식을 인수하여야 하며 1인 이상이면 된다(상법 제289조, 제288조). 발기인의 지위는 설립중 회사의 업무집행기관이 된다.

2) 권한

발기인의 권한에 대하여 학설은 ① 설립 그 자체를 직접적 목적으로 하는 행위만 할 수 있으며 개업준비행위는 예외적으로 법정의 요건을 구비한 재산인수만 할 수 있다는 제1설[23], ② 발기인은 회사설립자체를 위한 행위와 회사설립을 위하여 법률상·경제상 필요로 하는 행위를 할 수 있고 개업준비행위는 재산인수만 인정된다는 제2설[24], 그리고 ③ 회사설립자체를 위한 행위와 회사설립을 위하여 법률상·경제상 필요로 하는 모든 행위를 할 수 있고 재산인수 이외에 일반적인 개업준비행위도 할 수 있다는 제3설[25]이 있는데, 이 중 제3설이 다수설, 판례[26]의 입장이다.

발기인의 권한을 정하기 위해서는 회사의 재산적 기초 확보 측면과 성립 후 회사의

---

23) 이철송, 180-181면.
24) 채이식, 『상법강의(상)』, 박영사, 1996, 436면; 권기범, 『현대회사법론』, 삼지원, 2005, 308면.
25) 정찬형, 580면.
26) 대법원 1970. 8. 31. 선고 70다1357 판결.

활동 및 거래안전보호라는 측면 중 어느 쪽에 중점을 둘 것인가, 설립행위로 인하여 생긴 채무가 누구에게 귀속되는가, 재산인수 이외의 개업준비행위도 할 수 있는가, 정관에 기재되지 않는 재산인수의 추인이 인정되는가 등을 고려하여야 한다. 제1설과 제2설은 회사의 실질적 권리능력 및 발기인의 권한을 엄격하게 해석하여 회사의 재산적 기초를 확보하는 데에 중점을 둔 반면에 제3설은 설립중의 회사의 편의와 거래의 안전에 중점을 두고 있다.

2. 발기인조합

주식회사를 설립하기 위한 발기인이 2명 이상인 경우에는 발기인 상호간에 회사설립을 목적으로 하는 조합계약을 체결하는 것이 보통이다. 발기인조합의 법적 성질은 민법상의 조합이므로 민법의 조합규정이 준용된다. 주식회사의 설립절차는 발기인조합의 업무집행에 의해 이루어지므로 발기인조합은 정관작성 등 회사의 설립사무를 담당하는 권한을 가진다.

발기인조합과 설립중의 회사와의 관계를 살펴보면 다음과 같다. 발기인조합은 정관 작성 이전에 이미 성립하지만 설립중의 회사는 발기인조합이 정관을 작성하고 1주 이상의 주식을 인수할 때 비로소 성립하게 된다. 그러나 설립중의 회사가 성립됨으로써 발기인조합이 소멸되는 것이 아니라 발기인조합과 설립중의 회사는 회사의 성립시까지 병존한다.

3. 설립중의 회사

1) 의의 및 성립시기

설립중의 회사란 회사성립 이전에 어느 정도 회사로서의 실체가 형성된 미완성의 회사를 의미하는 강학상의 개념이다. 이것은 설립과정에서 생긴 발기인 내지 설립중의 회사의 기관이 취득한 권리·의무가 성립 후의 회사에 이전되는 관계를 설명하기 위하여 인정된 것이다. 설립중의 회사의 법적 성질은 권리능력없는 사단으로 본다. 설립중의 회사의 성립시기에 대하여 ① 정관이 작성된 때[27], ② 정관이 작성되고 발기인이 1주 이상의 주식을 인수한 때[28], ③ 발행주식 총수가 인수된 때[29], ④ 회사기관구성을 마친 때 등의 견해가 있는데 이 중 ②의 견해가 통설과 판례[30]의 입장이다.

2) 대내관계 및 대외관계

대내관계에서 보면 설립중의 회사의 업무집행기관은 발기인이며, 발기인 또는 창립총회가 선임한 이사·감사는 설립중의 회사의 감사기관이지 업무집행기관이 아니다. 설립중의 회사의 업무집행기관인 발기인은 그 권한 범위내에서 회사설립에 필요한 모든 행위를 할 권리 및 의무를 갖게 된다.

대외관계에서 보면 설립중의 회사의 대표기관은 발기인이다. 모든 발기인은 각자 대표권을 갖는데 발기인조합계약 등에 의해 특정한 발기인을 대표발기인으로 선임할 수 있다. 설립중의 회사는 법인격이 없으므로 설립중의 회사가 제3자에 부담하는 채무는 스스로 부담할 수 없고 주식인수인과 발기인이 이를 부담할 수밖에 없다. 주식인수인은 본래 자기가 인수한 주식의 인수가액의 범위 내에서만 출자의무를 부담하고 그 출자의무를 이행하면 다른 책임은 지지 않는다. 그러나 발기인은 설립중의 회사의 채무에 대하여 연대하여 무한책임을 진다(상법 제326조).

3) 권리의무의 이전

(1) 동일성이론

설립중의 회사가 행한 권리·의무의 이전관계에 대하여, 설립중의 회사명의로 취득한 권리·의무는 설립중의 회사에 총유의 형식으로 귀속되었다가 성립 후의 회사에 별도의 이전행위 없이 귀속하게 되는데 이를 동일성이론이라고 한다. 발기인은 설립중의 회사의 기관으로서 설립중의 회사의 명의로 그리고 설립중의 회사의 권한범위 내에서 행위를 하여야 그 행위의 효력이 성립 후의 회사에 귀속하게 된다. 발기인조합의 명의로 행위를

---

27) 이철송, 178면; 최준선, 128면.
28) 정찬형, 583면.
29) 정동윤, 『회사법』, 법문사, 2001, 140면.
30) 대법원 2000. 1. 28. 선고 99다35737 판결.

한 경우에는 조합명의로, 발기인개인의 명의로 한 경우에는 그 개인에게 그 효과가 귀속되고 이것을 성립후의 회사에 귀속시키기 위해서는 권리의 양수나 채무인수 등의 특별한 이전행위가 있어야 한다.[31)]

대법원 2007. 9. 7. 선고 2005다18740 판결

설립중의 회사로서의 실체가 갖추어지기 이전에 발기인이 취득한 권리·의무는 구체적 사정에 따라 발기인 개인 또는 발기인 조합에 귀속되는 것인바(대법원 1990. 12. 26. 선고 90누2536 판결, 1998. 5. 12. 선고 97다56020 판결 등 참조), 발기인이 개인 명의로 금원을 차용한 경우 이는 그 발기인 개인에게 귀속됨이 원칙이고, 위 채무가 발기인 조합에게 귀속되려면 위 금원의 차용행위가 조합원들의 의사에 기해 발기인 조합을 대리하여 이루어져야 한다고 할 것이다.

(2) 비교법적 고찰

설립중의 회사에 대하여 비교법적으로 고찰해보면 다음과 같다. 대륙법계에서는 설립중의 회사에 관해 동일성이론으로 설명한다. 그러나 동일성이론에 의하면 발기인이 그 권한을 남용하여 설립의 시초부터 과도한 채무를 부담할 경우 자본적 기초가 취약해질 염려가 있다. 이러한 동일성이론의 난점을 해결하기 위해 독일에는 차액책임(Differenzhaftung, Unterbilanzhaftung)이론이 있는데, 이는 종래의 동일성 이론에 따르되 설립중의 회사의 채무를 성립 후의 회사가 승계한 결과 회사 설립 시에 그 자본금과 순재산 사이에 차이가 발생하는 경우에는 회사의 구성원이 그 차액에 대하여 그 지분비율에 따라 회사에 대하여 책임을 진다는 것이다. 독일 연방대법원은 우리 상법 제551조 제1항과 유사한 『독일유한회사법』 제9조를 근거로 하여 사원의 차액책임을 인정하였으며 주식회사에 대해서도 동일하게 해석하는 것이 타당하다고 주장한다.[32)] 우리나라의 학자들은 이 견해에 대하여 유한회사에는 적용가능성이 있으나 주식회사에는 주주 유한책임의 관점에서 무리라고 주장하는 견해가 다수이다.[33)]

---

31) 대법원 1998. 5. 12. 선고 97다56020 판결.
32) 정동윤, 152-153면.

영미법계에서는 설립중의 회사의 개념을 인정하지 않으므로 회사 성립 전에는 발기인의 행위만이 있을 뿐이고, 이러한 발기인의 행위의 효력은 원칙적으로 성립 후의 회사에 미치지 않는다. 미국에서는 성립 후의 회사가 발기인의 계약을 추인(ratification)하거나 채택(adoption)함으로써 발기인계약의 효력을 받을 수 있다. 발기인이 체결한 계약이 경개(novation)로 인정되면 발기인은 면책되고 성립 후의 회사는 이러한 추인 또는 채택을 명시적 또는 묵시적으로 할 수 있다.[34]

4) 발기인의 권한범위외 행위에 대한 추인여부

발기인이 권한범위 외의 행위를 하였거나 정관에 기재되지 아니한 재산인수가 있는 경우 성립 후의 회사가 이를 추인할 수 있는지가 문제된다. 부정설의 입장에서는 실정법상 근거가 없고 변태설립사항을 규정한 제290조의 탈법행위를 인정하는 결과가 된다고 주장한다.[35] 반면에 긍정설의 입장에서는 무권대리행위로서 민법 제130조 이하 규정에 의해 추인할 수 있다고 보며, 이렇게 성립 후의 회사가 추인하는 경우에는 상대방이 추인 전에 무효를 주장하지 않는 이상 그 효과가 회사에 귀속된다고 한다.[36]

한편 추인을 긍정하는 경우 추인의 방법에 대하여 성립 후의 회사는 사후설립에 관한 규정을 유추적용하여 주주총회의 특별결의로서 이를 추인할 수 있다고 보아야 하며, 창립총회에서의 추인가능성 여부에 대하여는 부정적인 입장[37]이 있다. 그러나 이에 대하여 창립총회는 회사설립 폐지결의까지도 할 수 있어 주주총회 이상의 만능기관이고 그 결의요건도 매우 까다로운 점에 비추어 창립총회에서 추인할 수 없다는 것은 의문이라고 하는 견해[38]도 있다.

---

33) 정찬형, 587면.
34) 정찬형, 586면.
35) 정동윤, 146면.
36) 채이식(상) 409면; 정찬형, 588면.
37) 정찬형, 589면.
38) 최준선, 134면.

Ⅱ. 주식회사설립절차

1. 정관작성

1) 기재사항

회사 설립 시에 최초로 작성되는 정관을 원시정관이라고 하며 그 후 변경된 정관을 변경정관이라 한다. 정관의 기재사항으로는 반드시 기재하여야 하고 흠결이 있으면 정관이 무효가 되는 절대적 기재사항과 정관에 기재함으로써 효력을 발생하는 상대적 기재사항, 그리고 상법에는 규정이 없으나 강행법규 또는 주식회사의 본질에 반하지 않는 사항으로 정관에 규정함으로써 그 효력이 발생하는 임의적 기재사항이 있다.

절대적 기재사항으로는 ① 목적, ② 상호, ③ 회사가 발행할 주식의 총수, ④ 1주의 금액, ⑤ 회사가 설립시 발행하는 주식의 총수, ⑥ 본점의 소재지, ⑦ 회사가 공고하는 방법, ⑧ 발기인의 성명, 주민등록번호 및 주소 등이다(상법 제289조 제1항).

상대적 기재사항은 기재하면 효력을 가지는 사항으로 변태설립사항과 일반적인 상대적 기재사항으로 나눌 수 있다. 그중 변태설립사항에 대해서는 아래에서 상세히 살펴보기로 한다.

2) 변태설립사항

변태설립사항은 설립시 발기인에 의해 남용되어 자본충실을 저해할 수 있는 사항으로서 ① 발기인이 받을 특별이익과 이를 받을 자의 성명, ② 현물출자를 하는 자의 성명과 그 목적인 재산의 종류, 수량, 가격과 이에 대하여 부여할 주식의 종류와 수, ③ 회사성립 후에 양수할 것을 약정한 재산의 종류, 수량, 가격과 그 양도인의 성명, ④ 회사가 부담할 설립비용과 발기인이 받을 보수액 등이 있다(상법 제290조). 변태설립사항은 회사의 재산적 기초를 악화시킬 우려가 있는 사항이므로 정관에 기재할 뿐만 아니라, 주식청약서에 기재하게 하고(상법 제302조 제2항 제2호), 법원이 선임한 검사인에 의한 엄격한 조사를 받도록 하고 있다(상법 제299조, 제301조).

(1) 발기인이 받을 특별이익

회사설립의 공로에 대한 대가로서 잔여재산분배, 신주인수권에 대한 우선권부여, 회사시설이용특권 등을 부여하는 것을 말한다. 그러나 주금납입면제라든가 무상주교부 등은 인정되지 않는다. 특별이익은 정관에 다른 정함이 없으면 분리하여 양도 혹은 상속가능하다.

(2) 현물출자

현물출자란 금전 이외의 재산을 목적으로 하는 출자로서 대차대조표상 자산의 부에 계상될 수 있는 것이면 무엇이든 인정된다. 그러므로 동산·부동산·유가증권 뿐만 아니라 특허권·실용신안권·컴퓨터소프트웨어 등도 가능하며, 영업노하우, 거래처 등도 재산적 가치가 있는 것이면 무엇이든 가능하다. 현물출자를 하는 발기인은 납입기일에 지체 없이 출자의 목적인 재산을 인도하고 등기, 등록 기타 권리의 설정 또는 이전을 요할 경우에는 이에 관한 서류를 완비하여 교부하여야 한다(상법 제295조 제2항).

(3) 재산인수

재산인수란 발기인이 회사설립을 조건으로 특정인에게 금전 이외의 재산을 회사가 매수할 것을 약정하는 계약이다. 현물출자에 대한 규제를 회피하고 남용의 우려가 있으므로 변태설립사항으로 규제하고 있다. 한편 현물출자와 재산인수에 대한 규정을 잠탈하는 경우에 대비하여 회사가 그 성립 후 2년 내에 그 성립 전부터 존재하는 재산으로서 영업을 위하여 계속하여 사용하여야 할 것을 자본의 100분의 5이상에 해당하는 대가로 취득하는 계약을 하는 경우에 주주총회 특별결의를 요하도록 하고 있다(상법 제375조). 이를 사후설립이라 한다.

대법원 1994. 5. 13. 선고 94다323 판결

상법 제290조 제3호 소정의 '회사 성립 후에 양수할 것을 약정한다' 함은 회사의 변태설립의 일종인 재산인수로서 발기인이 설립될 회사를 위하여 회사의 성립을 조건으로 다른 발기인이나 주식인수인 또는 제3자로부터 일정한 재산을 매매의 형식으로 양수할 것을 약정하는 계약을 의미하므로, 당사자 사이에 회사를 설립하기로 합의하면서 그 일방은 일정한 재산을 현물로 출자하고, 타방은 현금을 출자하되, 현물출자에 따른 번잡함을 피하기 위하여 회사의 성립 후 회사와 현물출자자 사이의 매매계약에 의한 방법에 의하여 위 현물출자를 완성하기로 약정하고 그 후 회사설립을 위한 소정의 절차를 거쳐 위 약정에 따른 현물출자가 이루어진 것이라면, 위 현물출자를 위한 약정은 그대로 위 법조가 규정하는 재산인수에 해당한다고 할 것이어서 정관에 기재되지 아니하는 한 무효이다.

(4) 설립비용과 발기인의 보수

설립비용은 발기인이 설립중의 회사의 기관으로서 회사설립을 위하여 지출한 비용을 말한다. 정관작성비용이나 광고비, 인건비 등이 여기에 속하지만, 공장부지용토지구입 사금과 같은 개업준비비용은 여기에 속하지 않는다. 발기인의 보수는 특별이익과는 구별된다.

3) 정관의 인증

회사정관은 공증인에게 인증을 받음으로써 효력이 생기지만, 자본금 10억 원 미만의 소규모회사를 발기설립하는 경우에는 공증인의 인증이 없더라도 발기인들 또는 이사들의 기명날인 또는 서명만으로 효력이 발생하는 것으로 2009년 개정되었다(상법 제292조). 정관작성 후에는 주식발행사항에 관한 내용을 정하고 주식인수절차에 들어간다.

2. 주식발행사항결정

회사 설립 시에 발행하는 주식에 관하여는 정관에 기재하지만, 정관에 다른 정함이 없으면 ① 주식의 종류와 수, ② 액면이상의 주식을 발행하는 때에는 그 수와 금액 등은 발기인전원의 동의로 이를 정한다(상법 제291조). 이때 전원동의 과정이 적법하게 되지 아니한 때에는 설립무효의 원인이 된다. 발기인 전원의 동의의 방법에는 제한이 없고, 그 시기는 정관작성 후 발기인에 의한 주식인수 전이어야 한다.

3. 주식인수절차

주식인수방법에는 회사 설립 시에 발행하는 주식 전부를 발기인만이 인수하는 '발기설립'과 설립시 발행하는 주식 중 일부만 발기인이 인수하고 나머지 주식은 주주를 모집하여 인수하는 '모집설립'이 있다.

1) 발기설립

발기설립의 경우 발기인은 반드시 서면으로 주식을 인수하여야 하나(상법 제293조), 그 서면의 방식에는 제한이 없다. 발기인의 주식인수는 정관작성과 더불어 회사의 설립행위를 이루고 설립행위의 법적 성질은 발기인의 일방적 의사표시에 의해 그 효력이 생기므로 합동행위라는 견해가 다수의 입장이지만,[39] 발기인의 주식인수는 설립중의 회사에의 입사계약이라고 보는 견해[40]도 있다.

2) 모집설립

모집설립의 경우에 발기인이 주식의 일부를 인수하고 나머지 주식의 인수는 주식을 인수하고자 하는 자의 청약과 발기인의 배정에 의하여 성립한다. 모집설립에 있어서 주식인수의 법적 성질에 대하여는 장래 성립할 회사에의 입사계약[41]이라는 견해와 설립중의 회사에의 입사계약이라고 보는 견해[42]가 있다.

주식인수의 청약을 하고자 하는 자는 주식청약서 2통에 인수할 주식의 종류 및 수와 주소를 기재하고 기명날인 또는 서명하여야 한다(상법 제302조 제1항). 가설인의 명의로 주식을 인수하거나 타인의 승낙 없이 그 명의로 주식을 인수한 자는 주식인수인으로서의 책임이 있으며(상법 제332조 제1항), 타인의 승낙을 얻어 그 명의로 주식을 인수한 자는 그 타인과 연대하여 납입할 책임이 있다(상법 제332조 제2항). 회사성립 후에는 주식을 인수한 자는 주식청약서의 요건의 흠결을 이유로 하여 그 인수의 무효를 주장하거나

39) 서돈각·정희철, 320면; 정찬형, 598면.
40) 이철송, 194면; 최준선, 151면.
41) 정희철, 377-378면.
42) 이철송, 200면; 정찬형, 599면.

사기, 강박 또는 착오를 이유로 하여 그 인수를 취소하지 못한다(상법 제320조 제1항).

4. 출자이행절차

1) 납입방법

주식인수 후 출자이행의 절차로 들어가는데 상법은 전액납입주의를 택하고 있다. 발기설립의 경우 발기인은 납입을 맡을 은행 기타의 금융기관과 납입장소를 지정하여야 하고 발기인은 지정된 납입장소에 인수가액 전액을 납입하여야 한다(상법 제295조 제1항). 현물출자를 하는 발기인은 납입기일에 지체 없이 출자의 목적인 재산을 인도하고 등기, 등록 기타 권리의 설정 또는 이전을 요할 경우에는 이에 관한 서류를 완비하여 교부하여야 한다(상법 제295조 제2항).

모집설립의 경우 회사 설립 시에 발행하는 주식의 총수가 인수된 때에는 발기인은 지체 없이 주식인수인에 대하여 각 주식에 대한 인수가액의 전액을 납입시켜야 하며(상법 제305조 제1항), 납입은 주식청약서에 기재한 납입장소에서 하여야 한다(상법 제305조 제2항).

2) 출자불이행시

출자가 이행되지 않은 경우에는 발기설립의 경우는 채무불이행의 일반원칙으로 처리하게 되지만 모집설립의 경우에는 실권절차를 밟게 된다. 즉 주식인수인이 소정의 납입을 하지 아니한 때에는 발기인은 일정한 기일을 정하여 그 기일 내에 납입을 하지 아니하면 그 권리를 잃는다는 뜻을 기일의 2주간 전에 그 주식인수인에게 통지하여야 한다(상법 제307조 제1항). 이러한 통지를 받은 주식인수인이 그 기일 내에 납입의 이행을 하지 아니한 때에는 그 권리를 잃는다. 이 경우에는 발기인은 다시 그 주식에 대한 주주를 모집할 수 있다(상법 제307조 제2항). 이러한 절차는 그 주식인수인에 대한 손해배상의 청구에 영향을 미치지 아니한다(상법 제307조 제3항).

3) 가장납입

주금의 납입은 현실적으로 하여야 하는데, 실제 납입은 없으면서 납입을 가장하는 경우가 있다. 이러한 가장납입에는 납입은행과 결탁하여 행하는 통모가장납입, 은행과 결탁없이 타인으로부터 일시 자금을 차입하여 회사성립 후에는 즉시 반환하는 위장납입의 두가지 형태가 있다. 통모가장납입의 경우에 납입금을 보관한 은행 기타의 금융기관은 발기인 또는 이사의 청구가 있는 때에는 그 보관금액에 관하여 증명서를 교부하여야 하는데 이때 증명한 보관금액에 대하여는 납입의 부실 또는 그 금액의 반환에 관한 제한이 있음을 이유로 하여 회사에 대항하지 못한다(상법 제318조 제1항, 제2항). 한편 위장납입에 대하여는 납입은 유효한 것으로 보는 것이 판례의 입장이다. 그리고 최근 상법 개정으로 자본금 총액이 10억 원 미만인 회사를 발기설립하는 경우에는 제1항의 증명서를 은행이나 그 밖의 금융기관의 잔고증명서로 대체할 수 있게 되었다(상법 제31조 제3항).

대법원 2004. 3. 26. 선고 2002다29138 판결.

주식회사를 설립하면서 일시적인 차입금으로 주금납입의 외형을 갖추고 회사 설립절차를 마친 다음 바로 그 납입금을 인출하여 차입금을 변제하는 이른바 가장납입의 경우에도 주금납입의 효력을 부인할 수는 없다고 할 것이어서 주식인수인이나 주주의 주금납입의무는 종결되었다고 보아야 할 것이다. 한편 주식을 인수함에 있어 타인의 승낙을 얻어 그 명의로 출자하여 주식대금을 납입한 경우에는 실제로 주식을 인수하여 그 대금을 납입한 명의차용인만이 실질상의 주식인수인으로서 주주가 된다고 할 것이고 단순한 명의대여인은 주주가 될 수 없다. 주식회사의 자본충실의 요청상 주금을 납입하기 전에 명의대여자 및 명의차용자 모두에게 주금납입의 연대책임을 부과하는 규정인 상법 제332조 제2항은 이미 주금납입의 효력이 발생한 주금의 가장납입의 경우에는 적용되지 않는다고 할 것이고, 또한 주금의 가장납입이 일시 차입금을 가지고 주주들의 주금을 체당 납입한 것과 같이 볼 수 있어 주금납입이 종료된 후에도 주주는 회사에 대하여 체당 납입한 주금을 상환할 의무가 있다고 하여도 이러한 주금 상환채무는 실질상 주주인 명의차용자가 부담하는 것일 뿐 단지 명의대여자로서 주식회사의 주주가 될 수 없는 자가 부담하는 채무라고는 할 수 없다.

5. 기관구성절차

주식인수와 출자이행으로 자본을 형성한 후에는 기관구성절차에 들어가게 된다. 발기설립의 경우에는 발기인에 의하여 이사와 감사가 선임되고(상법 제296조 제1항), 모집설립의 경우에는 창립총회에서 이사와 감사가 선임된다(상법 제312조). 창립총회는 발기인이 소집하고 출석한 주식인수인의 의결권의 3분의 2이상이며 인수된 주식 총수의 과반수에 해당하는 다수로써 결의한다(상법 제309조).

6. 설립경과조사

1) 발기설립

발기설립의 경우 이사와 감사는 취임 후 지체 없이 회사의 설립에 관한 모든 사항이 법령 또는 정관의 규정에 위반되지 아니하는지의 여부를 조사하여 발기인에게 보고하여야 한다(상법 제298조 제1항). 정관으로 변태설립사항을 정한 때에는 이사는 이에 관한 조사를 하게 하기 위하여 검사인의 선임을 법원에 청구하여야 한다(상법 제298조 제4항).

2) 모집설립

모집설립의 경우 발기인은 회사의 창립에 관한 사항을 서면에 의하여 창립총회에 보고하여야 하며, 이사와 감사는 취임 후 지체 없이 회사의 설립에 관한 모든 사항이 법령 또는 정관의 규정에 위반되지 아니하는지의 여부를 조사하여 창립총회에 보고하여야 한다(상법 제313조 제1항). 변태설립에 관한 사항은 원칙적으로 검사인에 의하여 조사를 받아야 하는데 이때의 검사인은 발기인의 청구에 의하여 법원이 선임한다(상법 제310조 제1항). 검사인은 변태설립사항을 조사한 후 보고서를 작성하여 창립총회에 제출하여야 한다(상법 제310조 제2항).

7. 설립등기

설립의 마지막 절차로서 설립등기를 함으로써 주식회사가 성립하게 된다. 발기인이 회사 설립 시에 발행한 주식의 총수를 인수한 경우에는 검사인의 변태설립사항 조사보고 후 또는 법원의 변태설립사항 변경처분 후 2주내에, 발기인이 주주를 모집한 경우에는 창립총회가 종결한 날 또는 창립총회에 의한 변태설립사항 변경 후 2주간내에 등기하여야 한다(상법 제317조 제1항).

Ⅲ. 설립의 하자

1. 설립무효의 소

주식회사의 설립절차에 하자가 있는 경우에는 설립무효의 소가 인정된다. 주식회사에서는 합명회사·합자회사·유한회사와는 달리 설립취소의 소는 인정되지 않는다. 주식회사 설립무효의 원인에 대하여 상법상 명문의 규정은 없으나, 주관적 원인은 무효원인이 될 수 없고 강행법규나 주식회사의 본질에 반하는 경우에만 무효원인이 될 수 있다. 이와 같이 무효의 원인을 제한하는 것은 회사설립과정에 이해관계인이 많기 때문에 법률관계를 획일적으로 처리하고 기존상태를 보호하기 위한 것이다.

주식회사에 설립무효의 원인이 있는 경우에 무효주장은 민법상 무효주장의 일반원칙과는 달리 반드시 소로만 주장할 수 있고, 주주·이사·감사에 한하여 회사성립의 날로부터 2년 내에 무효를 주장할 수 있다(상법 제328조 제1항). 판결의 효력은 제3자에게도 미치며, 장래를 향해서만 효력이 발생한다(상법 제328조 제2항).

2. 사실상의 회사

회사설립절차의 하자로 인하여 회사설립이 무효라는 확정판결이 내려진 경우라도 판결의 효력은 장래에 대해서만 발생하고 소급하지 않으므로 무효판결이 내릴 때까지 존속하는 회사는 그 판결확정전까지 마치 유효하게 존재하는 것과 같은 상태에 놓이게 된다. 이러한 상태를 사실상의 회사라고 한다. 사실상의 회사의 법률관계는 해산에 준하여 청산절차를 밟게 된다.

사실상의 회사를 비교법적으로 고찰해 보면 사실상의 회사를 존재하게 하여 이해관계인을 보호하는 것이 대륙법계의 공통적 입장이다. 그러나 미국에서는 보통법상 사실상의 회사(de facto corporation)이론이 전혀 다른 각도에서 발전하였다. 이 이론에 의하면 발기인이 회사설립을 위하여 단체를 구성하였으나 설립의 법정요건을 구비하지 못한 경우(주로 원시정관의 결함)에 ① 회사설립을 허용하는 법률이 존재하고, ② 현행법을 준수하여 회사를 설립하려는 성실한(in good faith) 노력이 존재하고, ③ 회사의 권한을 사실상 행사하였을 경우에는 사실상의 회사가 존재한다고 본다. 그리고 이러한 경우 사실상의 회사가 한 거래에 대해서는 회사가 책임을 지고 그 구성원이나 발기인은 책임지지 않는다. 그러나 『모범사업회사법』(MBCA §2.03, §2.04)은 사실상의 회사의 존재를 부인하는 한편, 설립 이전의 행위에 대하여는 구성원의 개인에게 책임을 귀속시키고 있고, 이를 따르는 주의 회사법도 같은 취지의 규정을 두어 사실상의 회사의 이론을 거부하고 있다. 그리하여 최근 판례는 점차 사실상의 회사의 거래 또는 불법행위로 인한 책임을 "마치 회사의 행위인 것처럼 행동하는 개인들(persons who assume to act as a corporation)"에게 귀속시키는 경향을 보이고 있다.[43)]

Ⅳ. 주식회사설립에 관한 책임

주식회사는 준칙주의에 의하여 설립되므로 설립절차에 부정이 개입되기 쉽고 사기의 목적으로 설립되는 경우도 있다. 그리하여 상법은 설립의 폐단을 방지하기 위하여 설립관여자에게 엄격한 책임을 과하고 있다. 설립관여자로는 발기인, 이사, 감사, 검사인, 유사발

43) 이철송, 220-221면.

기인 등을 들 수 있다. 이러한 설립관여자에게는 민사상책임 뿐만 아니라 형사상책임도 부여하고 있다.

1. 발기인의 책임

1) 회사가 성립한 경우의 책임

(1) 회사에 대한 책임

발기인은 회사에 대하여 자본충실책임과 손해배상책임을 부담한다. 회사 설립 시에 발행한 주식으로서 회사성립 후에 아직 인수되지 아니한 주식이 있거나 주식인수의 청약이 취소된 때에는 발기인이 이를 공동으로 인수한 것으로 본다. 이를 발기인의 자본충실책임이라 한다(상법 제321조 제1항). 발기인은 회사성립 후 납입이 완료되지 않은 주식이 있는 때에는 연대하여 그 납입을 하여야 한다(상법 제321조 제2항). 이러한 자본충실책임은 법이 특별히 인정한 법정책임이며 무과실책임이다. 그러므로 총주주의 동의에 의해서도 면제되지 못한다. 자본충실책임의 이행청구는 발기인에 대한 손해배상의 청구에 영향을 미치지 아니한다(상법 제321조 제3항).

발기인이 회사의 설립에 관하여 그 임무를 해태한 때에는 그 발기인은 회사에 대하여 연대하여 손해를 배상할 책임이 있다(상법 제322조 제1항). 예컨대 발기인이 주금납입을 가장하여 회사성립과 동시에 대금을 인출한 경우에 이 책임을 물을 수 있을 것이다. 또한 이사 또는 감사가 설립경과에 관한 사항의 조사를 해태하여 회사 또는 제3자에 대하여 손해를 배상할 책임을 지는 경우에 발기인도 책임을 질 때에는 그 이사, 감사와 발기인은 연대하여 손해를 배상할 책임이 있다(상법 제323조). 발기인의 손해배상책임은 이사 및 감사의 경우와 같이 총주주의 동의로써 면제될 수 있다(상법 제324조, 제400조).

발기인의 자본충실책임과 손해배상책임 둘 다 대표이사가 이를 추궁할 수 있음은 물론이고, 소수주주가 회사를 위하여 발기인에 대한 대표소송을 제기할 수 있다(상법 제324조, 제403조~제406조).

(2) 제3자에 대한 책임

발기인이 악의 또는 중대한 과실로 인하여 그 임무를 해태한 때에는 그 발기인은 제3자에 대하여도 연대하여 손해를 배상할 책임이 있다(상법 제322조 제2항). 발기인의 제3자에 대한 손해배상책임의 법적 성질에 관하여 불법행위책임의 일종이라고 보는 불법행위책임설과 상법이 인정하는 특수한 손해배상책임이라고 보는 법정책임설로 학설이 나뉘는데, 상법이 인정한 특별책임으로 보는 것이 제3자 보호에 맞을 것이라고 생각되며 다수설의 입장이다.

제3자의 범위에 대하여 주주를 포함하지 않는다는 견해[44]가 있으나, 통설의 견해는 주주 또는 주식인수인을 포함하여 널리 회사 이외의 모든 자를 가리킨다고 보고 있다. 그러나 회사가 손해를 입고 그 결과로 주가의 하락 등으로 인하여 간접적인 손해를 입은 주주는 이에 포함되지 않는다고 본다.[45]

2) 회사가 성립하지 못한 경우

회사가 성립하지 못한 경우에는 발기인은 그 설립에 관한 행위에 대하여 연대하여 책임을 지는데 이 경우에 회사의 설립에 관하여 지급한 비용은 발기인이 부담한다(상법 제326조 제1항, 제2항). 발기인의 이러한 책임은 과실유무와 관계없이 인정되는 무과실책임이며, 발기인 전원의 연대책임이다.

2. 유사발기인의 책임

주식청약서 기타 주식모집에 관한 서면에 성명과 회사의 설립에 찬조하는 뜻을 기재할 것을 승낙한 자는 발기인과 동일한 책임이 인정된다(상법 제327조). 이것은 상법의 금반언의 원칙, 권리외관이론에 의한 것이다.

유사발기인은 발기인과 동일한 책임이 있다고 규정하고 있으나 유사발기인은 발기인처럼 회사설립에 관한 임무를 수행하지 않으므로 이를 전제로 한 발기인의 책임은 해석상

44) 서돈각·정희철, 336면.
45) 최준선, 178면.

제한된다. 그러므로 유사발기인은 회사가 성립한 경우에 회사에 대한 자본충실책임과 회사가 불성립한 경우에 그에 따른 책임만 부담한다.[46] 회사가 성립한 경우 유사발기인의 자본충실책임은 대표이사 또는 소수주주의 대표소송으로 추궁할 수 있다. 그리고 회사가 성립하지 않은 경우에 유사발기인은 주식인수인 이외의 자에 대하여는 책임이 없다.[47]

3. 이사·감사·공증인·감정인의 책임

이사와 감사는 설립중의 회사의 감사기관이므로 설립경과를 조사하여 발기인 또는 창립총회에 보고해야 하는데 이사와 감사가 이러한 임무를 해태하여 회사 또는 제3자에 대하여 손해를 입힌 때에는 이를 연대하여 배상할 책임을 지며, 이 경우 발기인도 회사 또는 제3자에 대하여 손해배상책임을 지는 경우에는 발기인·이사·감사는 연대책임을 부담한다(상법 제323조).

상법의 명문상 규정은 없으나 법원이 선임한 검사인에 갈음하여 변태설립사항을 조사·평사하는 공증인이나 감정인의 회사 또는 제3자에 대한 손해배상책임도 이사·감사의 경우와 동일하게 해석하여야 할 것으로 본다.[48]

4. 검사인의 책임

법원이 선임한 검사인이 악의 또는 중대한 과실로 인하여 그 임무를 해태한 때에는 회사 또는 제3자에 대하여 손해배상책임을 진다(상법 제325조). 이 손해배상책임은 회사에 대한 책임의 경우에도 악의나 중과실이 있는 경우에만 발생하는 점에서 발기인·이사·감사의 회사에 대한 책임과는 구별될 수 있다. 검사인의 이 책임은 상법이 인정하는 특수한 책임이다.

46) 정찬형, 622면.
47) 최준선, 182면.
48) 정찬형, 620면.

제4장 주식과 주주

Ⅰ. 주식

1. 주식의 의의

주식회사의 자본은 제한이 없으며 주식회사의 자본은 이를 주식으로 분할하여야 한다(상법 제329조 제1항, 제2항). 주식은 자본의 구성단위를 뜻함과 동시에 주주의 지위를 나타낸다. 주식의 금액은 균일해야 하며 1주의 금액은 100원 이상이어야 한다(상법 제329조 제3항, 제4항). 회사는 주주총회의 결의로 주식을 분할할 수 있으며(상법 제329조의2 제1항), 이 경우에 분할 후의 1주의 금액은 100원 미만으로 하지 못한다(상법 제329조의2 제2항). 주식은 액면미달의 가액으로 발행하지 못하며(상법 제330조), 주주의 책임은 그가 가진 주식의 인수가액을 한도로 한다(상법 제331조). 주주는 납입에 관하여 상계로써 회사에 대항하지 못한다(상법 제334조).

2. 주식의 종류

1) 액면주식 · 무액면주식

(1) 액면주식

액면주식이란 1주의 금액이 정관과 주권에 표시되는 주식을 말한다. 상법에서는 1주의 금액을 100원 이상으로 하여야 한다고 규정하고 있으므로(상법 제329조 제4항), 우리 상법은 액면주식만 인정할 뿐 무액면주식은 인정하지 않고 있다. 회사의 자본은 다른 규정이 있는 경우 외에는 발행주식의 액면총액으로 하고 있으며(상법 제451조), 액면가액을 초과하는 금액은 자본준비금으로 적립되어야 한다(상법 제459조 제1호). 그러나 주가가 하락하여 주식을 액면가액 이하로 밖에 발행할 수 없는 경우에는 엄격한 제한 하에서 액면미달발행을 허용하고 있다(상법 제330조, 제417조).

(2) 무액면주식

무액면주식이란 정관과 주권에 1주의 금액을 표시하지 않고 주식의 수만 기재하거나 정관과 주권에 금액대신 자본금에 대한 비율을 기재한 주식을 말한다. 무액면주식의 경우에는 회사가 주식을 발행할 때마다 발행가액을 임의로 정하고 그 발행가액의 일부가 자본을 구성하는 것이다. 따라서 회사의 자금조달의 편의를 기할 수 있다. 우리나라는 상법에서 무액면주식이 인정되지 않고 있지만, 『자본시장 및 금융투자업에 관한 법률』에 의해 설립된 투자회사는 무액면주식만 발행할 수 있다(자본시장 및 금융투자업에 관한 법률 제196조 제1항). 일본에서는 2001년 상법개정시 액면주식을 없애고 무액면주식으로 통일하였다.

2008년 상법개정안에서는 무액면주식을 도입하는 안을 제시하여 회사가 액면주식과 무액면주식 중 한 종류를 선택하여 발행할 수 있도록 하고 다만, 무액면주식을 발행하는 경우에는 액면주식을 발행할 수 없도록 하였다. 그리고 회사는 정관에서 정하는 바에 따라 발행된 액면주식을 무액면주식으로 전환하거나 무액면주식을 액면주식으로 전환할 수 있도록 하고 있다(상법개정안 제329조).

2) 기명주식 · 무기명주식

(1) 기명주식

기명주식이란 주주의 성명이 주권과 주주명부에 표시되는 주식을 말하는데 우리 상법은 원칙적으로 기명주식을 발행하도록 규정하고 있다. 주주의 성명이 주주명부에 기재되므로 주주명부에 기재된 자는 주주로서의 자격을 가진 것으로 추정된다. 따라서 주주에 대한 회사의 통지 또는 최고는 주주명부에 기재한 주소 또는 그 자로부터 회사에 통지한 주소로 하면 된다(상법 제353조 제1항).

(2) 무기명주식

무기명주식이란 주주의 성명이 주권에 표시되지 않고 주주명부에도 기재되지 않는 주식이다. 무기명주식은 정관에 규정된 경우에 한하여 발행할 수 있다(상법 제357조 제1항). 기명주식과 달리 무기명주식의 주주는 누구인지를 회사가 파악할 수 없으므로 기명주식에 관한 규정과 차이가 있다. 그리하여 무기명식의 주권을 가진 자는 그 주권을 회사에 공탁하지 아니하면 주주의 권리를 행사하지 못한다(상법 제358조). 또한 회사가 무기명식의 주권을 발행한 경우에는 주주총회 회일의 3주간 전에 총회를 소집하는 뜻과 회의의 목적사항을 공고하여야 한다(상법 제363조 제3항).

3) 수종의 주식

(1) 보통주 · 우선주 · 후배주 · 혼합주

회사가 주식을 발행하는 경우에 이익이나 이자의 배당 또는 잔여재산의 분배에 관하여 내용이 다른 수종의 주식을 발행할 수 있다(상법 제344조 제1항). 이 경우 다른 주식에 비해 우선적 취급을 받는 주식을 우선주라 하고, 열후적 취급을 받는 주식을 후배주라고 하며, 우선주와 후배주를 정하는데 있어서 그 표준이 되는 주식을 보통주라고 한다. 그리고 이익 · 이자의 배당과 잔여재산의 분배 중의 어느 것에 관하여는 보통주에 비하여 우선적 취급을 받으나 다른 것에 관하여는 열후적 취급을 받는 것처럼 어떤 권리에 있어서는 우선적 지위를 가지고 다른 권리에 있어서는 열후적 지위를 가지는 주식을 혼합주라고 한다.

회사가 수종의 주식을 발행하는 경우에는 정관에 주식의 내용과 수를 기재하여야 하며, 이익배당에 관하여 우선적 내용이 있는 종류의 주식에 대하여는 정관으로 최저배당률을 정하여야 한다(상법 제344조 제2항). 회사가 수종의 주식을 발행하는 때에는 정관에 다른 정함이 없는 경우에도 주식의 종류에 따라 신주의 인수, 주식의 병합 · 분할 · 소각 또는 회사의 합병 · 분할로 인한 주식의 배정에 관하여 특수한 정함을 할 수 있다(상법 제344조 제3항). 회사가 수종의 주식을 발행한 때에는 이를 등기하여야 한다.

(2) 우선주의 종류

우선주라 하더라도 '이익이 없으면 배당없다'는 원칙이 적용된다. 따라서 이익이 없어

결산기에 배당을 할 수 없는 경우에 부족한 배당금을 계속 이월시켜 다음 기의 배당금에 합산하여 받을 수 있는데, 이를 누적적 우선주라 하고, 당기의 배당이 부족하더라도 이월시키지 않는 우선주를 비누적적 우선주라 한다.

회사의 경영실적이 호전될 경우 우선주가 보통주보다 불리한 경우가 발생할 수도 있다. 이런 경우에 대비하여 우선주는 자신의 배당을 받고 다시 잔여이익의 배당에 다시 참가할 수 있는데 이러한 우선주를 참가적 우선주라 한다. 반면에 보통주의 자격으로 배당에 다시 참가할 수 없는 우선주를 비참가적 우선주라 한다.

4) 전환주식

(1) 의의 및 발행

회사가 수종의 주식을 발행하는 경우에는 정관에 주주가 인수한 주식을 다른 종류의 주식으로 전환을 청구할 수 있음을 정할 수 있는데, 이러한 전환권이 인정된 주식을 전환주식이라고 한다. 전환주식을 발행하는 경우에는 전환의 조건, 전환의 청구기간과 전환으로 인하여 발행할 주식의 수와 내용을 정하여야 하며(상법 제346조 제1항), 수종의 주식의 수 중 전환으로 인하여 발행할 주식의 수는 전환의 청구기간 내에는 그 발행을 보류하여야 한다(상법 제346조 제2항).

전환주식을 발행하는 경우에는 주식청약서 또는 신주인수권증서에 ① 주식을 다른 종류의 주식으로 전환할 수 있다는 뜻, ② 전환의 조건, ③ 전환으로 인하여 발행할 주식의 내용, ④ 전환을 청구할 수 있는 기간 등을 기재하여야 한다(상법 제347조).

(2) 발행가액

전환으로 인하여 신주식을 발행하는 경우에는 전환전의 주식의 발행가액을 신주식의 발행가액으로 한다(상법 제348조). 이 규정의 의미는 전환주식 1주와 신주식 1주의 발행가액이 동일한 금액이라는 의미가 아니라 전환주식의 총발행가액과 신주식의 총발행가액이 동액이어야 한다는 것으로 전환조건을 통제하는 의미를 갖는다. 이사회가 자금조달에 급급하여 무모한 조건으로 전환주식을 발행함으로써 자본충실을 해하는 것을 막기 위한 것이다.[49]

(3) 전환청구와 전환의 효과

주식의 전환을 청구하는 자는 청구서 2통에 주권을 첨부하여 회사에 제출하여야 하며(상법 제349조 제1항), 청구서에는 전환하고자 하는 주식의 종류, 수와 청구년월일을 기재하고 기명날인 또는 서명하여야 한다(상법 제349조 제2항).

주주의 전환청구권은 형성권으로서 주식의 전환은 그 청구를 한 때에 효력이 생긴다(상법 제350조 제1항). 주주명부의 폐쇄기간 중에 전환된 주식의 주주는 그 기간 중의 총회의 결의에 관하여는 의결권을 행사할 수 없다(상법 제350조 제2항). 전환권을 행사한 주식의 이익이나 이자의 배당에 관하여는 그 청구를 한 때가 속하는 영업연도 말에 전환된 것으로 보며, 이 경우 신주에 대한 이익이나 이자의 배당에 관하여는 정관이 정하는 바에 따라 그 청구를 한 때가 속하는 영업연도의 직전 영업연도 말에 전환된 것으로 할 수 있다(상법 제350조 제3항).

5) 상환주식

(1) 의의 및 발행

상환주식은 우선주에 대하여 발행시부터 일정한 기간 내에 회사의 이익으로 상환할 것을 예정한 주식이다. 회사는 우선주를 발행하여 자금조달을 쉽게 할 수 있고 자금사정이 호전되면 상환함으로써 재무관리를 유연하게 할 수 있다. 상환주식은 이익배당우선주에 한하여 발행할 수 있으며(상법 제345조 제1항), 정관에 상환가액, 상환기간, 상환방법과 수를 기재하여야 한다(상법 제345조 제2항). 정관에 상환주식의 발행이 규정되어 있는 한 일반 신주발행절차에 따라 이사회의 결의로 발행할 수 있다(상법 제416조).

(2) 상환 및 효과

상환주식의 상환은 반드시 이익으로만 할 수 있으며 이익이 없으면 상환할 수 없다(상법 제345조 제1항). 이익이란 배당가능이익을 말한다. 따라서 상환하더라도 발행주식수는 감소하나 자본은 감소하지 않는다. 주식을 상환함으로 인하여 발행예정주식 총수의 미발행부분이 증가하는데 기왕에 발행하였던 부분에 재발행은 2중의 수권이 되며 다른 주주의

49) 이철송, 235면.

권리를 해치게 되므로 허용될 수 없다.[50)]

6) 다양한 종류의 주식도입

현재는 주주평등의 원칙상 법에서 정한 주식만 발행하도록 허용하고 있으나, 현행 주식의 종류만으로는 급변하는 시장 환경에 대응하여 효율적으로 자금을 조달하는 데에 어려움이 있다. 그리하여 2008년 상법개정안에서는 주식회사가 특정 사항에 관하여 의결권이 제한되는 주식 등 다양한 주식을 발행할 수 있도록 하고, 무의결권주식 또는 의결권제한주식의 발행한도를 발행주식 총수의 4분의 1에서 2분의 1로 상향 조정하고 있다(상법개정안 제344조, 제345조 및 제346조, 제344조의2부터 제344조의4). 이와 같이 무의결권주의 발행한도를 확대하고, 시장 상황에 따라 다양한 종류주식을 발행할 수 있도록 하면 자금조달을 원활하게 할 수 있을 것이다.

3. 종류주주총회

회사가 수종의 주식을 발행한 경우에 정관의 변경이나 회사의 합병 등으로 어느 종류의 주주에게 손해를 미치게 될 때는 주주총회 결의 외에 그 종류의 주주총회의 결의가 있어야 하는데 이를 종류주주총회라 한다(상법 제435조 제1항). 종류주주총회의 결의는 출석한 주주의 의결권의 3분의 2이상의 수와 그 종류의 발행주식 총수의 3분의 1이상의 수로써 하여야 한다(상법 제435조 제2항). 이 결의요건은 정관의 규정으로 가중 또는 경감하지 못한다는 것이 통설의 입장이다. 종류주주총회에서는 의결권 없는 주식을 가진 주주도 의결권을 행사할 수 있기 때문에 무의결권주식도 발행주식 총수에 포함되며 의결권의 수에도 산입된다.

대법원 2006. 1. 27. 선고 2004다44575, 44582 판결

[1] 상법 제435조 제1항은 "회사가 수종의 주식을 발행한 경우에 정관을 변경함으로써 어느 종류의 주주에게 손해를 미치게 될 때에는 주주총회의 결의 외에 그 종류의 주주의 총회의

50) 이철송, 231-232면.

결의가 있어야 한다."고 규정하고 있는바, 위 규정의 취지는 주식회사가 보통주 이외의 수종의 주식을 발행하고 있는 경우에 보통주를 가진 다수의 주주들이 일방적으로 어느 종류의 주식을 가진 소수주주들에게 손해를 미치는 내용으로 정관을 변경할 수 있게 할 경우에 그 종류의 주식을 가진 소수주주들이 부당한 불이익을 받게 되는 결과를 방지하기 위한 것이므로, 여기서의 '어느 종류의 주주에게 손해를 미치게 될 때'라 함에는, 어느 종류의 주주에게 직접적으로 불이익을 가져오는 경우는 물론이고, 외견상 형식적으로는 평등한 것이라고 하더라도 실질적으로는 불이익한 결과를 가져오는 경우도 포함되며, 나아가 어느 종류의 주주의 지위가 정관의 변경에 따라 유리한 면이 있으면서 불이익한 면을 수반하는 경우도 이에 해당된다.

[2] 어느 종류 주주에게 손해를 미치는 내용으로 정관을 변경함에 있어서 그 정관변경에 관한 주주총회의 결의 외에 추가로 요구되는 종류주주총회의 결의는 정관변경이라는 법률효과가 발생하기 위한 하나의 특별요건이라고 할 것이므로, 그와 같은 내용의 정관변경에 관하여 종류주주총회의 결의가 아직 이루어지지 않았다면 그러한 정관변경의 효력이 아직 발생하지 않는 데에 그칠 뿐이고, 그러한 정관변경을 결의한 주주총회결의 자체의 효력에는 아무런 하자가 없다.

[3] 정관의 변경결의의 내용이 어느 종류의 주주에게 손해를 미치게 될 때에 해당하는지 여부에 관하여 다툼이 있는 관계로 회사가 종류주주총회의 개최를 명시적으로 거부하고 있는 경우에, 그 종류의 주주가 회사를 상대로 일반 민사소송상의 확인의 소를 제기함에 있어서는, 정관변경에 필요한 특별요건이 구비되지 않았음을 이유로 하여 정면으로 그 정관변경이 무효라는 확인을 구하면 족한 것이지, 그 정관변경을 내용으로 하는 주주총회결의 자체가 아직 효력을 발생하지 않고 있는 상태(이른바 불발효 상태)라는 관념을 애써 만들어서 그 주주총회결의가 그러한 '불발효 상태'에 있다는 것의 확인을 구할 필요는 없다.

Ⅱ. 주주

1. 주주의 이익 및 권리·의무

주주는 주식회사의 사원이고 주주가 회사에 대해 갖는 지위를 주주권이라고 한다.

주주의 권리는 보호받아야 하며, 주주는 적절한 절차에 의해 자신의 권리를 행사할 수 있어야 한다. 또한 주주는 주주평등의 원칙에 따라 공평하게 대우받아야 한다. 지배주주가 보유주식에 대한 의결권 행사 이외에 기업 경영에 영향력을 행사하는 경우 그에 상응하는 책임을 져야 한다.

1) 주주의 권리

(1) 공익권과 자익권

주주는 회사에 대하여 투자자로서 주주 개인의 재산적 이익을 확보하기 위하여 인정된 권리인 자익권과 회사 또는 주주의 공동이익을 위하여 회사운영에 관여할 수 있는 권리인 공익권을 가진다. 자익권의 예로서는 이익배당청구권과 신주인수권 등이며, 공익권의 예로서는 의결권 및 각종의 소권을 들 수 있다.

(2) 소수주주권

주주의 권리 중 발행주식 총수의 일정비율이상을 소유하여야 행사가 가능한 권리가 있는데 이것이 소수주주권이다. 주주제안권·주주총회소집청구권·집중투표청구권·이사해임청구권·회계장부열람청구권 등은 발행주식 총수의 100분의 3이상을 요한다. 위법행위유지청구권·대표소송제기권은 100분의 1이상을 요하고, 회사해산판결청구권은 100분의 10이상을 요한다. 한편 상장회사의 경우에는 소수주주권의 행사를 용이하게 하기 위해 위 요건을 완화하여 2009년 상법개정 때 상장회사에 관한 특례규정으로 상법전에 편입되었다.

(3) 주주권의 특징

주주권은 주식의 양도나 소각 등 법률에 정하여진 사유에 의하여서만 상실되고 단순히 당사자 사이의 특약이나 주주권 포기의 의사표시만으로 상실되지 아니하며 다른 특별한 사정이 없는 한 그 행사가 제한되지도 아니한다.[51)]

주주는 기업으로부터 필요한 정보를 적시에 충분히 그리고 공평하게 제공받을 수

---

51) 대법원 2002. 12. 24. 선고 2002다54691 판결.

있어야 하며, 기업은 공시의무가 없는 정보를 공개할 경우에도 모든 주주에게 공평하게 제공하여야 한다. 주주는 정기적으로 공시되는 사항 이외에도 주식의 가치에 영향을 미칠 수 있는 기업정보를 수시로 제공받을 필요가 있으므로, 기업은 가급적 많은 정보를 모든 주주에게 동등하게 제공하도록 노력하여야 한다. 특히 기업은 기업설명회 등을 통해 제공된 정보를 이에 참여하지 않은 주주 및 일반투자자에게도 공시하여야 한다.[52)]

주주는 다른 주주의 부당한 내부거래 및 자기거래로부터 보호되어야 한다. 경영진 또는 주주는 사적인 이익을 추구할 목적으로 내부자거래 및 자기거래를 하여서는 안 된다. 특히 자기거래는 경영진의 충실의무에 위배되지 않도록 합리적인 범위내에서 행해져야 한다. 이를 위해 기업은 내부자거래 및 자기거래에 관한 내부통제장치를 갖추고, 그 거래내역은 공정한 절차에 의해 공시하여야 한다.[53)]

2) 주주평등의 원칙

주주는 회사에 대한 주주의 지위에 따른 법률관계에 관하여 그가 가진 주식수에 비례하여 평등한 대우를 받게 된다. 상법에는 주주평등의 원칙을 직접적으로 규정하고 있지는 않지만 주주의 이익배당청구권(상법 제464조), 의결권(상법 제369조 제1항), 신주인수권(상법 제418조) 등에서 각 주식을 평등하게 취급하여야 한다는 취지의 규정을 두고 있다. 주주평등의 원칙에 대한 예외로는 우선권이 있는 각종의 주식발행(상법 제344조 제1항, 제345조, 제346조, 제370조), 소수주주권의 인정(상법 제366조, 제402조, 제403조, 제466조, 제467조 등), 의결권행사의 제한(상법 제368조 제4항, 제409조 제2항, 제369조 제3항) 등이 있다.

주주평등의 원칙은 강행법적 효력이 있으므로 이에 위반하는 정관의 규정, 주주총회 또는 이사회의 결의, 대표이사의 업무집행은 선의·악의를 불문하고 무효이다. 그러나 불평등한 취급을 당하여 손해를 입는 주주가 동의를 한 경우에는 효력이 있다.

대법원 2007. 6. 28. 선고 2006다38161, 38178 판결

[1] 회사가 직원들을 유상증자에 참여시키면서 퇴직시 출자 손실금을 전액 보전해 주기로

52) 『기업지배구조모범규준』 Ⅰ. 2. 2.
53) 『기업지배구조모범규준』 Ⅰ. 2. 3.

약정한 경우, 그러한 내용의 '손실보전합의 및 퇴직금 특례지급기준'은 유상증자에 참여하여 주주의 지위를 갖게 될 회사의 직원들에게 퇴직시 그 출자 손실금을 전액 보전해 주는 것을 내용으로 하고 있어서 회사가 주주에 대하여 투하자본의 회수를 절대적으로 보장하는 셈이 되고 다른 주주들에게 인정되지 않는 우월한 권리를 부여하는 것으로서 주주평등의 원칙에 위반되어 무효이다. 비록 그 손실보전약정이 사용자와 근로자의 관계를 규율하는 단체협약 또는 취업규칙의 성격을 겸하고 있다고 하더라도, 주주로서의 지위로부터 발생하는 손실에 대한 보상을 주된 목적으로 한다는 점을 부인할 수 없는 이상 주주평등의 원칙의 규율 대상에서 벗어날 수는 없을 뿐만 아니라, 그 체결 시점이 위 직원들의 주주자격 취득 이전이라 할지라도 그들이 신주를 인수함으로써 주주의 자격을 취득한 이후의 신주매각에 따른 손실을 전보하는 것을 내용으로 하는 것이므로 주주평등의 원칙에 위배되는 것으로 보아야 하고, 위 손실보전약정 당시 그들이 회사의 직원이었고 또한 시가가 액면에 현저히 미달하는 상황이었다는 사정을 들어 달리 볼 수는 없다.

3) 주주의 의무

(1) 출자의무

주주는 사원의 자격에서 회사에 대하여 재산의 출자할 의무를 부담한다. 가설인의 명의로 주식을 인수하거나 타인의 승낙 없이 그 명의로 주식을 인수한 자는 주식인수인으로서의 책임이 있다. 또한 타인의 승낙을 얻어 그 명의로 주식을 인수한 자는 타인과 연대하여 납입할 책임이 있다(상법 제332조). 수인이 공동으로 주식을 인수한 경우에는 연대하여 납입할 책임이 있으며, 주식이 수인의 공유에 속하는 때에는 공유자는 주주의 권리를 행사할 자 1인을 정하여야 하며 주주의 권리를 행사할 자가 없는 때에는 공유자에 대한 통지나 최고는 그 1인에 대하여 하면 된다(상법 제333조).

(2) 유한책임

주주는 주식의 인수가액을 한도로 하는 출자의무를 부담할 뿐이다. 주주의 유한책임의 원칙은 주식회사의 본질적인 요소이므로 정관 또는 주주총회의 결의로 이와 달리 정할 수 없다. 따라서 회사는 이를 가중할 수도 없고, 주주에 대한 납입청구권을 포기하거나 감경할 수도 없다. 그러나 주주는 유한책임의 원칙을 포기하고 회사채무를 부담하거나 추가출자를 할 수는 있다.[54)]

(3) 충실의무

주주는 출자의무 이외에 회사와 다른 주주에 대하여 추가적 의무가 없다는 것이 상법의 전통적 입장이었다. 그러나 주주 특히 지배주주가 자신의 지위를 이용하여 이사의 업무집행에 영향력을 행사하거나 회사나 다른 주주의 이익을 해하거나, 주주총회에서 의결권을 남용하여 다른 주주의 이익을 침해하는 경우가 많다. 이러한 이유로 주주의 충실의무는 미국의 판례법에서 확립되어 일본, 독일에서도 인정되게 되었다.

미국에서 지배주주는 이사와 동일한 충실의무를 지는데 이는 지배주주가 이사를 지배할 수 있기 때문이다. 의무의 내용으로 지배주주는 회사이익의 희생 하에 자기의 이익을 도모할 목적으로 자기의 권한을 행사해서는 아니 되고, 소수파주주에 대하여 성실하고 합리적인 주의 및 상당한 조심을 할 의무를 지며, 소수파주주가 경영관리에 대하여 발언권을 가지지 못한 때에는 소수파주주의 이익을 보호할 의무를 진다. 이러한 충실의무에는 직접적 충실의무와 간접적 충실의무가 있다. 직접적 충실의무는 이사선임, 영업양도, 정관변경 등을 목적으로 주주총회에서 의결권을 행사하는 경우 또는 지배주식의 양도의 경우에 충실의무를 지는 것이다. 간접적 충실의무는 지배주주가 이사를 교사하여 회사와 거래한 경우에 이사를 교사한 지배주주에게 이사와 동일한 충실의무가 있다고 하는 것이다. 특히 주주총회에서의 의결권행사는 개인재산권의 행사로 자유롭게 행사 가능한 것이지만, 지배주주가 자신의 이익을 위하여 소수파주주에 대해 사해행위(fraud) 또는 억압행위(oppression)를 하거나 불공정행위(unfair)를 한 경우에는 충실의무위반이 된다. 독일에서도 1988년 독일연방법원에서 주주간 충실의무를 인정하였다.

기업의 경영에 영향력을 행사하는 지배주주는 기업과 모든 주주의 이익을 위해 행동하여야 하며, 이에 반하는 행동으로 기업과 다른 주주에게 손해를 끼친 경우에는 그에 상응하는 책임을 져야 한다. 지배주주는 주식보유비율에 관계없이 임원의 임면 등 당해

54) 최준선, 216면.

법인의 주요 경영사항에 대하여 사실상 영향력을 행사하고 있는 자를 말한다. 지배주주는 개인,법인, 기관투자자 등 모든 주주를 포함한다. 기업경영의 책임은 해당 기업의 이사 및 경영진에게 있다. 그러나 현실적으로 지배주주가 이사의 선임에 지배적인 영향력을 행사하는 한 이사가 지배주주의 부당한 영향력을 완전히 거부할 수 있을 것으로 기대하기는 어렵다. 따라서 지배주주가 보유하고 있는 주식의 의결권 행사를 통해 기업의 경영에 영향을 미치거나 이사로서 기업경영에 직접 참여하는 경우 외에 지배주주의 지위를 이용하여 기업경영에 영향력을 행사하는 경우에는 그 영향력에 상응하는 책임이 부여되어야 한다. 지배주주의 기업과 일반주주의 이익에 반하는 부당한 경영간여는 이사의 경영책임 강화나 사외이사제도의 활성화를 통해 억제될 수 있다. 그러나 지배주주가 자신이 소유하고 있는 주식의 의결권 행사를 통해 기업 경영에 영향을 미치거나 이사로서 기업경영에 직접 참여하는 경우 이외에 기업경영에 영향력을 행사하는 경우는 그에 상응하는 책임이 있음을 인식하는 것이 무엇보다 중요하다. 아울러 회사는 지배주주의 지배권 남용을 방지하기 위하여 소수주주권이 적절히 행사될 수 있도록 보장하여야 한다.[55]

Ⅲ. 주권과 주주명부

1. 주권의 의의

1) 주권의 종류

주권이란 주주의 회사에 대한 지위, 즉 주주권을 의미하는 주식을 표창하는 유가증권이다. 상법상 주권의 종류는 기명주권과 무기명주권이 있다. 우리나라에서는 기명주권이 원칙이고 무기명주권은 정관에 규정이 있는 경우에 한하여 예외적으로 발행할 수 있을 뿐이나, 주주는 언제든지 무기명식의 주권을 기명식으로 할 것을 회사에 청구할 수 있다(상법 제357조). 무기명식의 주권을 가진 자는 그 주권을 회사에 공탁하지 아니하면

55)『기업지배구조모범규준』 Ⅰ. 3. 2.

주주의 권리를 행사하지 못한다(상법 제358조).

2) 주권의 기재사항

주권에는 다음의 사항과 번호를 기재하고 대표이사가 기명날인 또는 서명 하여야 한다. 기재사항은 ① 회사의 상호, ② 회사의 성립년월일, ③ 회사가 발행할 주식의 총수, ④ 1주의 금액, ⑤ 회사의 성립후 발행된 주식에 관하여는 그 발행년월일, ⑥ 수종의 주식이 있는 때에는 그 주식의 종류와 내용, 주식의 양도에 관하여 이사회의 승인을 얻도록 정한 때에는 그 규정, ⑦ 상환주식이 있는 때에는 상환가액, 상환기간, 상환방식과 수, ⑧ 전환주식이 있는 때에는 주식을 다른 종류의 주식으로 전환할 수 있다는 뜻, 전환의 조건, 전환으로 인하여 발행할 주식의 내용, 전환을 청구할 수 있는 기간 등이다(상법 제356조).

3) 주권의 발행

회사는 성립 후 또는 신주의 납입 기일 후 지체 없이 주권을 발행하여야 하며(상법 제355조 제1항), 주권은 회사의 성립 후 또는 신주의 납입기일 후가 아니면 발행하지 못하고(상법 제355조 제2항), 이에 위반하여 발행한 주권은 무효로 한다. 그러나 발행한 자에 대한 손해배상의 청구에 영향을 미치지 아니한다(상법 제355조 제3항).

4) 주권의 효력발생

주권은 비설권증권이기 때문에 그 효력발생 시점이 언제인지 명확하지 않으며 이에 대하여는 학설이 나뉘고 있다.

(1) 작성시설

회사가 적법하게 주권을 작성한 때 주권으로서 효력을 갖는다는 견해로서, 이에 의하면 주권 작성 후 주주에게 교부하기 전이라도 선의취득·압류·제권판결 등이 가능하다고 한다. 다만 상법에서 규정하고 있는 주권발행시기 이전에 발행한 주권은 그 효력이 인정되지 않는다. 작성시설에 의하면 거래의 안전은 보호되나 주주에게는 가혹하게 된다. 그리고 무기명주권의 경우에는 주주의 확정시기가 불명확하다.[56]

(2) 발행시설

회사가 주권을 작성하여 회사의 의사로 누군가에게 교부한 때에 주권의 효력이 생긴다는 견해로서, 작성시설과 교부시설의 절충적인 입장이다. 반드시 주주가 아니더라도 누구에게든 교부하면 주권으로서의 효력이 발생한다는 점에서 교부시설과 다르고, 회사의 의사에 의하지 않고 유출된 경우, 예컨대 도난당한 경우에는 주권이 무효라는 점에서 작성시설과 다르다.[57)]

(3) 교부시설

주권의 효력은 회사가 주권을 작성하여 회사의 의사에 의해 주주에게 교부한 때 발생한다고 한다. 이 견해에 의하면 주권 작성 후 주주에게 교부하기 전에는 주권으로서의 효력이 발생하지 않으므로 선의취득·압류·제권판결 등이 불가능하다. 이 견해에 의하면 주주는 보호되나 거래의 안전에는 문제가 있다. 다수설과 판례의 입장이다.

대법원 2000. 3. 23. 선고 99다67529 판결

주권발행은 소정의 형식을 구비한 문서를 작성하여 이를 주주에게 교부하는 것을 말하고 위 문서가 주주에게 교부된 때에 비로소 주권으로서의 효력을 발생하는 것이므로 회사가 주주권을 표창하는 문서를 작성하여 이를 주주가 아닌 제3자에게 교부하여 주었다 할지라도 위 문서는 아직 회사의 주권으로서의 효력을 가지지 못한다.

5) 주권의 선의취득

기명주식이든 무기명주식이든 주권의 점유자는 적법한 소지인으로 추정되므로 이러한 외관을 가진 자로부터 악의 또는 중대한 과실없이 주권을 취득한 양수인은 그 양도인이 도취자·습득자 등의 무권리자일지라도 주식을 취득하여 주주로 되는데 이를 주권의 선의취득이라 한다(상법 제359조).

---

56) 최준선, 224면.
57) 이철송, 256면.

2. 주권불소지제도

1) 의의

기명주식이든 무기명주식이든 주권의 교부만으로 주식을 양도할 수 있다. 그러므로 주권이 분실·도난당한 경우에는 주권의 점유자는 적법한 소지인으로 추정되므로 제3자가 쉽게 선의취득하게 될 가능성이 있다. 또한 기명주식의 경우 주주명부에 기재되어 주주권행사에 주권이 꼭 필요한 것도 아니므로 주권을 반드시 소지하여야만 하는 것은 아니다. 그리하여 상법은 주주의 희망에 따라 주권을 소지하지 않을 수 있도록 하였다.

2) 절차와 효력

주주는 정관에 다른 정함이 있는 경우를 제외하고는 그 기명주식에 대하여 주권의 소지를 하지 아니하겠다는 뜻을 회사에 신고할 수 있으며(상법 제358조의2 제1항), 이러한 신고가 있는 때에는 회사는 지체 없이 주권을 발행하지 아니한다는 뜻을 주주명부와 그 복본에 기재하고, 그 사실을 주주에게 통지하여야 하며 이 경우 회사는 그 주권을 발행할 수 없다(상법 제358조의2 제2항). 그리고 이미 발행된 주권이 있는 때에는 이를 회사에 제출하여야 하며, 회사는 제출된 주권을 무효로 하거나 명의개서대리인에게 임치하여야 한다(상법 제358조의2 제3항). 그러나 주주는 언제든지 회사에 대하여 주권의 발행 또는 반환을 청구할 수 있다(상법 제358조의2 제4항).

3. 주권의 상실

주권은 주식양도, 주식소각 등 법정사유에 의해서만 상실되고 단순히 당사자 간의 특약이나 주식포기의 의사표시만으로는 주식이 소멸하거나 주주의 지위가 상실되지 않는다. 주권을 상실한 경우 주권은 공시최고의 절차에 의하여 이를 무효로 할 수 있다(상법 제360조 제1항). 주권을 상실한 자는 제권판결을 얻지 아니하면 회사에 대하여 주권의 재발행을 청구하지 못한다(상법 제360조 제2항).

4. 주주명부

1) 의의

주주명부란 주주 및 주권발행에 관한 사항을 명백히 하기 위하여 상법의 규정에 의하여 작성되는 장부를 말한다. 주주 또는 질권자에 대한 회사의 통지 또는 최고는 주주명부에 기재한 주소 또는 그 자로부터 회사에 통지한 주소로 하면 된다(상법 제353조). 이사는 주주명부를 본점에 비치하여야 하며, 명의개서대리인을 둔 때에는 주주명부나 사채원부 또는 그 복본을 명의개서대리인의 영업소에 비치할 수 있으며(상법 제396조 제1항), 주주와 회사채권자는 영업시간내에 언제든지 열람 또는 등사를 청구할 수 있다(상법 제396조 제2항).

2) 효력

(1) 대항력

기명주식의 양도는 주권의 교부만으로 가능하므로 주식의 양수인은 교부에 의해 주주가 되지만 그가 주주임을 회사에 대항하기 위해서는 주주명부에 그의 성명과 주소를 기재하여야 하는데(상법 제337조), 이것이 주주명부의 대항력이다. 회사가 명의개서 하지 않은 주식양수인을 주주로 인정하는 것은 무방하다.

대법원 2001. 5. 15. 선고 2001다12973 판결

상법 제337조 제1항의 "기명주식의 이전은 취득자의 성명과 주소를 주주명부에 기재하지 아니하면 회사에 대항하지 못한다"는 규정은 기명주식의 취득자가 주주명부상의 주주명의를 개서하지 아니하면 스스로 회사에 대하여 주주권을 주장할 수 없다는 의미이고, 명의개서를 하지 아니한 실질상의 주주를 회사측에서 주주로 인정하는 것은 무방하다.

(2) 추정력

기명주식의 양수인이 주주명부에 명의개서하면 이후 주주로 추정되어 적법한 주주로서 권리행사할 수 있다. 한편 기명주식의 점유에 의해서도 적법한 소지인으로 추정되는

데(상법 제336조 제2항), 이것은 주식의 양도와 관련하여 주권의 소지에 대하여 적법추정을 하는 것이고, 그러한 주권의 소지인이 회사에 대하여 주주권을 행사할 수는 없는 것이다. 그러므로 이는 주주권의 행사와 관련한 주주명부의 명의개서에 대한 추정력과는 구별된다.[58]

대법원 2006. 9. 14. 선고 2005다45537 판결

주주명부에 기재된 명의상의 주주는 회사에 대한 관계에서 자신의 실질적 권리를 증명하지 않아도 주주의 권리를 행사할 수 있는 자격수여적 효력을 인정받을 뿐이지, 주주명부의 기재에 의하여 창설적 효력을 인정받는 것은 아니므로 실질상 주식을 취득하지 못한 사람이 명의개서를 받았다고 하여 주주의 권리를 행사할 수 있는 것이 아니다. 따라서 주권발행 전 주식의 이중양도가 문제되는 경우, 그 이중양수인 중 일부에 대하여 이미 명의개서가 경료되었는지 여부를 불문하고 누가 우선순위자로서 권리취득자인지를 가려야 하고, 이때 이중양수인 상호간의 우열은 지명채권을 이중양도한 경우에 준하여 확정일자 있는 양도통지가 회사에 도달한 일시 또는 확정일자 있는 승낙의 일시의 선후에 의하여 결정하는 것이 원칙이다.

(3) 면책력

기명주식의 이전에 명의개서를 하면 회사는 주주명부상의 주주를 적법한 주주로 인정하여 주주에 대한 회사의 통지 또는 최고는 주주명부에 기재한 주소 또는 그 자로부터 회사에 통지한 주소로 하면 면책된다(상법 제353조 제1항). 이것은 회사측이 주주명부의 기재에 의해 받는 이익이라는 점에서 대항력이나 추정력과 다르다.

3) 주주명부의 폐쇄와 기준일제도

주식회사에서는 주식이 유통됨에 따라 주주가 항상 변동되므로 주주권을 행사할 자를 일정한 시점의 주주로 특정시킬 필요가 있다. 따라서 상법은 일정기간 주주명부를 폐쇄하

58) 정찬형, 666면.

여 주주의 권리변동을 금하는 주주명부의 폐쇄제도와 일정한 날에 주주명부에 기재된 주주를 권리행사자로 보는 기준일제도를 두고 있다(상법 제354조 제1항). 폐쇄기간은 3월을 초과할 수 없으며(상법 제354조 제2항), '일정한 날'은 권리를 행사할 날에 앞선 3월내의 날로 정하여야 한다(상법 제354조 제3항). 한편 회사가 폐쇄기간 또는 일정한 날을 정한 때에는 정관에 다른 정함이 없는 경우 그 기간 또는 날의 2주간 전에 이를 공고하여야 한다(상법 제354조 제4항).

4) 실질주주명부

증권예탁원에 예탁된 주식의 실질주주에 관해 그의 성명과 주소, 그가 가진 주식의 종류 및 수 등을 기재하여 작성한 장부를 실질주주명부라 한다. 실질주주명부에 실질주주의 내용을 기재하면 주주명부에 기재한 것과 동일한 효력이 있다. 상장주권은 보통 증권회사를 통해 증권예탁원에 예탁되고, 그 주권은 증권예탁원의 이름으로 명의개서를 하게 된다. 이러한 과정은 증권회사들이 증권예탁원에 주권을 예탁해 놓고 서로의 계좌간에 장부거래로서 거래하는 대체결제제도를 이용하게 된다. 이 경우 증권예탁원을 명의주주라 하고, 고객 또는 예탁자인 증권회사를 실질주주라 하며, 실질주주의 성명과 주소, 그가 가진 주식의 종류 및 수를 기재한 장부를 실질주주명부라 한다.

주권이 예탁된 경우 주권의 발행인은 주주명부폐쇄기간 또는 일정한 날을 정한 경우에는 예탁결제원에 이를 지체 없이 통지하여야 하며, 예탁결제원은 그 일정한 기간의 첫날 또는 그 일정한 날의 실질주주에 관하여 성명과 주소, 그가 가진 주식의 종류 및 수를 지체 없이 그 주권의 발행인 또는 명의개서를 대리하는 회사에 통지하여야 한다(자본시장 및 금융투자업에 관한 법률 제315조 제3항).

통지받은 발행인 또는 명의개서를 대행하는 회사는 통지받은 사항과 통지 연월일을 기재하여 실질주주명부를 작성 · 비치하여야 하며, 예탁결제원에 예탁된 주권의 주식에 관한 실질주주명부에의 기재는 주주명부에의 기재와 같은 효력을 가진다(자본시장 및 금융투자업에 관한 법률 제316조 제1항, 제2항).

Ⅳ. 주식의 양도

1. 주식양도의 자유원칙과 그 제한

상법은 원칙적으로 주식양도의 자유를 보장하고 있다. 다만 법률과 정관에 의해 제한되는 경우가 있다. 상법상의 제한으로는 권리주양도의 제한, 주권발행전 주식양도의 제한, 자기주식취득금지, 자회사의 모회사주식취득금지 규정 등이 있다.

1) 권리주양도의 제한

권리주는 주식인수로 인한 권리로서 회사의 성립전 또는 신주발행의 효력발생전의 주식인수인의 지위를 말한다. 이러한 권리주의 양도는 회사에 대하여 효력이 없으나 당사자 간에는 유효하다(상법 제319조). 권리주양도를 제한하는 것은 양도를 허용할 경우 회사설립절차나 신주발행절차가 번잡하고 투기행위가 발생할 우려가 있기 때문이다. 회사에 대하여 효력이 없다는 의미는 회사가 권리주양도를 승인하더라도 효력이 없다고 해석하는 것이 통설과 판례의 입장이다.

2) 주권발행전 주식의 양도제한

주권발행전 주식양도는 회사에 대하여 효력이 없으나 회사성립 후 또는 신주납입기일 후 6월이 경과한 때에는 유효하다(상법 제335조 제3항). 따라서 6월이 경과하면 당사자 간의 의사표시만으로 회사에 대하여 유효한 주식양도를 할 수 있으며 명의개서에 상관없이 주주가 된다. 회사 이외의 제3자에 대하여 주식양도로 대항하려면 확정일자있는 증서에 의하여 회사에 양도를 통지하거나 양도에 관한 승낙을 얻어야 한다. 한편 주권없이 주식을 취득한 양수인은 그 권리를 행사하기 위하여 주주명부에 명의개서를 하여야 회사에 대항할 수 있다.

대법원 2000. 3. 23. 선고 99다67529 판결

주권발행 전의 주식양도라 하더라도 회사성립 후 또는 신주납입기일 후 6월이 경과한 후에

이루어진 때에는 회사에 대하여 효력이 있으므로 그 주식양수인은 주주명부상의 명의개서 여부와 관계없이 회사의 주주가 되고, 그 후 그 주식양도 사실을 통지받은 바 있는 회사가 그 주식에 관하여 주주가 아닌 제3자에게 주주명부상의 명의개서절차를 마치고 나아가 그에게 기명식 주권을 발행하였다 하더라도, 그로써 그 제3자가 주주가 되고 주식양수인이 주주권을 상실한다고는 볼 수 없다.

대법원 2006. 9. 14. 선고 2005 다 45537 판결

주권발행 전 주식의 양도는 당사자의 의사표시만으로 효력이 발생하고, 주권발행 전 주식을 양수한 사람은 특별한 사정이 없는 한 양도인의 협력을 받을 필요 없이 단독으로 자신이 주식을 양수한 사실을 증명함으로써 회사에 대하여 그 명의개서를 청구할 수 있지만, 회사 이외의 제3자에 대하여 양도 사실을 대항하기 위해서는 지명채권의 양도에 준하여 확정일자 있는 증서에 의한 양도통지 또는 승낙을 갖추어야 한다. 따라서 양도인은 회사에 그와 같은 양도통지를 함으로써 양수인으로 하여금 제3자에 대한 대항요건을 갖출 수 있도록 해 줄 의무를 부담한다. 그러므로 양도인이 그러한 채권양도의 통지를 하기 전에 제3자에게 이중으로 양도하고 회사에게 확정일자 있는 양도통지를 하는 등 대항요건을 갖추어 줌으로써 양수인이 그 제3자에게 대항할 수 없게 되었고, 이러한 양도인의 배임행위에 제3자가 적극 가담한 경우라면, 제3자에 대한 양도행위는 사회질서에 반하는 법률행위로서 무효이다.

3) 자기주식취득금지

(1) 자기주식취득금지와 예외

자기주식취득은 실질적으로 출자를 환급하는 결과가 되어 자본충실의 원칙에 반하며 회사의 내부자에 의한 투기행위로 악용될 우려가 있는 등 여러 가지의 폐해가 있으므로 제한된다. 다만 다음의 경우에는 예외적으로 자기주식취득이 허용되는데 ① 주식을 소각하기 위한 때, ② 회사의 합병 또는 다른 회사의 영업전부의 양수로 인한 때, ③ 회사의 권리를 실행함에 있어 그 목적을 달성하기 위하여 필요한 때, ④ 단주의 처리를 위하여 필요한 때, ⑤ 주주가 주식매수청구권을 행사한 때 등이다(상

법 제341조).

회사는 주식매수선택권 부여의 목적으로 자기의 주식을 취득하거나 퇴직하는 이사·감사 또는 피용자의 주식을 양수함으로써 자기의 주식을 취득함에 있어서는 발행주식 총수의 100분의 10을 초과하지 아니하는 범위 안에서 자기의 계산으로 자기의 주식을 취득할 수 있지만, 그 취득금액은 이익배당이 가능한 한도이내이어야 한다(상법 제341조의2 제1항). 회사가 주식을 발행주식 총수의 100분의 10이상의 주식을 가진 주주로부터 유상으로 취득하는 경우에는 주주총회의 결의가 있어야 하며, 이 경우 회사는 주주총회결의 후 6월 이내에 주식을 취득하여야 한다(상법 제341조의2 제2항). 한편 상장법인의 경우에는 배당가능이익이 있는 한도 내에서 증권시장을 통하거나 공개매수의 방법으로 자기주식을 취득할 수 있도록 하고 있다(자본시장 및 금융투자업에 관한 법률 제165조의2).

대법원 2006. 10. 12. 선고 2005다75729 판결

상법은 주식회사가 자기의 계산으로 자기주식을 취득하는 것을 원칙적으로 금지하면서, 예외적으로 일정한 경우에만 그 취득이 허용되는 것으로 명시하고 있다. 따라서 상법 제341조, 제341조의2, 제342조의2 또는 증권거래법 등이 명시적으로 이를 허용하고 있는 경우 외에는, 회사의 자본적 기초를 위태롭게 하거나 주주 등의 이익을 해한다고 할 수 없는 것이 유형적으로 명백한 경우가 아닌 한 자기주식의 취득은 허용되지 아니하고, 위와 같은 금지규정에 위반하여 회사가 자기주식을 취득하거나 취득하기로 하는 약정은 무효이다(대법원 2003. 5. 16. 선고 2001다44109 판결 등 참조).

한편, 주식회사가 자기주식을 취득할 수 있는 경우로서 상법 제341조 제3호가 규정하고 있는 '회사의 권리를 실행함에 있어 그 목적을 달성하기 위하여 필요한 때'라 함은 회사가 그 권리를 실행하기 위하여 강제집행, 담보권의 실행 등을 함에 있어 채무자에게 회사의 주식 이외에 재산이 없을 때 회사가 자기주식을 경락 또는 대물변제로 취득하는 경우 등을 말하므로(대법원 1977. 3. 8. 선고 76다1292 판결 참조), 원고의 피고로부터의 자기주식 매수가 그에 해당한다고 보기도 어렵다.

대법원 2008. 7. 10. 선고 2005다24981 판결

[1] 주식의 강제소각의 경우와 달리, 회사가 특정 주식의 소각에 관하여 주주의 동의를 얻고 그 주식을 자기주식으로서 취득하여 소각하는 이른바 주식의 임의소각에 있어서는, 회사가 그 주식을 취득하고 상법 소정의 자본감소의 절차뿐만 아니라 상법 제342조가 정한 주식실효 절차까지 마친 때에 소각의 효력이 생긴다.

[2] 주식 임의소각의 경우 그 소각의 효력이 상법 제342조의 주식실효 절차까지 마쳐진 때에 발생한다 하더라도, 주주가 주식소각대금채권을 취득하는 시점은 임의소각의 효력발생 시점과 동일한 것은 아니며, 적어도 임의소각에 관한 주주의 동의가 있고 상법 소정의 자본감소의 절차가 마쳐진 때에는 주식소각대금채권이 발생하고, 다만 그때까지 주주로부터 회사에 주권이 교부되지 않은 경우에는 회사는 주주의 주식소각대금청구에 대하여 주권의 교부를 동시이행항변사유로 주장할 수 있을 뿐이다.

(2) 취득금지위반의 효과

회사가 자기주식취득금지규정에 위반하여 자기주식을 취득한 경우 그 행위의 법적 효력에 관하여 견해가 나뉘고 있다. ① 강행법규위반이고 자본충실의 원칙에 반하므로 무효라는 설, ② 원칙적으로 무효이나 거래의 안전을 고려하여 선의의 제3자에게 대항하지 못한다는 상대적 무효설, ③ 자기주식취득금지는 단속규정이므로 이에 위반한 자기주식취득은 사법상으로는 유효하다는 유효설 등이 있다. 무효설이 타당하다고 생각된다.

대법원 2003. 5. 16. 선고 2001다44109 판결

[1] 주식회사가 자기의 계산으로 자기의 주식을 취득하는 것은 회사의 자본적 기초를 위태롭게 하여 회사와 주주 및 채권자의 이익을 해하고 주주평등의 원칙을 해하며 대표이사 등에 의한 불공정한 회사지배를 초래하는 등의 여러 가지 폐해를 생기게 할 우려가 있으므로 상법은 일반 예방적인 목적에서 이를 일률적으로 금지하는 것을 원칙으로 하면서, 예외적으로 자기주식의 취득이 허용되는 경우를 유형적으로 분류하여 명시하고 있으므로 상법 제341조, 제341조의2, 제342조의2 또는 증권거래법 등에서 명시적으로 자기주식의 취득을 허용하는

경우 외에, 회사가 자기주식을 무상으로 취득하는 경우 또는 타인의 계산으로 자기주식을 취득하는 경우 등과 같이, 회사의 자본적 기초를 위태롭게 하거나 주주 등의 이익을 해한다고 할 수 없는 것이 유형적으로 명백한 경우에도 자기주식의 취득이 예외적으로 허용되지만, 그 밖의 경우에 있어서는, 설령 회사 또는 주주나 회사채권자 등에게 생길지도 모르는 중대한 손해를 회피하기 위하여 부득이 한 사정이 있다고 하더라도 자기주식의 취득은 허용되지 아니하는 것이고 위와 같은 금지규정에 위반하여 회사가 자기주식을 취득하는 것은 당연히 무효이다.

[2] 회사 아닌 제3자의 명의로 회사의 주식을 취득하더라도 그 주식취득을 위한 자금이 회사의 출연에 의한 것이고 그 주식취득에 따른 손익이 회사에 귀속되는 경우라면, 상법 기타의 법률에서 규정하는 예외사유에 해당하지 않는 한, 그러한 주식의 취득은 회사의 계산으로 이루어져 회사의 자본적 기초를 위태롭게 할 우려가 있는 것으로서 상법 제341조가 금지하는 자기주식의 취득에 해당한다.

[3] 주식회사의 자본충실의 원칙상 주식의 인수대금은 그 전액을 현실적으로 납입하여야 하고 그 납입에 관하여 상계로써 회사에 대항하지 못하는 것이므로 회사가 제3자에게 주식인수대금 상당의 대여를 하고 제3자는 그 대여금으로 주식인수대금을 납입한 경우에, 회사가 처음부터 제3자에 대하여 대여금 채권을 행사하지 아니하기로 약정되어 있는 등으로 대여금을 실질적으로 회수할 의사가 없었고 제3자도 그러한 회사의 의사를 전제로 하여 주식인수청약을 한 때에는, 그 제3자가 인수한 주식의 액면금액에 상당하는 회사의 자본이 증가되었다고 할 수 없으므로 위와 같은 주식인수대금의 납입은 단순히 납입을 가장한 것에 지나지 아니하여 무효이다.

3) 자기주식의 지위

회사는 예외적으로 자기주식을 취득하더라도 지체 없이 주식실효의 절차를 밟아야 하며, 상당한 시기에 주식 또는 질권의 처분을 하여야 한다(상법 제342조). 한편 회사가 자기주식을 예외적으로 취득하고 있는 경우 회사는 자기주식에 대한 의결권을 행사할 수 없다(상법 제369조 제2항). 의결권 이외의 공익권은 명문의 규정은 없으나 인정될 수 없다고 본다. 다만 자익권에 대하여는 일체의 자익권을 인정할 수 없다는 전면적

휴지설이 통설의 견해이며, 준비금의 자본전입에 의한 신주인수권은 인정한다는 소수설의 견해가 있다.

4) 자회사의 모회사주식취득금지

다른 회사의 발행주식 총수의 100분의 50을 초과하는 주식을 가진 회사(모회사)의 주식은 그 다른 회사(자회사)가 이를 취득할 수 없다. 다만, 주식의 포괄적 교환, 주식의 포괄적 이전, 회사의 합병 또는 다른 회사의 영업전부의 양수로 인한 때, 회사의 권리를 실행함에 있어 그 목적을 달성하기 위하여 필요한 때 등에는 예외적으로 허용된다. 이 경우 자회사는 그 주식을 취득한 날로부터 6월 이내에 모회사의 주식을 처분하여야 한다. 다른 회사의 발행주식 총수의 100분의 50을 초과하는 주식을 모회사 및 자회사 또는 자회사가 가지고 있는 경우 그 다른 회사는 그 모회사의 자회사로 본다(상법 제342조의2). 한편 회사가 다른 회사의 발행주식 총수의 10분의 1을 초과하여 취득한 때에는 그 다른 회사에 대하여 지체 없이 이를 통지하여야 한다(상법 제342조의3).

회사가 다른 회사의 발행주식 총수의 10분의 1을 초과하여 취득한 때에는 그 다른 회사에 대하여 지체 없이 이를 통지하여야 한다(상법 제342조의3).

5) 정관에 의한 주식양도의 제한

(1) 의의

주식양도에 대하여 정관이 정하는 바에 따라 이사회의 승인을 얻도록 할 수 있는데 이것은 특히 소규모의 주식회사에서 주주 상호간에 인적관계를 존중하여 회사가 바라지 않는 자가 주주로 되는 것을 막아 회사경영의 안전을 도모할 수 있도록 하기 위한 것이다. 한편 상법은 이사회가 주식양도의 승인을 거부한 경우에는 아래에서 설명하는 것처럼 주주의 자금회수의 방법과 절차를 정하여 주주의 보호도 도모하고 있다.

(2) 양도승인의 절차

주식의 양도에 관하여 이사회의 승인을 얻어야 하는 경우에는 주식을 양도하고자 하는 주주는 회사에 대하여 양도의 상대방 및 양도하고자 하는 주식의 종류와 수를 기재한 서면으로 양도의 승인을 청구할 수 있다(상법 제335조의2 제1항). 물론 정관의 규정으로 주식의 양도를 제한하는 경우에도 주식양도를 전면적으로 금지하는 규정을 둘 수는 없다. 회사는 이러한 청구가 있는 날부터 1월 이내에 주주에게 그 승인여부를 서면으로 통지하여야 하며, 회사가 그 기간내에 주주에게 거부의 통지를 하지 아니한 때에는 주식의 양도에 관하여 이사회의 승인이 있는 것으로 본다(상법 제335조의2 제2항, 제3항). 그리고 양도승인거부의 통지를 받은 주주는 통지를 받은 날부터 20일내에 회사에 대하여 양도 상대방의 지정 또는 그 주식의 매수를 청구할 수 있다(상법 제335조의2 제4항).

주주가 양도의 상대방을 지정하여 줄 것을 청구한 경우에는 이사회는 이를 지정하고, 그 청구가 있은 날부터 2주간 내에 주주 및 지정된 상대방에게 서면으로 이를 통지하여야 하며, 이 기간 내에 주주에게 상대방지정의 통지를 하지 아니한 때에는 주식의 양도에 관하여 이사회의 승인이 있는 것으로 본다(상법 제335조의3 제1항, 제2항). 한편 상대방으로 지정된 자는 지정통지를 받은 날부터 10일 이내에 지정청구를 한 주주에 대하여 서면으로 그 주식을 자기에게 매도할 것을 청구할 수 있다(상법 제335조의4 제1항).

주식의 매도가액은 주주와 매도청구인간의 협의로 이를 결정하고, 30일 이내에 협의가 이루어지지 아니하는 경우에는 법원에 매수가격의 결정을 청구할 수 있다(상법 제335조의5 제1항, 제2항). 법원이 매수가격을 결정할 때에는 회사의 재산상태, 그 밖의 사정을 참작해서 공정한 가액을 산정하여야 한다(상법 제335조의6). 주식의 양도에 관하여 이사회의 승인을 얻어야 하는 경우에 주식을 취득한 자는 회사에 대하여 그 주식의 종류와 수를 기재한 서면으로 그 취득의 승인을 청구할 수 있다(상법 제335조의7).

대법원 2000. 9. 26. 선고 99다48429 판결

회사와 주주들 사이에서, 혹은 주주들 사이에서 회사의 설립일로부터 5년 동안 주식의 전부 또는 일부를 다른 당사자 또는 제3자에게 매각·양도할 수 없다는 내용의 약정을 한 경우, 그 약정은 주식양도에 이사회의 승인을 얻도록 하는 등 그 양도를 제한하는 것이 아니라

설립 후 5년간 일체 주식의 양도를 금지하는 내용으로 이를 정관으로 규정하였다고 하더라도 주주의 투하자본회수의 가능성을 전면적으로 부정하는 것으로서 무효라는 이유로 정관으로 규정하여도 무효가 되는 내용을 나아가 회사와 주주들 사이에서, 혹은 주주들 사이에서 약정하였다고 하더라도 이 또한 무효이다.

대법원 2008. 7. 10. 선고 2007다14193 판결

[1] 주식의 양도를 제한하는 방법으로서 이사회의 승인을 요하도록 정관에 정할 수 있다는 상법 제335조 제1항 단서의 취지에 비추어 볼 때, 주주들 사이에서 주식의 양도를 일부 제한하는 내용의 약정을 한 경우, 그 약정은 주주의 투하자본회수의 가능성을 전면적으로 부정하는 것이 아니고, 공서양속에 반하지 않는다면 당사자 사이에서는 원칙적으로 유효하다고 할 것이다.
[2] 주식의 양도는 이사회의 승인을 얻도록 규정되어 있는 회사의 정관에도 불구하고 이사회의 승인을 얻지 아니하고 주식을 양도한 경우에 그 주식의 양도는 회사에 대하여 효력이 없을 뿐, 주주 사이의 주식양도계약 자체가 무효라고 할 수는 없다.

2. 주식양도의 방법

1) 주권발행 전 양도방법

주권발행 전 주식양도는 회사에 대하여 효력이 없으나 회사성립 후 또는 신주납입기일 후 6월이 경과하면 주권 없이도 양도할 수 있다. 이 경우 당사자 간의 의사표시만으로 회사에 대하여 유효한 주식양도를 할 수 있으며 명의개서 없이 주주가 된다. 일반적으로 주금납입영수증이나 주식청약증거금영수증을 첨부한 양도증서의 교부로 이루어진다. 회사 이외의 제3자에 대하여 주식양도로 대항하려면 확정일자 있는 증서에 의하여 회사에 양도를 통지하거나 양도에 관한 승낙을 얻어야 한다. 한편 주권 없이 주식을 취득한 양수인은 그 권리를 행사하기 위하여 주주명부에 명의개서를 하여야 회사에 대항할 수 있다.

2) 주권발행 후 양도방법

주식의 양도에 있어서는 주권을 교부하여야 하며, 주권의 점유자는 적법한 소지인으로

추정한다. 기명주식의 이전은 취득자의 성명과 주소를 주주명부에 기재하지 아니하면 회사에 대항하지 못한다(상법 제337조 제1항). 회사는 정관이 정하는 바에 의하여 명의개서대리인을 둘 수 있다. 이 경우 명의개서대리인이 취득자의 성명과 주소를 주주명부의 복본에 기재한 때에는 명의개서가 있는 것으로 본다(상법 제337조 제2항).

3) 명의개서미필주주의 지위

회사가 스스로 명의개서하지 않은 주식취득자를 주주로 인정하는 것은 가능하다고 본다. 문제가 되는 것은 명의개서하지 않아 주주의 권리를 행사하지 못한 주식, 즉 실기주의 경우이다. 회사는 주식양도인(주주명부상의 주주)을 주주로 취급하여 이익배당, 신주배정 등을 할 것인데 이것이 누구에게 귀속될 것인가이다.

당사자 간에 별도의 약정이 없으면 이러한 이익이나 신주는 주식양수인에게 귀속되어야 한다. 이때 주식양수인이 주식양도인에게 이익이나 신주의 반환을 청구하는 근거에 대하여 ① 부당이득설, ② 사무관리설, ③ 준사무관리설 등의 견해가 있다. 사무관리설이 타당하다고 생각된다.

3. 주식매수선택권

1) 의의

회사는 정관이 정한 바에 따라 주주총회의 결의로 회사의 설립·경영과 기술혁신 등에 기여하거나 기여할 수 있는 이사·감사 또는 피용자에게 미리 정한 가액으로 신주를 인수하거나 자기의 주식을 매수할 수 있는 권리를 부여할 수 있는데, 이를 주식매수선택권이라고 한다.

2) 대상자

비상장회사의 경우 주식매수선택권을 부여받을 수 있는 자는 회사의 설립·경영과 기술혁신 등에 기여하거나 기여할 수 있는 이사·감사 또는 피용자인데, ① 의결권 없는 주식을 제외한 발행주식 총수의 100분의 10이상의 주식을 가진 주주, ② 이사·감사의 선임과 해임 등 회사의 주요경영사항에 대하여 사실상 영향력을 행사하는 자, ③ 위 ①과 ②에 규정된 자의 배우자와 직계 존·비속 등은 제외된다.

상장회사의 경우 상법규정 외에도 대통령령으로 정하는 관계회사의 이사·감사 또는 피용자가 주식매수선택권을 받을 수 있으나 최대주주 등 일정한 경우에는 제외된다(자본시장 및 금융투자업에 관한 법률 제542조의3 제1항).

3) 부여방법

회사의 설립·경영과 기술혁신 등에 기여하거나 기여할 수 있는 회사의 이사·감사 또는 피용자에게 미리 정한 가액으로 신주를 인수하거나 자기의 주식을 매수할 수 있는 권리를 부여할 수 있다. 다만, 주식매수선택권의 행사가액이 주식의 실질가액보다 낮은 경우에 회사는 자기주식양도나 신주발행에 갈음하여 그 차액을 금전으로 지급하거나 그 차액에 상당하는 자기의 주식을 양도할 수 있다. 이 경우 주식의 실질가액은 주식매수선택권의 행사일을 기준으로 평가한다(상법 제340조의2 제1항).

4) 부여한도

비상장회사의 경우는 주식매수선택권에 의해 발행할 신주 또는 양도할 자기의 주식이 회사의 발행주식 총액의 100분의 10을 초과할 수 없으며(상법 제340조의2 제3항), 상장회사의 경우는 발행주식 총수의 100분의 20의 범위에서 대통령령으로 정하는 한도까지 주식매수선택권을 부여할 수 있다(상법 제542조의3 제2항).

5) 부여요건

(1) 정관규정

주식매수선택권에 관한 정관의 규정에는 다음의 사항을 기재하여야 한다. 기재사항은 ① 일정한 경우 주식매수선택권을 부여할 수 있다는 뜻, ② 주식매수선택권의 행사로 발행하거나 양도할 주식의 종류와 수, ③ 주식매수선택권을 부여받을 자의 자격요건, ④ 주식매수선택권의 행사기간, ⑤ 일정한 경우 이사회결의로 주식매수선택권의 부여를 취소할 수 있다는 뜻 등이다(상법 제340조의3 제1항).

(2) 주주총회특별결의

주식매수선택권에 관한 주주총회의 결의에 있어서는 다음의 사항을 정하여야 한다. 결의사항은 ① 주식매수선택권을 부여받을 자의 성명, ② 주식매수선택권의 부여방법, ③ 주식매수선택권의 행사가액과 그 조정에 관한 사항, ④ 주식매수선택권의 행사기간, ⑤ 주식매수선택권을 부여받을 자 각각에 대하여 주식매수선택권의 행사로 발행하거나 양도할 주식의 종류와 수 등이다(상법 제340조의3 제2항).

상장회사의 경우에는 정관에서 정하는 바에 따라 발행주식 총수의 100분의 10의 범위 내에서 대통령령으로 정하는 한도[59]까지 주주총회의 결의사항을 이사회가 결의함으로써 해당 회사의 감사 또는 피용자 및 관계회사의 이사·감사 또는 피용자에게 주식매수선택권을 부여할 수 있고 이 경우 부여한 후 처음 소집되는 주주총회에서 승인을 받아야 한다(상법 제542조의3 제3항).

(3) 부여계약과 공시

회사는 주주총회 결의에 의하여 주식매수선택권을 부여 받은 자와 계약을 체결하고 상당한 기간내에 그에 관한 계약서를 작성하여야 한다(상법 제340조의3 제3항). 회사는 계약서를 주식매수선택권의 행사기간이 종료할 때까지 본점에 비치하고 주주로 하여금 영업시간내에 이를 열람할 수 있도록 하여야 한다(상법 제340조의3 제4항).

6) 행사

주식매수선택권은 주주총회결의일부터 2년 이상 재임 또는 재직하여야 이를 행사할 수 있다(상법 제340조의4 제1항). 주식매수선택권은 권한자의 일방적인 의사표시에 의하여 행사한다. 주식매수선택권은 주주명부폐쇄기간 중에도 행사할 수 있는데, 이 경우 그 폐쇄기간 중의 주주총회결의에 관하여는 의결권을 행사할 수 없다(상법 제340조의5,

59) ① 최근 사업연도 말 현재의 자본금이 3천억 원 이상인 법인: 발행주식 총수의 100분의 1에 해당하는 주식 수, ② 최근 사업연도 말 현재의 자본금이 1천억 원 이상 3천억 원 미만인 법인: 발행주식 총수의 100분의 3에 해당하는 주식수와 60만주 중 적은 수에 해당하는 주식 수, ③ 최근 사업연도 말 현재의 자본금이 1천억 원 미만인 법인: 발행주식 총수의 100분의 3에 해당하는 주식 수(상법 시행령 제9조 제4항).

제350조 제2항). 주식매수선택권은 이를 양도할 수 없으며, 다만 주식매수선택권을 행사할 수 있는 자가 사망한 경우에는 그 상속인이 이를 행사할 수 있다(상법 제340조의4 제2항).

4. 주식의 담보설정

1) 약식질

기명주식을 질권의 목적으로 하는 때에는 주권을 질권자에게 교부하여야 하는데(상법 제338조 제1항), 이렇게 질권설정의 합의와 주권교부만으로 성립된 질권을 약식질이라고 한다. 질권자는 계속하여 주권을 점유하지 아니하면 그 질권으로써 제3자에게 대항하지 못한다(상법 제338조 제2항). 주식의 소각, 병합, 분할 또는 전환이 있는 때에는 이로 인하여 종전의 주주가 받을 금전이나 주식에 대하여도 종전의 주식을 목적으로 한 질권을 행사할 수 있는데 이를 질권의 물상대위라고 한다(상법 제339조).

2) 등록질

기명주식을 질권의 목적으로 한 경우에 회사가 질권설정자의 청구에 의하여 그 성명과 주소를 주주명부에 부기하고 그 성명을 주권에 기재할 수 있다. 이러한 방법에 의한 질권을 등록질이라고 한다. 등록질의 질권자는 회사로부터 이익이나 이자의 배당, 잔여재산의 분배 또는 주식의 소각, 병합, 분할 또는 전환이 있는 때의 물상대위 등으로 금전의 지급을 받아 다른 채권자에 우선하여 자기채권의 변제에 충당할 수 있다(상법 제340조 제1항). 등록질의 질권자는 회사에 대하여 물상대위의 목적이 된 주식에 대한 주권의 교부를 청구할 수 있다(상법 제340조 제3항).

3) 자기주식질취제한

회사는 발행주식 총수의 20분의 1을 초과하여 자기의 주식을 질권의 목적으로 받지 못한다. 그러나 회사의 합병 또는 다른 회사의 영업전부의 양수로 인한 때 및 회사의 권리를 실행함에 있어 그 목적을 달성하기 위하여 필요한 경우에는 그 한도를 초과하여 질권의 목적으로 할 수 있다(상법 제341조의3).

Ⅴ. 주식의 소각

1. 이익소각

주식은 자본감소에 관한 규정에 의하여서만 소각할 수 있다. 그러나 정관의 정한 바에 의하여 주주에게 배당할 이익으로써 주식을 소각하는 경우에는 소각이 가능하며 이를 이익소각이라 한다(상법 제343조 제1항). 이익소각의 경우에는 그만큼 발행주식 총수는 감소하지만 수권주식총수가 감소하는 것도 아니고 미발행주식수가 증가하는 것도 아니다. 소가된 주식수만큼 신주를 재발행할 수 없다.

2. 주주총회결의에 의한 주식소각

1) 요건

이익소각 이외에 회사는 정기총회에서 특별결의에 의하여 주식을 매수하여 이를 소각할 수 있으며, 이 결의에서는 매수할 주식의 종류, 총수, 취득가액의 총액 및 주식을 매수할 수 있는 기간을 정하여야 한다(상법 제343조의2 제2항). 이 경우에 매수할 수 있는 주식의 취득가액의 총액은 대차대조표상의 순자산액에서 자본의 액, 결산기까지 적립된 자본준비금과 이익준비금의 합계액, 결산기에 적립하여야 할 이익준비금의 액이 금액을 공제한 액, 즉 배당가능이익의 범위를 초과하지 못하며(상법 제343조의2 제3항), 주식을 매수할 수 있는 기간은 정기총회의 특별결의 후 최초의 결산기에 관한 정기총회가 종결한 후로 정하지 못한다(상법 제343조의2 제4항).

2) 효과

주주총회결의에 의한 주식소각의 경우에도 발행주식수는 감소하나 자본에는 영향이 없다. 또한 수권주식총수가 감소하는 것도 아니고 미발행주식수가 증가하는 것도 아니다. 소각된 주식수만큼 신주를 재발행할 수 없다. 만일 회사의 이사가 자기주식을 취득하여 소각한 영업연도의 결산기에 손실이 발생하면 이사는 회사에 대하여 연대하여 그 미치지 못한 금액을 배상할 책임이 있다. 다만 주식을 소각한 이사가 배당가능이익이 존재할 것으로 판단함에 있어 주의를 게을리하지 아니하였음을 증명한 때에는 이러한 책임을 지지 않는다(상법 제343조의2 제6항).

제5장 주주총회

Ⅰ. 주주총회의 의의

1. 비교법적 고찰

주주총회는 주주로 구성되며 상법과 정관에 정한 사항을 결의하는 필요상설기관이다. 상법상 타기관의 권한으로 규정된 것을 정관에 의하여 주주총회의 권한으로 할 수 있는가에 관하여 학설의 대립이 있다. 통설의 입장은 긍정설을 취하고 있다.

외국의 입법례를 살펴보면 다음과 같다. 독일의 경우 주주총회는 주식법과 정관에 명시적으로 규정된 사항만 결의할 수 있는데, 주주총회결의의 준비를 위하여 이사회에 요구할 권한, 발기인·이사·감사에 대한 회사의 손해배상청구권의 행사에 관한 의결권, 주주의 설명청구권 등이 주주총회의 권한으로 인정되고, 이사의 임면권, 재무제표의 확정권, 이사의 보수결정권등은 감사회의 권한으로 규정하고 있다. 프랑스의 경우 주주총회의 권한은 법률에 명시적으로 규정되어 있는 사항으로 제한되는데 이사의 임면권, 재무제표의 확정권 등을 주주총회의 권한으로 규정하고 있다. 다만, 신형이사회제도를 선택하는 경우에는 이사는 감사회에 의하여 선임된다. 영미에서는 주주총회의 권한을 제한하는 포괄적인 규정은 없으며 주주총회는 이사회의 업무집행에 대해서 제한적인 범위 내에 관여할 수 있을 뿐이다. 즉 이사의 임면권, 정관의 채택·변경 및 추인권, 비일상업무에 대한 결정권 등으로 제한하고 있다.[60]

60) 정찬형, 746-747면.

2. 주주총회의 권한과 역할

주주총회는 상법 또는 정관에 정하는 사항에 한하여 결의할 수 있다(상법 제361조). 특히, 기업의 존립 및 주주권에 중대한 변화를 가져오는 사항은 주주총회에서 주주의 권리를 최대한 보장하는 방향으로 결정되어야 한다. 합병, 영업양수·양도, 기업의 분할, 주식의 포괄적 교환 및 이전 등과 같은 기업의 구조조정을 결정함에 있어 반대주주 및 소수주주의 실질적인 보호방안이 강구되어야 할 것이다. 현행 관계법령에서 주주총회 결의사항으로 명시된 사항 이외에도 기업의 존립 및 주주의 권리에 중대한 영향을 미치는 사항은 주주가 직접 의사결정을 할 수 있도록 하는 것이 바람직하다.[61)]

또한, 주주총회의 권한은 상법에 명문으로 규정된 것 이외에도 정관에 의해서도 확대될 수 있다. 우선 상법에 규정이 없거나 상법의 규정에 의해 주주총회의 권한으로 유보되어 있는 사항에 대해 정관에서 주주총회의 권한으로 규정하는 것은 당연히 가능하다.

문제가 되는 것은 주주총회 이외에 이사회 등의 권한으로 규정하고 있는 사항을 정관에서 주주총회의 권한으로 규정할 수 있는가이다. 통설의 견해는 주주총회의 최고기관성과 권한분배의 자율성 등을 이유로 주식회사의 본질이나 강행법규에 위반되지 않는 이상 상법상 규정된 이사회 등의 권한도 정관에 의하여 주주총회의 권한으로 규정할 수 있는데 다만 주주총회의 소집권한은 성질상 주주총회의 권한으로 할 수 없다고 한다.[62)]

그러나 소수설은 주식회사의 각 기관의 권한분배에 관한 규정은 강행규정이고 통설에 의하면 상법이 주주총회의 권한으로 유보한 조항이 무의미해지며, 또한 이로 인하여 주주총회가 이사회의 권한을 대폭 잠식하게 되어 주식회사의 소유와 경영의 분리를 기대하는 상법의 이념에 역행한다는 이유 등으로, 상법이 정관 규정에 의하여 주주총회의 권한으로 할 수 있음을 명문으로 규정하지 않는 한 정관에 의하여 이사회 등의 권한을 주주총회의 권한으로 할 수 없다고 한다.[63)] 소수설이 타당하다고 생각된다.

---

61) 『기업지배구조모범규준』 Ⅰ. 1. 2.
62) 정동윤, 415면.
63) 이철송, 394-395면.

3. 주주총회의 운영

주주총회의 결의는 투명하고 공정한 절차에 의해 이루어져야 하며, 주주는 주주총회참석 전에 주주총회의 일시, 장소 및 의안에 관하여 충분히 정보를 제공받아야 하고, 주주총회의 일시와 장소는 주주가 최대한 참가할 수 있도록 결정되어야 한다. 지금까지는 기업의 부담을 고려하여 기업이 주주에게 제공해야 할 정보의 양과 제공방법이 제한될 수밖에 없었다. 그러나 인터넷 등 전자통신 매체의 발달로 기업이 저렴한 비용으로 다량의 정보를 제공할 수 있게 되었으므로 주주에게 주주총회 의안 관련정보를 충분히 제공하도록 하여야 한다. 그리고 주주총회는 주주가 참석하기 용이하도록 개최일시와 장소가 결정되어야 한다. 특히, 최근 여러 기업의 주식을 보유한 소액주주가 증가하고 있는 추세이므로 주주총회는 소액주주의 참석을 유도할 수 있도록 분산 개최되는 것이 바람직하다.[64)]

Ⅱ. 주주총회의 소집

1. 소집권자

주주총회의 소집은 상법에 다른 규정이 있는 경우 외에는 이사회가 이를 결정하고 대표이사가 소집하는 것이 원칙이다. 대표이사 이외에 소수주주, 감사 감사위원회, 법원의 명령에 의해 소집될 수 있다.

1) 소수주주

발행주식 총수의 100분의 3이상에 해당하는 주식을 가진 주주는 회의의 목적사항과 소집의 이유를 적은 서면 또는 전자문서를 이사회에 제출하여 임시총회의 소집을 청구할 수 있다(상법 제366조 제1항). 한편 상장법인의 경우에는 6개월 전부터 계속하여 상장회사 발행주식 총수의 1천분의 15이상에 해당하는 주식을 보유한 자에 한해 임시총회를

64) 『기업지배구조모범규준』 Ⅰ. 1. 3.

소집할 수 있다(상법 제542조의6 제1항).

이러한 청구가 있은 후 지체 없이 총회소집의 절차를 밟지 아니한 때에는 청구한 주주는 법원의 허가를 얻어 총회를 소집할 수 있다(상법 제366조 제2항). 소수주주는 회사의 집행기관의 지위에 의해 주주총회를 소집하는 것이므로 소집비용은 회사부담이 된다. 소수주주에 의해 소집되는 주주총회의 경우 회사의 재정상태악화에 대한 대책수립 혹은 이사해임 등의 중요한 업무와 관련되는 경우가 많고 이 경우 회사의 재산상태나 업무를 조사하기 위하여 검사인을 선임할 수 있다(상법 제366조 제3항).

2) 감사 및 감사위원회

감사 및 감사위원회도 임시주주총회를 소집할 수 있다. 감사 및 감사위원회는 회의의 목적사항과 소집이유를 기재한 서면을 이사회에 제출하여 총회의 소집을 청구하여야 하고(상법 제412조의3 제1항), 이러한 청구가 있음에도 불구하고 이사회가 지체 없이 총회소집절차를 밟지 아니하는 때에는 법원의 허가를 얻어 직접 임시총회를 소집할 수 있다(상법 제412조의3 제2항).

3) 법원

회사의 업무집행에 관하여 부정행위 또는 법령이나 정관에 위반한 중대한 사실이 있음을 의심할 사유가 있는 때에는 발행주식 총수의 100분의 3이상에 해당하는 주식을 가진 주주는 회사의 업무와 재산상태를 조사하게 하기 위하여 법원에 검사인의 선임을 청구할 수 있고(상법 제467조 제1항), 그 검사인은 그 조사의 결과를 법원에 보고하여야 한다(상법 제467조 제2항). 이때 법원은 보고에 의하여 필요하다고 인정한 때에는 대표이사에게 주주총회의 소집을 명할 수 있다(상법 제467조 제3항).

2. 소집절차

1) 자본금 10억 원 이상 회사

주주총회를 소집할 때에는 주주총회일의 2주 전에 각 주주에게 서면으로 통지를 발송하거나 각 주주의 동의를 받아 전자문서로 통지를 발송하여야 한다. 다만, 그 통지가 주주명부상 주주의 주소에 계속 3년간 도달하지 아니한 경우에는 회사는 해당 주주에게 총회의 소집을 통지하지 아니할 수 있으며(상법 제363조 제1항), 통지서에는 회의의 목적사항을 적어야 한다(상법 제366조 제2항). 한편 회사가 무기명식 주권을 발행한 경우에는 주주총회일의 3주 전에 총회를 소집하는 뜻과 회의의 목적사항을 공고하여야 한다(상법 제366조 제3항).

2) 자본금 10억 원 미만 회사

자본금 총액이 10억 원 미만인 회사가 주주총회를 소집하는 경우에는 주주총회일의 10일 전에 각 주주에게 서면으로 통지를 발송하거나 각 주주의 동의를 받아 전자문서로 통지를 발송할 수 있고, 무기명식의 주권을 발행한 경우에는 주주총회일의 2주 전에 주주총회를 소집하는 뜻과 회의의 목적사항을 공고할 수 있다(상법 제366조 제4항). 또한 전원의 동의가 있을 경우에는 소집절차 없이 주주총회를 개최할 수 있고, 서면에 의한 결의로써 주주총회의 결의를 갈음할 수 있다. 결의의 목적사항에 대하여 주주 전원이 서면으로 동의를 한 때에는 서면에 의한 결의가 있는 것으로 보며(상법 제366조 제5항), 이러한 서면에 의한 결의는 주주총회의 결의와 같은 효력이 있다(상법 제366조 제6항).

3) 상장회사의 특례규정

상장회사의 경우 특례규정을 두어, 상장회사가 주주총회를 소집하는 경우 대통령령으로 정하는 수 이하의 주식을 소유하는 주주에게는 정관으로 정하는 바에 따라 주주총회일의 2주 전에 주주총회를 소집하는 뜻과 회의의 목적사항을 둘 이상의 일간신문에 각각 2회 이상 공고하거나 대통령령으로 정하는 바에 따라 전자적 방법으로 공고함으로써 소집통지를 갈음할 수 있다(상법 제542조의4 제1항).

상장회사가 이사·감사의 선임에 관한 사항을 목적으로 하는 주주총회를 소집통지 또는 공고하는 경우에는 이사·감사 후보자의 성명, 약력, 추천인, 그 밖에 대통령령으로 정하는 후보자에 관한 사항을 통지하거나 공고하여야 한다(상법 제542조의4 제2항). 상장회사가 주주총회 소집의 통지 또는 공고를 하는 경우에는 사외이사 등의 활동내역과 보수에 관한 사항, 사업개요 등 대통령령으로 정하는 사항을 통지 또는 공고하여야 한다. 다만, 상장회사가 그 사항을 대통령령으로 정하는 방법으로 일반인이 열람할 수 있도록 하는 경우에는 그러하지 아니하다(상법 제542조의4 제2항).

3. 소집지와 소집시기

총회는 정관에 다른 정함이 없으면 본점소재지 또는 이에 인접한 地에 소집하여야 한다(상법 제364조). 소집통지에 기재된 소집일시 혹은 소집장소가 실제 일시나 장소와 상당한 차이가 있어 사회통념상 통지된 대로 회의가 있었다고 보기 어려운 경우에는 소집통지에 하자가 있다고 보아야 할 것이고, 따라서 소집절차가 현저히 불공정하여 결의취소사유에 해당될 것이다.

정기총회는 매년 1회 일정한 시기에 이를 소집하여야 하며(상법 제365조 제1항), 연 2회이상의 결산기를 정한 회사는 매기에 총회를 소집하여야 한다(상법 제365조 제2항). 임시총회는 필요 있는 경우에 수시 소집한다(상법 제365조 제3항). 한편 법정된 소집절차를 지키지 않았으나 총주주가 주주총회개최를 동의하여 출석하면 그 총회에서의 결의는 유효하다고 보는 것이 통설인데 이를 전원출석총회라고 부른다.

대법원 2003. 7. 11. 선고 2001다45584 판결

[2] 주주총회의 개회시각이 부득이한 사정으로 당초 소집통지된 시각보다 지연되는 경우에도 사회통념에 비추어 볼 때 정각에 출석한 주주들의 입장에서 변경된 개회시각까지 기다려 참석하는 것이 곤란하지 않을 정도라면 절차상의 하자가 되지 아니할 것이나, 그 정도를 넘어 개회시각을 사실상 부정확하게 만들고 소집통지된 시각에 출석한 주주들의 참석을 기대하기 어려워 그들의 참석권을 침해하기에 이르렀다면 주주총회의 소집절차가 현저히 불공정하다고 하지 않을 수 없고, 또한 소집통지 및 공고가 적법하게 이루어진 이후에 당초의 소집장소에서 개회를 하여 소집장소를 변경하기로 하는 결의조차 할 수 없는 부득이한 사정이 발생한 경우, 소집권자가 대체 장소를 정한 다음 당초의 소집장소에 출석한 주주들로 하여금 변경된 장소에 모일 수 있도록 상당한 방법으로 알리고 이동에 필요한 조치를 다한

때에 한하여 적법하게 소집장소가 변경되었다고 볼 수 있다.

대법원 2002. 12. 24. 선고 2000다69927 판결

[1] 주식회사의 임시주주총회가 법령 및 정관상 요구되는 이사회의 결의 및 소집절차 없이 이루어졌다 하더라도, 주주명부상의 주주 전원이 참석하여 총회를 개최하는 데 동의하고 아무런 이의 없이 만장일치로 결의가 이루어졌다면 그 결의는 특별한 사정이 없는 한 유효하다.

[2] 기명주식이 양도된 후 주식회사의 주주명부상 양수인 명의로 명의개서가 이미 이루어졌다면, 그 후 그 주식양도약정이 해제되거나 취소되었다 하더라도 주주명부상의 주주 명의를 원래의 양도인 명의로 복구하지 않는 한 양도인은 주식회사에 대한 관계에 있어서는 주주총회에서 의결권을 행사하기 위하여 주주로서 대항할 수 없다.

Ⅲ. 의결권행사

1. 의의

주주는 자신의 의결권을 직접 또는 간접적인 방법으로 최대한 용이하게 행사할 수 있어야 한다. 직접 또는 간접적인 방법에 의한 의결권 행사는 다음 두 가지 의미를 가진다. 첫째는 의결권을 행사하는 자와 관련하여 주주가 직접 주주총회에 참가하여 의결권을 행사하거나 또는 대리인을 통해 간접적으로 의결권을 행사하는 방식이 있다. 둘째는 의결권의 행사방법과 관련하여 주주가 직접 주주총회에 참여하여 의결권을 행사하는 방식과 서면투표에 의해 의결권을 행사하는 방식이 있다. 기업은 전자통신 수단의 발달과 외국인주주 및 소액주주의 증가 추세에 비추어 주주총회 안건에 관한 내용 및 관련 자료를 전자통신매체를 이용하여 제공하거나 또는 인터넷 등에 게시함으로써 주주가 서면투표에 의한 의결권 행사를 위하여 충분한 정보를 제공받을 수 있도록 하고, 이를 통하여 서면투표가 적극적으로 활용되게 함으로써 주주가 의결권을 보다 용이하게 행사할 수 있도록 하는 것이 바람직하다.[65)]

2. 1주1의결권

1) 원칙

주주의 의결권은 주주 고유의 권리로서 정관에 의해서도 이를 박탈하거나 제한할 수 없으며 주주가 포기할 수 없는 권리이다. 의결권은 1주마다 1개로 하는 것이 원칙이며 다만 다음과 같은 예외가 있다.

2) 예외

첫째, 회사가 가진 자기주식은 의결권이 없다. 회사가 자기주식을 소유하면 의결권이 休止한다(상법 제369조 제2항).

둘째, 회사, 모회사 및 자회사 또는 자회사가 다른 회사의 발행주식 총수의 10분의 1을 초과하는 주식을 가지고 있는 경우 그 다른 회사가 가지고 있는 회사 또는 모회사의 주식은 의결권이 없다(상법 제369조 제3항).

셋째, 회사가 수종의 주식을 발행하는 경우에는 정관으로 이익배당에 관한 우선적 내용이 있는 종류의 주식에 대하여 의결권 없는 것으로 할 수 있다. 그러나 그 주주는 정관에 정한 우선적 배당을 받지 아니한다는 결의가 있는 총회의 다음 총회부터 그 우선적 배당을 받는다는 결의가 있는 총회의 종료시까지는 의결권이 있으며, 이 경우 의결권 없는 주식의 총수는 발행주식 총수의 4분의 1을 초과하지 못한다(상법 제370조 제1항). 총회의 결의에 관하여는 의결권 없는 주주가 가진 주식의 수는 발행주식 총수에 산입하지 아니한다(상법 제371조 제1항).

넷째, 주주총회의 결의에 관하여 특별한 이해관계가 있는 자는 의결권을 행사하지 못한다(상법 제368조 제4항). 여기서의 특별한 이해관계가 무엇인지에 대하여는 학설의 견해가 나누어지나 통설[66]의 입장은 특정한 주주가 주주의 입장을 떠나서 개인적으로 가지는 이해관계라고 보고 있다. 그러므로 이사의 책임을 면제하는 결의에 있어서 당해 이사인 주주, 영업양도결의에 있어서 상대방인 주주, 보수결정시 당해 이사인 주주 등의

65) 『기업지배구조모범규준』 I. 1. 5.

66) 정찬형, 775면.

경우에는 특별한 이해관계에 속하게 되어 의결권이 없다고 보아야 할 것이다.

다섯째, 감사선임시 의결권 없는 주식을 제외한 발행주식 총수의 100분의 3을 초과하는 수의 주식을 가진 주주는 그 초과하는 주식에 관하여 의결권을 행사하지 못한다(상법 제409조 제2항). 회사는 정관으로 그 비율보다 높게 정할 수는 없으나 낮은 비율을 정할 수 있다(상법 제309조 제3항). 동 규정은 감사 선임시 대주주의 영향력을 축소시키고 중립적인 감사선임을 위한 것이다.

대법원 2001. 5. 15. 선고 2001다12973 판결

[1] 상법 제342조의3에는 "회사가 다른 회사의 발행주식 총수의 10분의 1을 초과하여 취득한 때에는 그 다른 회사에 대하여 지체 없이 이를 통지하여야 한다."라고 규정되어 있는바, 이는 회사가 다른 회사의 발행주식 총수의 10분의 1이상을 취득하여 의결권을 행사하는 경우 경영권의 안정을 위협받게 된 그 다른 회사는 역으로 상대방 회사의 발행주식의 10분의 1이상을 취득함으로써 이른바 상호보유주식의 의결권 제한 규정(상법 제369조 제3항)에 따라 서로 상대 회사에 대하여 의결권을 행사할 수 없도록 방어조치를 취하여 다른 회사의 지배가능성을 배제하고 경영권의 안정을 도모하도록 하기 위한 것으로서, 특정 주주총회에 한정하여 각 주주들로부터 개별안건에 대한 의견을 표시하게 하여 의결권을 위임받아 의결권을 대리행사하는 경우에는 회사가 다른 회사의 발행주식 총수의 10분의 1을 초과하여 의결권을 대리행사할 권한을 취득하였다고 하여도 위 규정이 유추적용되지 않는다.

[2] 상법 제337조 제1항의 규정은 기명주식의 취득자가 주주명부상의 주주명의를 개서하지 아니하면 스스로 회사에 대하여 주주권을 주장할 수 없다는 의미이고, 명의개서를 하지 아니한 실질상의 주주를 회사측에서 주주로 인정하는 것은 무방하다.

[3] 주주총회에서 의안에 대한 심사를 마치지 아니한 채 법률상으로나 사실상으로 의사를 진행할 수 있는 상태에서 주주들의 의사에 반하여 의장이 자진하여 퇴장한 경우 주주총회가 폐회되었다거나 종결되었다고 할 수는 없으며, 이 경우 의장은 적절한 의사운영을 하여 의사일정의 전부를 종료케 하는 등의 직책을 포기하고 그의 권한 및 권리행사를 하지 아니하였다고 볼 것이므로, 퇴장 당시 회의장에 남아 있던 주주들이 임시의장을 선출하여 진행한

주주총회의 결의도 적법하다고 할 것이다.

대법원 2009. 1. 30. 선고 2006다31269 판결

상법 제369조 제3항은 "회사, 모회사 및 자회사 또는 자회사가 다른 회사의 발행주식의 총수의 10분의 1을 초과하는 주식을 가지고 있는 경우 그 다른 회사가 가지고 있는 회사 또는 모회사의 주식은 의결권이 없다"고 규정하고 있다. 이와 같이 모자회사 관계가 없는 회사 사이의 주식의 상호소유를 규제하는 주된 목적은 상호주를 통해 출자 없는 자가 의결권 행사를 함으로써 주주총회결의와 회사의 지배구조가 왜곡되는 것을 방지하기 위한 것이다. 한편, 상법 제354조가 규정하는 기준일 제도는 일정한 날을 정하여 그 날에 주주명부에 기재되어 있는 주주를 계쟁 회사의 주주로서의 권리를 행사할 자로 확정하기 위한 것일 뿐, 다른 회사의 주주를 확정하는 기준으로 삼을 수는 없으므로, 기준일에는 상법 제369조 제3항이 정한 요건에 해당하지 않더라도, 실제로 의결권이 행사되는 주주총회일에 위 요건을 충족하는 경우에는 상법 제369조 제3항이 정하는 상호소유 주식에 해당하여 의결권이 없다. 이때 회사, 모회사 및 자회사 또는 자회사가 다른 회사 발행주식 총수의 10분의 1을 초과하는 주식을 가지고 있는지 여부는 앞서 본 '주식 상호소유 제한의 목적'을 고려할 때, 실제로 소유하고 있는 주식수를 기준으로 판단하여야 하며 그에 관하여 주주명부상의 명의개서를 하였는지 여부와는 관계가 없다.

3) 의결권제한의 새로운 취지

한편 상법 이외 일부 법령은 예외적으로 특정 주주의 의결권 행사에 대한 제한을 인정하고 있다. 이는 지배주주의 무제한적 의결권 행사시 나타날 수 있는 부작용을 막기 위한 것으로서 그 타당성과 필요성이 인정된다. 대기업의 투자신탁업을 포함한 금융업 진출 확대와 금융기관의 주식 및 회사채 투자규모의 증대에 따라 기업 지배력이 강화되는 추세이다. 따라서 이로 인한 부작용을 방지하기 위한 새로운 의결권 제한도 그 타당성이 검증되면 도입되어야 한다.[67]

---

67) 『기업지배구조모범규준』 Ⅰ. 2. 1.

3. 의결권행사

1) 대리인에 의한 의결권 행사

(1) 대리행사방법

주주는 대리인으로 하여금 그 의결권을 행사하게 할 수 있다. 이 경우에는 그 대리인은 대리권을 증명하는 서면을 총회에 제출하여야 한다(상법 제368조 제3항). 대리인의 대리권이 총회별로 수여되고 증명되어야 하는지, 1회의 대리권수여로 수회의 총회에 대한 포괄적인 대리권수여가 가능한지에 대하여 견해가 대립되고 있으나 일정한 기간에 걸친 포괄적인 위임이 가능하다고 보는 것이 타당할 것이다.[68] 의결권의 대리행사에 관한 상법규정은 강행규정으로 정관에 의해서도 이를 금지하거나 부당하게 제한할 수 없다.

대법원 2004. 4. 27. 선고 2003다29616 판결

상법 제368조 제3항의 규정은 대리권의 존부에 관한 법률관계를 명확히 하여 주주총회 결의의 성립을 원활하게 하기 위한 데 그 목적이 있다고 할 것이므로 대리권을 증명하는 서면은 위조나 변조 여부를 쉽게 식별할 수 있는 원본이어야 하고, 특별한 사정이 없는 한 사본은 그 서면에 해당하지 아니하고, 팩스를 통하여 출력된 팩스본 위임장 역시 성질상 원본으로 볼 수 없다.

(2) 대리인의 자격

의결권의 대리행사시 대리인의 자격을 정관규정에 의해 제한할 수 있는지가 문제된다. 주주총회가 주주 이외의 제3자에 의해 교란되는 것을 막아 회사의 이익을 보호하여야 한다는 점, 그리고 정관에 의한 제한을 금지할 사유가 뚜렷하지 않다는 점 등의 이유에서 유효하다고 보는 것이 타당할 것이다.[69]

---

68) 반대의 견해로는 이철송, 433면.
69) 정찬형, 778면.

(3) 의결권대리행사의 권유

의결권대리행사의 권유란 회사가 주주에게 회사 스스로 의결권을 대리행사를 할 수 있도록 위임해 줄 것을 적극적으로 권유하는 것이다. 대회사에서는 주주총회의 의결정족수 미달로 의안의 결의가 어려운 경우가 많기 때문에 의결정족수를 성립시키고 또 주주의 의사를 적극 반영하기 위하여 의결권대리행사의 권유가 이용된다. 그러나 이를 남용하면 자칫 주주총회를 허구화시킬 우려가 있고 또 경영자의 지배권유지를 위한 수단으로 악용될 우려도 있다.[70)]

상장회사에서 의결권 대리행사의 권유를 하고자 하는 자는 그 권유에 있어서 그 상대방에게 대통령령으로 정하는 방법에 따라 위임장 용지 및 참고서류를 교부하여야 하고(자본시장 및 금융투자업에 관한 법률 제152조 제1항), 위임장 용지는 주주총회의 목적사항 각 항목에 대하여 의결권피권유자가 찬반을 명기할 수 있도록 하여야 한다(자본시장 및 금융투자업에 관한 법률 제152조 제4항). 의결권권유자는 위임장 용지에 나타난 의결권피권유자의 의사에 반하여 의결권을 행사할 수 없다(자본시장 및 금융투자업에 관한 법률 제152조 제5항).또한 의결권권유자는 위임장 용지 및 참고서류 중 의결권피권유자의 의결권 위임 여부 판단에 중대한 영향을 미칠 수 있는 사항에 관하여 거짓의 기재 또는 표시를 하거나 의결권 위임 관련 중요사항의 기재 또는 표시를 누락하여서는 아니 된다(자본시장 및 금융투자업에 관한 법률 제154조).

2) 서면에 의한 의결권 행사

주주는 정관이 정한 바에 따라 총회에 출석하지 아니하고 서면에 의하여 의결권을 행사할 수 있다(상법 제368조의3 제1항). 그러나 서면투표의 특성상 의안의 내용이 찬성 또는 반대의 의견을 묻는 정도의 단순한 것이어야 할 것이다.

회사는 총회의 소집통지서에 주주가 의결권을 행사하는데 필요한 서면과 참고자료를 첨부하여야 한다(상법 제368조의3 제2항). 한편 주주가 많은 대회사인 경우 회사가 모든 주주에게 이러한 참고자료를 송부하기 위하여는 많은 비용과 시간이 소요되어 이 제도의

---

70) 최준선, 338면.

이용을 오히려 기피할 것이므로 이 제도의 활성화를 위하여는 입법론상 서면에 의하여 의결권을 행사할 의사를 표명한 주주에게만 필요한 참고자료를 송부하여 주도록 하는 것도 고려할만 할 것이라는 의견[71]이 있다.

주주가 서면에 의하여 의결권을 행사한 경우 주주가 직접 총회에 참석한 것과 같은 효과가 있다. 따라서 서면투표된 수는 출석정족수의 산정에 있어 발행주식 총수에 산입되고, 의결정족수 산정에서도 출석한 주주의 의결권수에 산입된다.

3) 전자적 방법에 의한 의결권의 행사

회사는 이사회의 결의로 주주가 총회에 출석하지 아니하고 전자적 방법으로 의결권을 행사할 수 있음을 정할 수 있다(상법 제368조의4 제1항). 회사는 주주총회의 소집통지나 공고를 할 때에는 주주가 전자적 방법으로 의결권을 행사할 수 있다는 내용을 통지하거나 공고하여야 하며(상법 제368조의4 제2항), 이 경우에 주주는 주주 확인절차 등 대통령령으로 정하는 바에 따라 의결권을 행사하여야 하고 회사는 의결권행사에 필요한 양식과 참고자료를 주주에게 전자적 방법으로 제공하여야 한다(상법 제368조의4 제3항).

동일한 주식에 관하여 전자적 방법 또는 서면결의에 의해 의결권을 행사하는 경우 전자적 방법 또는 서면 중 어느 하나의 방법을 선택하여야 한다(상법 제368조의4 제4항). 회사는 의결권행사에 관한 전자적 기록을 총회가 끝난 날부터 3개월간 본점에 갖추어 두어 열람하게 하고 총회가 끝난 날부터 5년간 보존하여야 한다(상법 제368조의4 제5항).

4) 의결권의 불통일행사

주주가 2이상의 의결권을 가지고 있는 때에는 이를 통일하지 아니하고 행사할 수 있다. 이 경우 주주총회일의 3일전에 회사에 대하여 서면 또는 전자문서로 그 뜻과 이유를 통지하여야 한다(상법 제368조의2 제1항). 다만 주주가 주식의 신탁을 인수하였거나 기타 타인을 위하여 주식을 가지고 있는 경우 외에는 회사는 주주의 의결권의 불통일행사를 거부할 수 있다(상법 제368조의2 제2항).

---

71) 정찬형, 782면.

만약 주주가 통지하지 않고 의결권을 불통일행사한 경우에는 회사가 결의 후에 이를 승인할 수 없는데, 이것은 회사가 결의의 성립여부를 사후에 선택하는 것이 되어 부당하다. 그러므로 그러한 경우는 결의하자로서 결의취소의 소의 원인이 된다고 본다. 그러나 주주가 불통일행사를 통지하고도 통일행사한 경우에는 무방하다. 불통일행사는 의안마다 하는 것이므로 일부 의안에 대하여는 그렇게 하고 다른 의안에 대하여는 통일행사하여도 상관없다. 적법하게 의결권이 불통일행사된 경우에는 각 의결권이 그대로 계량되며 상반된 동수의 의결권과 상계되지 않는다.[72)]

대법원 2001. 9. 7. 선고 2001도2917 판결

주주의 자유로운 의결권 행사를 보장하기 위하여 주주가 의결권의 행사를 대리인에게 위임하는 것이 보장되어야 한다고 하더라도 주주의 의결권 행사를 위한 대리인 선임이 무제한적으로 허용되는 것은 아니고, 그 의결권의 대리행사로 말미암아 주주총회의 개최가 부당하게 저해되거나 혹은 회사의 이익이 부당하게 침해될 염려가 있는 등의 특별한 사정이 있는 경우에는 회사는 이를 거절할 수 있다고 보아야 할 것이며, 주주가 자신이 가진 복수의 의결권을 불통일행사하기 위하여는 회일의 3일 전에 회사에 대하여 서면으로 그 뜻과 이유를 통지하여야 할 뿐만 아니라, 회사는 주주가 주식의 신탁을 인수하였거나 기타 타인을 위하여 주식을 가지고 있는 경우 외에는 주주의 의결권 불통일행사를 거부할 수 있는 것이므로, 주주가 위와 같은 요건을 갖추지 못한 채 의결권 불통일행사를 위하여 수인의 대리인을 선임하고자 하는 경우에는 회사는 역시 이를 거절할 수 있다. 주주가 주주총회에 참석하면서 소유 주식 중 일부에 관한 의결권의 대리행사를 타인들에게 나누어 위임하여 주주총회에 참석한 그 의결권 대리인들이 대표이사의 주주총회장에서의 퇴장 요구를 거절하면서 고성과 욕설 등을 사용하여 대표이사의 주주총회의 개최, 진행을 포기하게 만든 경우, 그와 같은 의결권 대리행사의 위임은 위세를 과시하여 정상적인 주주총회의 진행을 저해할 의도이고 주주총회에서 그 의결권 대리인들이 요구한 사항은 의결권 대리행사를 위한 권한 범위에 속하지 않으므로, 대표이사는 그 대리인들이 주주총회에 참석하는 것을 적법하게 거절할 수 있었다는 이유로, 업무방해죄가 성립한다.

---

72) 최준선, 339면.

Ⅳ. 결의요건과 결의방법

1. 결의요건

주주총회의 결의는 다수결의 원리에 의하여 형성된 주주총회의 의사표시이다. 주주총회의 결의방법에 관하여 상법상 특별한 제한은 없으며, 정관의 규정이 있으면 그에 의한다. 주주총회의 결의요건은 그 의안의 중요정도에 따라 다수결 요건에 차이를 두어 보통결의, 특별결의, 특수결의로 나누어진다.

1) 보통결의

보통결의는 정관에 다른 정함이 있는 경우를 제외하고는 출석한 주주의 의결권의 과반수와 발행주식 총수의 4분의 1이상의 수로써 하여야 한다(상법 제368조 제1항). 보통결의요건은 예외적으로 정관규정에 의해 출석정족수를 둘 수 있고, 의결정족수를 가중할 수 있다. 정관의 규정으로 발행주식 총수의 4분의 1이상이라는 요건을 가중할 수는 있으나 감경할 수 없다고 보는 것이 일반적인 견해이다. 가부동수의 경우에 그 의안은 부결된 것으로 보고, 만약 의장에게 그 결정권을 주는 정관의 규정이 있다면 그것은 1주1의결권원칙에 어긋나므로 무효이다.

2) 특별결의

특별결의는 출석한 주주의 의결권의 3분의 2이상의 수와 발행주식 총수의 3분의 1이상의 수로써 하여야 한다. 상법상 규정된 특별결의사항은 주식의 분할(상법 제329조), 주식의 포괄적 교환(상법 제360조의3), 주식의 포괄적 이전(상법 제360조의16), 정관의 변경(상법 제434조), 자본의 감소(상법 제438조), 회사의 해산(상법 제518조), 회사의 합병(상법 제522조), 회사의 분할(상법 제53조의3 제2항), 회사의 계속(상법 제519조)과 상법 제374조에서 규정하고 있는 영업의 전부 또는 중요한 일부의 양도, 영업전부의 임대 또는 경영위임, 타인과 영업의 손익전부를 같이하는 계약 기타 이에 준할 계약의 체결, 변경 또는 해약, 다른 회사의 영업전부의 양수, 회사의 영업에 중대한 영향을 미치는 다른 회사의 영업 일부의 양수 등이다.

대법원 2004. 7. 8. 선고 2004다13717 판결

[1] 주주총회의 특별결의가 있어야 하는 상법 제374조 제1항 제1호 소정의 '영업의 전부 또는 중요한 일부의 양도'라 함은 일정한 영업목적을 위하여 조직되고 유기적 일체로 기능하는 재산의 전부 또는 중요한 일부를 총체적으로 양도하는 것을 의미하는 것으로서, 이에는 양수 회사에 의한 양도 회사의 영업적 활동의 전부 또는 중요한 일부분의 승계가 수반되어야 하는 것이므로 단순한 영업용 재산의 양도는 이에 해당하지 않으나, 다만 영업용 재산의 처분으로 말미암아 회사 영업의 전부 또는 일부를 양도하거나 폐지하는 것과 같은 결과를 가져오는 경우에는 주주총회의 특별결의가 필요하다.

[2] 당해 특허권을 이용한 공사의 수주를 회사의 주된 사업으로 하고, 위 특허권이 회사의 자산에서 대부분의 비중을 차지하는 경우, 위 특허권의 양도는 회사 영업의 전부 또는 일부를 양도하거나 폐지하는 것과 같은 결과를 가져오는 것이므로 특허권의 양도에는 주주총회의 특별결의가 필요하다고 한 사례.

3) 특수결의

특수결의는 특별결의요건보다 더 가중된 결의요건으로서 총주주의 동의 또는 출석한 주식인수인의 3분의 2이상의 찬성과 인수된 주식 총수의 과반수에 의한 결의의 두 가지의 경우가 있다. 발기인·이사·감사·청산인의 회사에 대한 책임면제는 총주주의 동의가 있어야 하며(상법 제324조, 제400조, 제415조, 제542조 제2항), 모집설립, 신설합병, 분할 또는 분할합병시의 창립총회의 결의사항은 출석한 주식인수인의 3분의 2이상이며 인수된 주식 총수의 과반수에 의한 결의이다(상법 제309조, 제527조 제3항, 제530조의11 제1항).

2. 의결권의 계산

총회의 결의에 관하여는 의결권 없는 주주가 가진 주식의 수는 발행주식 총수에 산입하

지 아니한다(상법 제371조 제1항). 또한 총회의 결의에 관하여 특별한 이해관계가 있는 자는 의결권을 행사하지 못함에 의해 행사할 수 없는 의결권의 수는 출석한 주주의 의결권의 수에 산입하지 아니한다(상법 제371조 제2항).

3. 총회진행

총회의 의장은 정관에서 정함이 없는 때에는 총회에서 선임하며, 총회의 의장은 총회의 질서를 유지하고 의사를 정리한다(상법 제366조의2 제1항, 제2항). 총회의 의장은 고의로 의사진행을 방해하기 위한 발언 · 행동을 하는 등 현저히 질서를 문란하게 하는 자에 대하여 그 발언의 정지 또는 퇴장을 명할 수 있다(상법 제366조의2 제3항). 이 경우 퇴장당한 주주는 출석한 주주의 의결권수에 산입하지 않는다고 보아야 할 것이다.

주주총회에서는 회의의 속행 또는 연기의 결의를 할 수 있으며(상법 제372조 제1항), 이 경우에는 총회소집통지에 관한 규정이 적용하지 아니한다(상법 제372조 제2항). 주주총회의 의사에는 의사록을 작성하여야 하며, 의사록에는 의사의 경과요령과 그 결과를 기재하고 의장과 출석한 이사가 기명날인 또는 서명하여야 한다(상법 제373조 제1항, 제2항).

V 주주제안권

1. 의의

주주총회의 모든 의사결정의 효과는 궁극적으로 주주에게 귀속되는 바이므로 주주야말로 의사결정에 최대의 이해를 가진 자라 할 수 있으므로 주주총회에서 다룰 의안에 대하여 제안할 기회가 부여되어야 한다. 또한 이사회가 경영정책에 대한 의사결정의 주도권을 독점하여 폐단이 생길 가능성이 있는 점을 고려하더라도 일반주주들에게 회사의 의사결정을 촉구할 수 있는 기회를 주어야 한다는 점에서 주주제안권이 도입되었다.

2. 요건

의결권 없는 주식을 제외한 발행주식 총수의 100분의 3이상에 해당하는 주식을 가진 주주는 이사에게 주주총회일의 6주 전에 서면 또는 전자문서로 일정한 사항을 주주총회의 목적사항으로 할 것을 제안할 수 있는데 이를 주주제안권이라고 한다. 또한 위의 주주는 이사에게 주주총회일의 6주 전에 서면 또는 전자문서로 회의의 목적으로 할 사항에 추가하여 당해 주주가 제출하는 의안의 요령을 통지와 공고에 기재할 것을 청구할 수 있다(상법 제363조의2 제1항, 제2항).

한편 상장회사의 경우 6개월 전부터 계속하여 상장회사의 의결권 없는 주식을 제외한 발행주식 총수의 1천분의 10(대통령령으로 정하는 상장회사의 경우에는 1천분의 5)이상에 해당하는 주식을 보유한 자는 주주제안권을 행사할 수 있다(상법 제542조의6 제2항).

3. 효과

이사는 주주제안이 있는 경우에는 이를 이사회에 보고하고, 이사회는 주주제안의 내용이 법령 또는 정관을 위반하는 경우와 그 밖에 대통령령으로 정하는 경우를 제외하고는 이를 주주총회의 목적사항으로 하여야 한다. 이 경우 주주제안을 한 자의 청구가 있는 때에는 주주총회에서 당해 의안을 설명할 기회를 주어야 한다(상법 제363조의2 제3항).

회사가 주주의 의제제안을 무시하고 행한 주주총회의 결의는 주주가 제안한 의제에 관한 어떠한 결의가 있었던 것은 아니므로 다른 결의에는 영향이 없으며, 다만 그러한 주주에 대하여 손해배상책임을 지고 과태료의 제재를 받는다. 그러나 주주의 의안제안을 무시하고 한 총회결의는 결의취소의 소의 원인이 된다고 본다.[73)]

Ⅵ. 반대주주의 주식매수청구권

1. 의의

영업의 전부 또는 중요한 일부의 양도 등을 하기 위해서는 주주총회의 특별결의를 얻어야 하는데 이러한 결의에 반대하는 주주가 주주총회 전에 회사에 대하여 서면으로 그 결의에 반대하는 의사를 통지한 경우에는 그 총회의 결의일부터 20일내에 주식의 종류와 수를 기재한 서면으로 회사에 대하여 자기가 소유하고 있는 주식의 매수를 청구할 수 있다(상법 제374조의2 제1항). 이러한 반대주주의 주식매수청구권은 소수주주의 이익을 보호하기 위하여 도입된 제도로서 그 법적 성질은 형성권의 일종이라고 할 수 있다.

2. 매수청구권의 행사

회사는 주식매수의 청구를 받은 날부터 2월 이내에 그 주식을 매수하여야 한다(상법 제374조의2 제2항). 이때 2월 이내에 매수한다는 의미는 2월 이내에 매수가액을 협의결정하여 매매계약을 체결하여야 한다는 것으로 해석하여야 할 것이며 가액이 협의된 후에는 매수가액의 지급기간은 상법에 규정이 없으므로 당사자가 함께 협의하여야 할 것이다. 한편 상장법인의 경우에는 1월 이내에 매수하여야 한다(자본시장과 금융투자업에 관한 법률 제165조의5 제2항).

3. 매수청구의 효과

주식의 매수가액은 주주와 회사 간의 협의에 의하여 결정한다(상법 제374조의2 제3항). 주식매수의 청구를 받은 날부터 30일 이내에 협의가 이루어지지 아니한 경우에는 회사 또는 주식의 매수를 청구한 주주는 법원에 대하여 매수가액의 결정을 청구할 수 있다(상법

---

73) 정찬형, 771면.

제374조의2 제4항). 법원이 주식의 매수가액을 결정하는 경우에는 회사의 재산상태 그 밖의 사정을 참작하여 공정한 가액으로 이를 산정하여야 한다(상법 제374조의2 제5항).

한편 상장법인의 경우에는 주식의 매수가격은 주주와 해당 법인 간의 협의로 결정한다. 다만, 협의가 이루어지지 아니하는 경우의 매수가격은 이사회 결의일 이전에 증권시장에서 거래된 해당 주식의 거래가격을 기준으로 하여 대통령령으로 정하는 방법에 따라 산정된 금액으로 하며, 해당 법인이나 매수를 청구한 주주가 그 매수가격에 대하여도 반대하면 법원에 매수가격의 결정을 청구할 수 있다(자본시장과 금융투자업에 관한 법률 제165조의5 제3항).

회사가 반대주주로부터 매수한 주식은 자기주식의 예외적인 취득이 되고(상법 제341조 제5호), 회사는 이와 같이 취득한 자기주식을 상당한 시기에 처분하여야 한다(상법 제342조).

대법원 2006. 11. 23. 자 2005마958, 959, 960, 961, 962, 963, 964, 965, 966 결정

[1] 회사의 합병 또는 영업양도 등에 반대하는 주주가 회사에 대하여 비상장주식의 매수를 청구하는 경우, 그 주식에 관하여 객관적 교환가치가 적정하게 반영된 정상적인 거래의 실례가 있으면 그 거래가격을 시가로 보아 주식의 매수가액을 정하여야 할 것이나, 그러한 거래사례가 없으면 비상장주식의 평가에 관하여 보편적으로 인정되는 시장가치방식, 순자산가치방식, 수익가치방식 등 여러 가지 평가방법을 활용하되, 비상장주식의 평가방법을 규정한 관련 법규들은 그 제정 목적에 따라 서로 상이한 기준을 적용하고 있으므로, 어느 한 가지 평가방법(예컨대, 증권거래법 시행령 제84조의7 제1항 제2호의 평가방법이나 상속세 및 증여세법 시행령 제54조의 평가방법)이 항상 적용되어야 한다고 단정할 수는 없고, 당해 회사의 상황이나 업종의 특성 등을 종합적으로 고려하여 공정한 가액을 산정하여야 한다. 한편, 비상장주식에 관하여 객관적 교환가치가 적정하게 반영된 정상적인 거래의 실례가 있더라도, 거래 시기, 거래 경위, 거래 후 회사의 내부사정이나 경영상태의 변화, 다른 평가방법을 기초로 산정한 주식가액과의 근접성 등에 비추어 위와 같은 거래가격만에 의해 비상장주식의 매수가액으로 결정하기 어려운 경우에는 위와 같은 거래가액 또는 그 거래가액을 합리적인 기준에 따라 조정한 가액을 주식의 공정한 가액을 산정하기 위한 요소로 고려할

수 있다.

[2] 영업양도 등에 반대하는 주주의 주식매수청구에 따라 비상장주식의 매수가액을 결정하는 경우, 특별한 사정이 없는 한 주식의 가치가 영업양도 등에 의하여 영향을 받기 전의 시점을 기준으로 수익가치를 판단하여야 하는데, 이때 미래에 발생할 추정이익 등을 고려하여 수익가치를 산정하여야 한다. 그러나 당해 사건에서 미래의 수익가치를 산정할 객관적인 자료가 제출되어 있지 않거나, 수익가치가 다른 평가방식에 의한 요소와 밀접하게 연관되어 있어 별개의 독립적인 산정요소로서 반영할 필요가 없는 경우에는 주식매수가액 산정시 수익가치를 고려하지 않아도 된다.

[3] 시장가치, 순자산가치, 수익가치 등을 종합적으로 반영하여 비상장주식의 매수가액을 산정하는 경우, 당해 회사의 상황이나 업종의 특성, 개별 평가요소의 적정 여부 등 제반 사정을 고려하여 그 반영비율을 정하여야 한다.

Ⅶ. 주주총회결의의 하자

1. 주주총회결의 취소의 소

1) 소의 원인

결의취소의 소는 총회의 소집절차 또는 결의방법이 법령 또는 정관에 위반하거나 현저하게 불공정한 때 또는 그 결의의 내용이 정관에 위반한 때에 주주·이사 또는 감사는 결의의 날로부터 2월 내에 결의취소의 소를 제기할 수 있다(상법 제376조). 소집절차에 하자가 있는 경우로는 이사회의 결의 없이 또는 하자있는 이사회의 결의에 따라 주주총회를 소집한 경우, 대표이사 직무대행자가 법원의 허가를 얻지 않고 임시주총을 소집한 경우, 일부주주에 대하여 소집통지를 흠결한 경우 등을 들 수 있다.

2) 소제기권자

주주총회결의취소의 소의 원고는 주주·이사 또는 감사이다. 결의에 의해 주주가 개별적으로 불이익을 입었느냐를 묻지 않으며, 하자와 무관한 주주도 다른 주주에 대한 소집절차의 하자를 이유로 소를 제기할 수 있다. 주주는 결의 당시의 주주임을 요하지 않으며 소송을 제기할 당시에 주주이면 족하다. 다만, 주주라 함은 주주명부에 등제된 주주만을 뜻하므로 명의개서를 하지 아니한 주식양수인은 제소권이 없다.[74)]

이사·감사의 경우도 제소 당시에 이사·감사임을 요한다. 임기만료되거나 사임한 이사·감사는 원고적격이 없다. 제소 당시에는 이사·감사가 아니라 하더라도 하자있는 결의에 의하여 해임당한 이사·감사는 제소권이 있다고 보아야 할 것이다.

3) 소의 절차

결의취소의 소는 형성의 소이며 결의의 날로부터 2개월 이내에 제기하여야 한다. 이 기간은 제척기간이다. 주주가 결의취소의 소를 제기한 때에는 그 주주가 이사 또는 감사인 경우를 제외하고 법원은 회사의 청구에 의하여 상당한 담보를 제공할 것을 명할 수 있다(상법 제377조 제1항). 담보로는 소송제기로 인하여 회사가 받게 될 모든 손해를 담보하는 것이 목적이므로 그 담보액은 회사가 받게 될 모든 불이익을 기준으로 하여 법원이 자유재량으로 정할 수 있다.

4) 재량기각

결의취소의 소가 제기된 경우에 결의의 내용, 회사의 현황과 제반사정을 참작하여 그 취소가 부적당하다고 인정한 때에는 법원은 그 청구를 기각할 수 있다(상법 제379조). 이러한 재량기각이 인정되는 예를 들어 보면 ① 하자가 경미한 경우, ② 주주나 회사에게 아무런 이익이 없는 경우, ③ 원고의 의결권이 결의결과에 영향을 미치지 않는 경우, ④ 신의성실의 원칙에 반하여 소의 동기가 불순한 경우 등이다.[75)]

대법원 2003. 7. 11. 선고 2001다45584 판결

[1] 주주총회결의 취소의 소는 상법 제376조에 따라 결의의 날로부터 2월 내에 제기하여야

74) 이철송, 485면.
75) 최준선, 376-377면.

할 것이나, 동일한 결의에 관하여 부존재확인의 소가 상법 제376조 소정의 제소기간 내에 제기되어 있다면, 동일한 하자를 원인으로 하여 결의의 날로부터 2월이 경과한 후 취소소송으로 소를 변경하거나 추가한 경우에도 부존재확인의 소 제기시에 제기된 것과 동일하게 취급하여 제소기간을 준수한 것으로 보아야 한다.

[2] 주주총회의 개회시각이 부득이한 사정으로 당초 소집통지된 시각보다 지연되는 경우에도 사회통념에 비추어 볼 때 정각에 출석한 주주들의 입장에서 변경된 개회시각까지 기다려 참석하는 것이 곤란하지 않을 정도라면 절차상의 하자가 되지 아니할 것이나, 그 정도를 넘어 개회시각을 사실상 부정확하게 만들고 소집통지된 시각에 출석한 주주들의 참석을 기대하기 어려워 그들의 참석권을 침해하기에 이르렀다면 주주총회의 소집절차가 현저히 불공정하다고 하지 않을 수 없고, 또한 소집통지 및 공고가 적법하게 이루어진 이후에 당초의 소집장소에서 개회를 하여 소집장소를 변경하기로 하는 결의조차 할 수 없는 부득이한 사정이 발생한 경우, 소집권자가 대체 장소를 정한 다음 당초의 소집장소에 출석한 주주들로 하여금 변경된 장소에 모일 수 있도록 상당한 방법으로 알리고 이동에 필요한 조치를 다한 때에 한하여 적법하게 소집장소가 변경되었다고 볼 수 있다.

[3] 주주는 다른 주주에 대한 소집절차의 하자를 이유로 주주총회결의 취소의 소를 제기할 수도 있다.

[4] 주주총회결의 취소의 소에 있어 법원의 재량에 의하여 청구를 기각할 수 있음을 밝힌 상법 제379조는, 결의의 절차에 하자가 있는 경우에 결의를 취소하여도 회사 또는 주주에게 이익이 되지 않든가 이미 결의가 집행되었기 때문에 이를 취소하여도 아무런 효과가 없든가 하는 때에 결의를 취소함으로써, 회사에 손해를 끼치거나 일반거래의 안전을 해치는 것을 막고 결의취소의 소의 남용을 방지하려는 취지이며, 또한 위와 같은 사정이 인정되는 경우에는 당사자의 주장이 없더라도 법원이 직권으로 재량에 의하여 취소청구를 기각할 수도 있다.

5) 판결의 효력

결의 취소의 소에 의해 원고가 승소한 경우에 판결의 효력은 소급효가 있으며 대세적 효력이 있다(상법 제376조 제2항, 제190조). 원고가 패소한 경우에 판결의 효력은 당사자

간에만 미치며, 이 경우 원고에게 악의 또는 중과실이 있으면 원고는 연대하여 회사에 대하여 손해를 배상할 책임이 있다(상법 제376조 제2항, 제190조, 제191조). 이 경우 악의란 주주가 정당한 이유없이 회사를 곤경에 빠뜨리려는 의도가 있는 것을 말한다. 결의한 사항이 등기된 경우에 결의취소의 판결이 확정된 때에는 본점과 지점의 소재지에서 등기하여야 한다(상법 제378조).

2. 주주총회결의무효의 소

주주총회의 결의내용이 법령에 위반한 경우 누구든지 언제든지 그 무효를 주장할 수 있으며 무효를 확인하는 소를 제기할 수 있다(상법 제380조). 결의내용이 법령에 위반한 경우로는 주주평등의 원칙을 위반한 경우, 주식회사의 본질에 반하는 결의, 법률을 위반한 이익배당의 승인 등을 예로 들 수 있다.

명문의 규정은 없으나 결의의 내용이 내재적 한계를 초월하는 불공정한 것일 때에는 무효로 보아야 한다는 견해가 있다. 그중에서 특히 현실적으로 빈번히 일어나는 것이 다수결의 남용이다. 다수결의 남용이란 대주주가 자기 또는 제3자의 개인적 이익을 추구하여 객관적으로 현저히 불공정한 내용의 결의를 다수결의 힘으로 성립시키는 것을 말한다.[76]

대법원 1995. 7. 28. 선고 93다61338 판결

가. 이사가 임원 개임의 주주총회결의에 의하여 임기 만료 전에 이사직에서 해임당하고 그 후임 이사의 선임이 있었다 하더라도 그 후에 적법한 절차에 의하여 후임 이사가 선임되었을 경우에는, 당초의 이사개임결의가 무효라 할지라도 이에 대한 무효확인을 구하는 것은 과거의 법률관계 내지 권리관계의 확인을 구하는 것에 귀착되어 확인의 소로서의 권리보호요건을 결여한 것이라 할 것이나, 후임 이사를 선임한 주주총회의 결의가 무권리자에 의하여 소집된 총회라는 하자 이외의 다른 절차상, 내용상의 하자로 인하여 부존재임이 인정되는 경우에는 그 임원을 선임한 당초 결의의 무효 여부는 현재의 임원을 확정함에 있어서 직접적

76) 이철송, 488면.

인 이해관계가 있는 것이므로 이 경우 당초의 선임결의의 무효확인을 구할 법률상의 이익이 있고, 여기서 말하는 "후임 이사를 선임한 결의"를 당초에 이사직에서 해임된 바로 그 자를 후임 이사로 선임한 경우는 제외되고 그 이외의 자가 후임 이사로 선임된 결의에 한정된다고 해석할 근거나 이유가 없는 것이며, 여기에는 특별한 사정이 없는 한 당초에 이사직에서 해임된 바로 그 자를 후임 이사로 선임한 결의도 포함된다고 보아야 한다.

나. 갑을 이사에서 해임한 당초 주주총회결의 이후 두 차례에 걸쳐 소집된 임시주주총회는 당시 회사의 발행주식 전부를 나누어 소유하고 있던 주주들인 갑 등은 전혀 참석하지 않은 가운데 정당한 주주도 아닌 자들만이 참석하여 임원 선임의 결의를 한 경우라면, 이는 주주총회의 소집 절차와 결의방법에 총회결의가 존재한다고 볼 수 없을 정도의 중대한 하자가 있는 경우에 해당하여 주주총회의 결의가 부존재한다고 할 것이고, 따라서 당초에 을을 이사로 선임한 1차 임시주주총회결의의 무효 또는 부존재 여부는 여전히 회사의 현재 임원을 확정함에 있어서 직접적인 관계가 있는 것이므로, 회사 주주인 갑 등으로서는 그 선임결의의 무효확인을 구할 법률상의 이익이 있다고 한 사례.

3. 주주총회결의부존재의 소

주주총회의 소집절차 또는 결의방법에 총회결의가 존재한다고 볼 수 없을 정도의 중요한 하자가 있는 경우에는 결의부존재확인의 소를 제기할 수 있다. 결의부존재의 원인으로는 소집권한 없는 자에 의한 소집, 이사회 결의없이 무권한자가 일부주주에게만 구두통지하여 소집한 총회결의, 의사록에만 결의가 기록되어 있고 실제로는 결의가 없었던 경우 등을 들 수 있다. 소제기권한자는 소의 이익이 있는 자는 누구나 소를 제기할 수 있으며, 제소기간에 제한이 없는 점 등은 결의무효확인의 소와 동일하다.

대법원 2007. 2. 22. 선고 2005다73020 판결

주식회사에 있어서 총 주식을 한 사람이 소유한 이른바 1인 회사의 경우 그 주주가 유일한 주주로서 주주총회에 출석하면 전원 총회로서 성립하고 그 주주의 의사대로 결의가 될 것임이 명백하므로 따로 총회소집절차가 필요 없으며, 실제로 총회를 개최한 사실이 없었다

하더라도 그 1인 주주에 의하여 의결이 있었던 것으로 주주총회 의사록이 작성되었다면 특별한 사정이 없는 한 그 내용의 결의가 있었던 것으로 볼 수 있고, 이 점은 한 사람이 다른 사람의 명의를 빌려 주주로 등재하였으나 총 주식을 실질적으로 그 한 사람이 모두 소유한 경우에도 마찬가지라고 할 수 있으나, 이와 달리 주식의 소유가 실질적으로 분산되어 있는 경우에는 상법상의 원칙으로 돌아가 실제의 소집절차와 결의절차를 거치지 아니한 채 주주총회의 결의가 있었던 것처럼 주주총회 의사록을 허위로 작성한 것이라면 설사 1인이 총 주식의 대다수를 가지고 있고 그 지배주주에 의하여 의결이 있었던 것으로 주주총회 의사록이 작성되어 있다 하더라도 도저히 그 결의가 존재한다고 볼 수 없을 정도로 중대한 하자가 있는 때에 해당하여 그 주주총회의 결의는 부존재하다고 보아야 한다.

4. 부당결의취소·변경의 소

주주가 특별이해관계로 인하여 의결권을 행사할 수 없었던 경우에 결의가 현저하게 부당하고 그 주주가 의결권을 행사하였더라면 이를 저지할 수 있었을 때에는 그 주주는 그 결의의 날로부터 2월내에 부당결의취소의 소 또는 부당결의변경의 소를 제기할 수 있다(상법 제381조). 특별한 이해관계가 있는 주주의 의결권행사를 제한하는 것은 다수결을 남용하여 결의가 불공정하게 이루어지는 것을 방지하기 위함인데, 오히려 이해관계있는 주주가 의결권을 행사하지 못하는 것을 악용하여 소수자의 전횡이 이루어질 염려가 있어 이에 대비한 제도이다. 특히 결의의 변경까지 인정한 것은 취소판결을 하더라도 주주들에 의해 같은 결의가 반복될 우려가 있기 때문이다.[77]

77) 이철송, 505면.

제6장 이사회 대표이사

Ⅰ. 이사

1. 이사의 선임

1) 이사의 지위와 자격

이사는 회사의 수임인으로서의 지위에서 이사회의 구성원이 되는 자로서 회사의 업무집행에 관한 의사결정과 이사의 업무집행을 감독하는데 참여할 권한을 가진 자이다. 이사가 주식회사의 기관이라는 견해[78]도 있으나 다수설은 기관이 아니라고 한다. 원칙적으로 이사가 될 수 있는 자격에는 제한이 없으나, 정관으로 이사는 주주이어야 한다는 것 등을 정하여 소유와 경영의 분리원칙의 예외를 만들 수 있는데, 이때 이사가 가질 주식의 수를 정한 경우에 다른 규정이 없는 때에는 이사는 그 수의 주권을 감사에게 공탁하여야 한다(상법 제387조).

2) 이사의 인원수와 임기

이사는 주주총회에서 선임하며(상법 제382조), 상장회사가 이사의 선임에 관한 사항을 목적으로 하는 주주총회를 소집통지 또는 공고하는 경우에는 이사후보자의 성명, 약력, 추천인, 그 밖에 대통령령으로 정하는 후보자에 관한 사항을 통지하거나 공고하여야 하고(상법 542조의4 제2항), 통지나 공고한 후보자 중에서 선임하여야 한다(상법 제542조의5).

78) 이철송, 516면.

이사는 3인 이상이어야 하는데 다만, 자본금 총액이 10억 원 미만인 회사는 1명 또는 2명으로 할 수 있다(상법 제383조 제1항). 이사의 임기는 3년을 초과하지 못하며(상법 제383조 제2항) 정관으로 그 임기 중의 최종의 결산기에 관한 정기주주총회의 종결에 이르기까지 연장할 수 있다(상법 제383조 제3항). 이사의 임기를 이와 같이 제한한 것은 이사의 권한이 매우 강력하고 또 임기 중에는 해임이 쉽지 않기 때문이다. 그러나 임기만료 후의 재선은 가능하다.[79]

3) 집중투표제

(1) 도입의 취지

이사의 선임에 있어서는 지배주주가 아닌 주주의 의견도 반영될 수 있어야 한다. 이를 위하여 집중투표제를 채택하도록 권고하며, 그 채택여부는 공시되어야 한다. 이사 후보의 선정과 이사 선임과정에 다수의 일반주주의 의견도 반영되어야 한다. 이사 후보의 선정과 선임과정이 개선되지 않는다면 사내이사는 물론 사외이사도 그 자격요건을 아무리 강화한다고 해도 그 실질적 독립성을 기대하기 어렵다. 따라서 이사의 독립성을 확보하고, 이사선임시 다양한 주주의 의견을 반영하기 위해서 뿐만 아니라 우리 기업의 경우 지배주주의 경영에 대한 영향력이 크다는 점을 고려할 때 집중투표제를 채택하는 것이 바람직하다. 집중투표제의 도입을 유도하기 위하여 각 기업이 집중투표제의 채택 여부를 공시하도록 할 필요가 있다.[80]

(2) 집중투표의 요건

2인 이상의 이사의 선임을 목적으로 하는 총회의 소집이 있을 때에는 의결권 없는 주식을 제외한 발행주식 총수의 100분의 3이상에 해당하는 주식을 가진 주주는 정관에서 달리 정하는 경우를 제외하고는 회사에 대하여 집중투표의 방법으로 이사를 선임할 것을 청구할 수 있다(상법 제382조의2 제1항). 집중투표청구의 서면은 총회가 종결될 때까지 이를 본점에 비치하고 주주로 하여금 영업시간 내에 열람할 수 있게 하여야

---

79) 정찬형, 826면.
80)『기업지배구조모범규준』 Ⅱ. 3. 2.

한다(상법 제382조의2 제6항). 정관에서 집중투표제를 배제하는 규정을 두거나 이사의 임기를 시차제로 하여 사실상 이제도를 무력화할 수 있다.[81)]

상장회사의 경우 자산 규모 등을 고려하여 대통령령으로 정하는 상장회사의 의결권 없는 주식을 제외한 발행주식 총수의 100분의 1이상에 해당하는 주식을 보유한 자는 집중투표의 방법으로 이사를 선임할 것을 청구할 수 있다(상법 제542조의7 제2항). 상장회사가 정관으로 집중투표를 배제하거나 그 배제된 정관을 변경하려는 경우에는 의결권 없는 주식을 제외한 발행주식 총수의 100분의 3을 초과하는 수의 주식을 가진 주주는 그 초과하는 주식에 관하여 의결권을 행사하지 못하며, 다만 정관에서 이보다 낮은 주식 보유비율을 정할 수 있다(상법 제542조의7 제3항). 그리고 상장회사가 주주총회의 목적사항으로 집중투표 배제에 관한 정관 변경에 관한 의안을 상정하려는 경우에는 그 밖의 사항의 정관 변경에 관한 의안과 별도로 상정하여 의결하여야 한다(상법 제542조의7 제4항).

(3) 투표방법과 결정

집중투표의 청구는 주주총회일의 7일 전까지 서면 또는 전자문서로 하여야 한다(상법 제382조의2 제2항). 한편 상장회사의 경우 집중투표의 방법으로 이사를 선임할 것을 청구하는 경우 주주총회일의 6주 전까지 서면 또는 전자문서로 회사에 청구하여야 한다(상법 제542조의7 제1항).

집중투표의 청구가 있는 경우에 이사의 선임결의에 관하여 각 주주는 1주마다 선임할 이사의 수와 동일한 수의 의결권을 가지며, 그 의결권은 이사 후보자 1인 또는 수인에게 집중하여 투표하는 방법으로 행사할 수 있다(상법 제382조의2 제3항). 집중투표의 방법으로 이사를 선임하는 경우에는 투표의 최다수를 얻은 자부터 순차적으로 이사에 선임되는 것으로 한다(상법 제382조의2 제4항). 집중투표의 청구가 있는 경우에는 의장은 의결에 앞서 그러한 청구가 있다는 취지를 알려야 한다(상법 제382조의2 제5항).

81) 정찬형, 821면.

대전지법 2006. 3. 14. 자 2006카합242 결정

[1] 상법 및 증권거래법상 주주제안권, 사외이사후보추천위원회제도 등의 입법 경위 및 그 취지 등에 비추어 볼 때, 상법상 주주제안권과 증권거래법상 주주의 사외이사후보추천권은 그 행사요건과 내용 등을 달리하고 있으므로, 소수주주들로서는 주권상장법인의 사외이사후보추천을 총회의 의제 또는 의안으로 삼고자 하는 경우에 상법상의 주주제안권 또는 증권거래법상의 사외이사후보추천권을 선택적으로 행사할 수 있다고 해석함이 상당하다.

[2] 주권상장법인의 경우 감사위원회의 위원이 되는 사외이사 선임에 있어 종래 실무상 운용되고 있는 분리선출 방식(감사위원회 위원이 되는 사외이사를 다른 사외이사들과 분리하여 주주총회에서 뽑는 방식)과 일괄선출 방식(감사위원회 위원이 될 사외이사를 포함하여 이사후보 전체를 대상으로 이사선임결의를 하고 나서 선임된 이사 중에서 대주주 의결권 제한규정을 적용하여 감사위원을 뽑는 방식)에 대하여 ① 분리선출 방식에 의할 경우 소수주주의 집중투표에 의한 이사선임청구권이 약화된다고 하더라도 상법 및 증권거래법상 집중투표제는 정관에 의해 배제될 수 있는 성질의 것이라는 점(상법 제382조의2 제1항, 증권거래법 제191조의18 제1항), 소수주주들로서는 사외이사의 선임방법에 관하여 일괄선출 방식을 택하도록 제안할 수 있을 것이라는 점 등에 비추어 보면, 분리선출 방식이 소수주주의 의결권 또는 집중투표제의 취지를 현저하게 침해한다고 보기 어렵고, ② 일괄선출 방식에 의할 경우 제1단계의 사외이사 선임결의에서 대주주가 지지하는 후보들이 대부분 사외이사로 선임될 가능성이 큰 것은 사실이지만, 제2단계 감사위원회 위원의 선임결의에서 상법상의 대주주 의결권 제한규정을 적용하여 감사위원회 위원을 선임하는 이상 이를 법률에 위반된 것이라고 보기 어렵다는 이유로 현행 상법 및 증권거래법의 해석상 위 두 가지 방식이 주주총회의 결의 방법으로 모두 가능하고 그 가운데 어느 방식을 취할 것인지에 대한 결정권한은 별도의 주주제안이 없는 이상 이사회에 있다고 한 사례.

4) 이사선임결의의 하자

이사선임결의의 무효나 취소 또는 이사해임의 소가 제기된 경우에는 법원은 당사자의 신청에 의하여 가처분으로써 이사의 직무집행을 정지할 수 있고 또는 직무대행자를

선임할 수 있으며, 급박한 사정이 있는 때에는 본안 소송의 제기 전에도 그 처분을 할 수 있다(상법 제407조 제1항). 법원은 당사자의 신청에 의하여 이러한 가처분을 변경 또는 취소할 수 있다(상법 제407조 제2항). 이사선임결의의 무효·취소의 가처분 혹은 가처분의 변경이나 취소가 있는 경우 당사자나 제3자에 대해 미치는 영향이 크므로 본점과 지점의 소재지에서 그 등기를 하여야 한다(상법 제407조 제3항).

직무대행자는 가처분명령에 다른 정함이 있는 경우외에는 회사의 상무에 속하지 아니한 행위를 하지 못한다. 그러나 법원의 허가를 얻은 경우에는 그러하지 아니하다(상법 제408조 제1항). 직무대행자가 전항의 규정에 위반한 행위를 한 경우에도 회사는 선의의 제3자에 대하여 책임을 진다(상법 제408조 제2항).

2. 이사의 종임

1) 종임사유

이사와 회사 간에는 위임에 관한 규정이 준용되므로 이사는 위임의 종료사유에 의해 종임된다. 또한 회사에 의한 해임이나 이사의 사임에 의해 종료되며, 회사의 해산, 파산이나 이사의 사망, 파산, 금치산에 의해 종료된다. 이러한 일반적인 종료사유 이외에 임기의 만료, 정관에서 정하고 있는 자격의 상실 등에 의해서도 종임된다. 이러한 종임사유 중 특히 문제가 되는 것이 해임이다.

이사는 언제든지 주주총회의 특별결의로 해임할 수 있다. 그러나 이사의 임기를 정한 경우에 정당한 이유 없이 그 임기만료 전에 이를 해임한 때에는 그 이사는 회사에 대하여 해임으로 인한 손해의 배상을 청구할 수 있다(상법 제385조 제1항) 정당한 이유의 존부에 관한 입증책임은 손해배상을 청구하는 이사가 부담한다.

이사가 그 직무에 관하여 부정행위 또는 법령이나 정관에 위반한 중대한 사실이 있음에도 불구하고 주주총회에서 그 해임을 부결한 때에는 발행주식 총수의 100분의 3이상에 해당하는 주식을 가진 주주는 총회의 결의가 있은 날부터 1월내에 그 이사의 해임을 법원에 청구할 수 있다(상법 제385조 제2항).

대법원 2004. 10. 15. 선고 2004다25611 판결

상법 제385조 제1항에 규정된 '정당한 이유'란 주주와 이사 사이에 불화 등 단순히 주관적인 신뢰관계가 상실된 것만으로는 부족하고, 이사가 법령이나 정관에 위배된 행위를 하였거나 정신적·육체적으로 경영자로서의 직무를 감당하기 현저하게 곤란한 경우, 회사의 중요한 사업계획 수립이나 그 추진에 실패함으로써 경영능력에 대한 근본적인 신뢰관계가 상실된 경우 등과 같이 당해 이사가 경영자로서 업무를 집행하는 데 장해가 될 객관적 상황이 발생한 경우에 비로소 임기 전에 해임할 수 있는 정당한 이유가 있다.

2) 임시이사의 선임

법률 또는 정관에 정한 이사의 원수를 결한 경우에는 임기의 만료 또는 사임으로 인하여 퇴임한 이사는 새로 선임된 이사가 취임할 때까지 이사의 권리·의무가 있다(상법 제386조 제1항). 이 경우에 필요하다고 인정할 때에는 법원은 이사, 감사 기타의 이해관계인의 청구에 의하여 임시이사의 직무를 행할 자를 선임할 수 있으며, 이 경우에는 본점의 소재지에서 그 등기를 하여야 한다(상법 제386조 제2항). 임시이사는 직무집행정지의 가처분에 의해 선임되는 직무대행자와 구별된다. 임시이사는 법원에 의하여 특히 제한되지 않는 한 권한이 이사와 동일한데 비하여 직무대행자는 상법규정에 의하여 회사의 상무에 속하는 행위로 제한된다.

대법원 2001. 12. 6. 자 2001그113 결정

상법 제386조가 규정한 '임시이사선임이 필요하다고 인정되는 때'라 함은 이사가 사임하거나 장기간 부재중인 경우와 같이 퇴임이사로 하여금 이사로서의 권리의무를 가지게 하는 것이 불가능하거나 부적당한 경우를 의미하는 것으로서 그의 필요성은 임시이사 제도의 취지와 관련하여 사안에 따라 개별적으로 판단되어야 한다.

3. 이사의 보수

이사의 보수는 정관에 그 액을 정하지 아니한 때에는 주주총회의 결의로 이를 정한다(상

법 제388조). 보수는 명칭에 상관없이 월급·상여금·연봉과 같이 회사의 직무수행에 대한 보상으로 지급되는 일체의 대가를 뜻하며, 정기적이든 부정기적이든 불문한다. 또한 금전의 급부에 한하지 않으며, 타인에 대한 이익의 제공이라도 궁극적으로 이사의 이익이 되는 것이면 보수로 본다.

경영진의 경영활동내용은 공정하게 평가되어야 하고, 그 평가결과는 보수에 적정하게 반영되어야 한다. 특히 이사의 보수는 주주총회에서 승인된 범위내에서 보상위원회(보상위원회가 없는 경우에는 이사회)가 결정하여야 한다. 경영진의 활동내용을 평가하는 궁극적인 목적은 이들의 기업에 대한 기여도를 높임으로써 기업에 대한 경영성과를 높이는데 있다. 따라서 경영진의 활동내용은 기업의 실적 및 주가상승률, 장기 경영목표의 달성여부, 동종 타기업의 보상내용 등을 포함한 객관적 기준에 의해 평가되어야 한다. 평가결과는 경영진에 대한 보상심의 또는 재선임 결정에 있어서 근거자료로 이용된다. 경영진의 보수는 직무수행의 대가인 만큼 그 직무와 합리적인 비례관계를 유지하여야 하며, 기업의 재무상태에 비추어 적정한 수준에서 결정되어야 한다. 특히 이사의 개인별 보수는 기본적으로 주주총회에서 승인된 범위 내에서 보상위원회(보상위원회가 없는 경우에는 이사회)가 결정하는 것이 바람직하다. 보상위원회는 사전에 마련한 객관적 기준을 근거로 이사의 경영성과를 평가하여 이에 대한 보고서를 이사회에 제출하여야 한다.[82)]

이사에 대한 퇴직위로금은 그 직에서 퇴임한 자에 대하여 그 재직 중 직무집행의 대가로 지급되는 보수의 일종으로서 상법 제388조에 규정된 보수에 포함되고, 정관 등에서 이사의 보수 또는 퇴직금에 관하여 주주총회의 결의로 정한다고 규정되어 있는 경우 그 금액·지급방법·지급시기 등에 관한 주주총회의 결의가 있었음을 인정할 증거가 없는 한 이사의 보수나 퇴직금청구권을 행사할 수 없다.[83)]

대법원 2006. 11. 23. 선고 2004다49570 판결

[1] 주식회사와 이사 사이에 체결된 고용계약에서 이사가 그 의사에 반하여 이사직에서

82) 『기업지배구조모범규준』 Ⅱ. 9. 1.
83) 대법원 2004. 12. 10. 선고 2004다25123 판결.

해임될 경우 퇴직위로금과는 별도로 일정한 금액의 해직보상금을 지급받기로 약정한 경우, 그 해직보상금은 형식상으로는 보수에 해당하지 않는다 하여도 보수와 함께 같은 고용계약의 내용에 포함되어 그 고용계약과 관련하여 지급되는 것일 뿐 아니라, 의사에 반하여 해임된 이사에 대하여 정당한 이유의 유무와 관계없이 지급하도록 되어 있어 이사에게 유리하도록 회사에 추가적인 의무를 부과하는 것인바, 보수에 해당하지 않는다는 이유로 주주총회 결의를 요하지 않는다고 한다면, 이사들이 고용계약을 체결하는 과정에서 개인적인 이득을 취할 목적으로 과다한 해직보상금을 약정하는 것을 막을 수 없게 되어, 이사들의 고용계약과 관련하여 그 사익 도모의 폐해를 방지하여 회사와 주주의 이익을 보호하고자 하는 상법 제388조의 입법 취지가 잠탈되고, 나아가 해직보상금액이 특히 거액일 경우 회사의 자유로운 이사해임권 행사를 저해하는 기능을 하게 되어 이사선임기관인 주주총회의 권한을 사실상 제한함으로써 회사법이 규정하는 주주총회의 기능이 심히 왜곡되는 부당한 결과가 초래되므로, 이사의 보수에 관한 상법 제388조를 준용 내지 유추적용하여 이사는 해직보상금에 관하여도 정관에서 그 액을 정하지 않는 한 주주총회 결의가 있어야만 회사에 대하여 이를 청구할 수 있다.

[2] 주식회사 이사의 임기를 정한 경우에 주식회사가 정당한 이유 없이 임기만료 전에 이사를 해임한 때에는 그 이사는 회사에 대하여 해임으로 인한 손해의 배상을 청구할 수 있는데(상법 제385조 제1항 후문), 이러한 경우 '정당한 이유'의 존부에 관한 입증책임은 손해배상을 청구하는 이사가 부담한다.

Ⅱ. 이사회

1. 이사회의 의의

이사회는 회사의 업무집행에 관한 의사결정 및 이사의 직무집행을 감독할 권한을 갖는 이사 전원으로 구성되는 주식회사의 필요상설기관이다. 이사회는 기업과 주주의 이익을 위하여 기업의 경영목표와 전략을 결정하고, 경영진과 이사를 효과적으로 감독하여야 한다. 현재 이사회는 기업운영에 있어서 중심적인 위치를 차지하도록 설계되어 있다. 따라서 이사회가 제 기능을 수행하여야만 경영진이나 지배주주의 독선적인 경영을 감시·견제하고, 기업의 부실화를 예방하여 소액주주 등 이해관계자를 보호할 수 있다. 이를 위해서는 이사회가 기업의 의사결정 및 경영감독과 관련하여 수행하여야 할 주요 기능과 임무를 명확하게 규정하여, 이사회로 하여금 자신이 기업지배구조 내에서 차지하고 있는 역할을 자각하게 할 필요가 있다.[84)]

2. 이사회의 소집과 결의

1) 이사회소집

이사회의 소집권한자는 원칙적으로 각 이사이다. 그러나 이사회의 결의로 소집할 이사를 정한 때에는 당해 이사가 소집한다(상법 제390조 제1항). 그러나 소집권자로 지정되지 않은 다른 이사는 소집권자인 이사에게 이사회 소집을 요구할 수 있으며, 소집권자인 이사가 정당한 이유없이 이사회 소집을 거절하는 경우에는 다른 이사가 이사회를 소집할 수 있다(상법 제390조 제2항). 이사회를 소집함에는 회일을 정하고 그 1주간 전에 각 이사 및 감사에 대하여 통지를 발송하여야 한다. 그러나 그 기간은 정관으로 단축할 수 있다(상법 제390조 제3항). 이사회는 이사 및 감사 전원의 동의가 있는 때에는 위의 절차없이 언제든지 회의할 수 있다(상법 제390조 제4항). 자본금이 10억 원 미만으로서 이사가 1인인 소규모 주식회사의 경우에는 이사회가 존재하지 않으므로 이러한 규정이 적용될 여지가 없다(상법 제383조 제5항).

2) 이사회결의

이사회의 결의는 이사 과반수의 출석과 출석이사의 과반수로 하여야 하는데, 정관으로 그 비율을 높게 정할 수 있다(상법 제391조 제1항). 정관에서 달리 정하는 경우를 제외하고 이사회는 이사의 전부 또는 일부가 직접 회의에 출석하지 아니하고 모든 이사가 동영상

---

84) 『기업지배구조모범규준』 Ⅱ. 1. 1.

및 음성을 동시에 송·수신하는 통신수단에 의하여 결의에 참가하는 것을 허용할 수 있다. 이 경우 당해 이사는 이사회에 직접 출석한 것으로 본다(상법 제391조 제2항). 자본금이 10억 원 미만으로서 이사가 1인인 소규모 주식회사의 경우에는 이사회가 존재하지 않으므로 이러한 규정이 적용될 여지가 없다(상법 제383조 제5항).

3) 이사회결의의 하자

이사회의 결의에 절차상 또는 내용상에 하자가 있는 경우 주주총회의 경우와 달리 상법상 아무런 규정이 없다. 그러므로 이사회의 결의에 하자가 있는 경우에는 민법의 일반원칙에 의하여 처리하여야 한다.[85] 이사회무효확인의 소가 제기된 경우 판결의 효력이 주주총회결의무효확인의 판결의 효력처럼 대세적 효력이 인정될 것인가 문제된다. 민법일반원칙이 적용되어 판결의 효력도 대세적 효력은 없는 것으로 보아야 할 것이다.[86]

대법원 2005. 7. 28. 선고 2005다3649 판결

[2] 주식회사의 대표이사가 이사회의 결의를 거쳐야 할 대외적 거래행위에 관하여 이를 거치지 아니한 경우라도, 이와 같은 이사회 결의사항은 회사의 내부적 의사결정에 불과하다 할 것이므로, 그 거래상대방이 그와 같은 이사회결의가 없었음을 알았거나 알 수 있었을 경우가 아니라면 그 거래행위는 유효하다 할 것이고, 이 경우 거래의 상대방이 이사회의 결의가 없었음을 알았거나 알 수 있었음은 이를 주장하는 회사측이 주장·입증하여야 한다.

[3] 주식회사의 대표이사가 그 대표권의 범위 내에서 한 행위는 설사 대표이사가 회사의 영리목적과 관계없이 자기 또는 제3자의 이익을 도모할 목적으로 그 권한을 남용한 것이라 할지라도 일단 회사의 행위로서 유효하고, 다만 그 행위의 상대방이 대표이사의 진의를 알았거나 알 수 있었을 때에는 회사에 대하여 무효가 되는 것이다.

---

85) 이철송, 558면; 정찬형, 842면.
86) 이철송, 561면; 정찬형, 842면.

3. 의사록의 작성과 열람

이사회의 의사에 관하여는 의사록을 작성하여야 하며, 의사록에는 의사의 안건, 경과요령, 그 결과, 반대하는 자와 그 반대이유를 기재하고 출석한 이사 및 감사가 기명날인 또는 서명하여야 한다(상법 제391조의3 제1항, 제2항). 또한 주주는 영업시간 내에 이사회 의사록의 열람 또는 등사를 청구할 수 있다(상법 제391조의3 제3항). 회사는 주주의 열람 또는 등사의 청구에 대하여 이유를 붙여 이를 거절할 수 있다. 이 경우 주주는 법원의 허가를 얻어 이사회의사록을 열람 또는 등사할 수 있다(상법 제391조의3 제4항). 자본금이 10억 원 미만으로서 이사가 1인인 소규모 주식회사의 경우에는 이사회가 존재하지 않으므로 이러한 규정이 적용될 여지가 없다(상법 제383조 제5항).

대법원 2004. 12. 24. 자 2003마1575 결정

상법 제391조의3 제3항, 제466조 제1항에서 규정하고 있는 주주의 이사회의 의사록 또는 회계의 장부와 서류 등에 대한 열람·등사청구가 있는 경우, 회사는 그 청구가 부당함을 증명하여 이를 거부할 수 있는 바, 주주의 열람·등사권 행사가 부당한 것인지 여부는 그 행사에 이르게 된 경위, 행사의 목적, 악의성 유무 등 제반 사정을 종합적으로 고려하여 판단하여야 할 것이고, 특히 주주의 이와 같은 열람·등사권의 행사가 회사업무의 운영 또는 주주 공동의 이익을 해치거나 주주가 회사의 경쟁자로서 그 취득한 정보를 경업에 이용할 우려가 있거나, 또는 회사에 지나치게 불리한 시기를 택하여 행사하는 경우 등에는 정당한 목적을 결하여 부당한 것이라고 보아야 한다.

4. 이사회의 권한

1) 업무집행에 대한 의사결정권

이사회는 중요한 자산의 처분 및 양도, 대규모 재산의 차입, 지배인의 선임 또는 해임과 지점의 설치·이전 또는 폐지 등 회사의 업무집행에 대하여 결의한다(상법 제393조 제1항). 이러한 이사회의 업무집행에 대한 권한행사를 원활하게 하기 위하여 이사에게 정보접

근권을 강화하였다. 그리하여 이사는 대표이사로 하여금 다른 이사 또는 피용자의 업무에 관하여 이사회에 보고할 것을 요구할 수 있고(상법 제393조 제3항), 이사는 3월에 1회 이상 업무의 집행상황을 이사회에 보고하여야 한다(상법 제393조 제4항). 상법 또는 정관에 이사회권한사항으로 규정한 것이 아니라 하여도 상법 또는 정관의 규정에 의하여 주주총회의 권한사항으로 규정한 것이 아니면, 업무집행에 관한 의사결정권한은 전부 이사회의 권한사항이다.

대법원 2005. 7. 28. 선고 2005다3649 판결

[1] 상법 제393조 제1항은 주식회사의 중요한 자산의 처분 및 양도는 이사회의 결의로 한다고 규정하고 있는바, 여기서 말하는 중요한 자산의 처분에 해당하는가 아닌가는 당해 재산의 가액, 총자산에서 차지하는 비율, 회사의 규모, 회사의 영업 또는 재산의 상황, 경영상태, 자산의 보유목적, 회사의 일상적 업무와 관련성, 당해 회사에서의 종래의 취급 등에 비추어 대표이사의 결정에 맡기는 것이 상당한지 여부에 따라 판단하여야 할 것이고, 중요한 자산의 처분에 해당하는 경우에는 이사회가 그에 관하여 직접 결의하지 아니한 채 대표이사에게 그 처분에 관한 사항을 일임할 수 없는 것이므로 이사회 규정상 이사회 부의사항으로 정해져 있지 아니하더라도 반드시 이사회의 결의를 거쳐야 한다.

2) 이사업무집행에 대한 감독권

이사회는 이사의 직무의 집행을 감독한다(상법 제393조 제2항). 이사회는 업무집행에 관한 모든 결정권을 가지고 그 집행을 대표이사 혹은 업무담당이사에게 맡기는 것이므로 이사회는 자기시정의 기능으로서 당연히 이사의 업무집행을 감독할 권한을 갖는다고 할 것이다.[87] 이사회의 이사에 대한 감독권은 상하관계에서 행사되는 것이고, 이사업무집행의 타당성까지 감사할 수 있다는 점에서 감사나 감사위원회가 가지는 감독권이나 업무집행권이 없는 이사가 업무집행권이 있는 이사에게 가지는 감시권과는 다르다.[88]

감독이란 이사에게 질문하고 보고를 청취하는 것은 물론이고 이사의 업무집행의 방법

87) 이철송, 547면.
88) 정찬형, 839면.

·내용 등이 위법하거나 정관의 규정 또는 이사회의 결의에 위배되거나 부당한 때에는 이의 중단 혹은 정지를 명하고 다른 방법·내용으로 할 것을 지시하는 것을 포함하는 뜻이다. 필요하다면 대표이사를 해임하거나 이사간의 업무분할을 달리 정할 수도 있을 것이다.[89)]

5. 이사회내 위원회

1) 의의

이사회는 대표이사 또는 이사회 내부의 위원회에 권한을 위임할 수 있다. 다만 정관이나 이사회운영규정에서 정하는 주요한 사항은 제외한다. 현대의 기업, 특히 대규모기업은 경영이 전문화되고 기능주의적 경향을 띠게 되면서 이사회의 전체 이사가 수시로 모여 기업의 모든 업무를 처리하기에는 적당하지 않게 되었다. 더구나 사외이사수가 대폭 증가되면서 이사회의 빈번한 개최가 더욱 어렵게 되었다. 따라서 이사회의 기능을 활성화하고 이사회가 기업의 지배구조내에서 제 기능을 수행하도록 하기 위해서는 이사회의 권한 중 일부를 법령이나 정관에 위반하지 않는 범위 내에서 대표이사 또는 이사회의 분야별 위원회에 위임할 수 있어야 한다. 즉, 이사회는 중요한 경영의사 결정만 하고 비교적 경미하거나 일상적인 사항은 대표이사 또는 경영진에게 대폭 위임하거나, 이사회 내부에 위원회를 설치하여 이사회의 권한 중 일부를 위원회에 위임하는 것이 바람직하다. 위원회는 당해 분야에 전문적 지식과 관심을 가진 이사들로 구성하여 업무를 분담하게 함으로써 이사회의 업무수행의 효율성과 전문성을 높일 수 있으며, 효율적으로 경영진을 통제할 수 있을 것이다.[90)]

2) 구성과 권한

(1) 구성

위원회는 2인 이상의 이사로 구성하며(상법 제393조의2 제3항), 회사가 어떤 위원회를

89) 이철송, 547면.
90) 『기업지배구조모범규준』 Ⅱ. 1. 2.

설치할 것인가는 자율에 맡겨져 있으므로 각 회사의 정관에 정하는 바에 의한다(상법 제393조의2 제1항). 정관에 위원회의 설치에 관한 근거규정이 없으면 이사회의 결의가 있더라도 위원회를 둘 수 없다. 정관의 규정이 어느 정도 구체적이어야 하는지에 관해서는 명문의 규정이 없으나, 학설은 위원회의 기능의 중요성에 비추어 정관의 규정은 단지 위원회를 둘 수 있다는 형식적인 근거설정에 그쳐서는 아니 되고 위원회의 권한과 구성방법 및 운영방법을 명기해야 한다고 한다.[91)]

(2) 권한

이사회는 ① 주주총회의 승인을 요하는 사항의 제안, ② 대표이사의 선임 및 해임, ③ 위원회의 설치와 그 위원의 선임 및 해임, ④ 정관에서 정하는 사항 등 네가지 경우를 제외하고는 그 권한을 위원회에 위임할 수 있다(상법 제393조의2 제2항).

이사회가 위원회를 두는 경우, 통상적으로 이사회는 법령상 이사회 자신이 처리하도록 요구되는 사항에 한하여 직접 업무를 수행하고, 기타 업무는 위원회에서 수행하게 한다. 이처럼 이사회가 위원회에 자신의 권한사항 중에서 일부를 위임하여 처리하게 하는 경우에, 그 위원회의 결의에 대해서는 이사회의 결의와 동일한 효력을 인정하여 위원회가 실질적인 기능을 수행할 수 있도록 하여야 한다.

위원회는 결의된 사항을 각 이사에게 통지하여야 하며, 이 경우 이를 통지받은 각 이사는 이사회의 소집을 요구할 수 있으며, 이사회는 위원회가 결의한 사항에 대하여 다시 결의할 수 있다(상법 제393조의2 제4항).

이사회내 위원회의 결의는 원래 이사회가 결정할 사항을 위원회에 위임하여 이루어지는 것이므로 위원회의 결의에 대해서는 각 이사가 감시의무를 지며 이사회가 감독권을 갖는 것으로 해석된다.[92)] 이에 의하면 이사는 위원회의 부당한 결의가 있는 경우 전체 이사회를 소집함으로써 감시의무를 다하게 되고, 이사회는 위원회의 부당한 결의를 번복하는 결의를 행함으로써 감독의무를 다한다고 한다. 그러므로 감사위원이 아닌 이사들은 그러한 감시의무를 다하는 한 감사위원회의 결의에 대해 원칙적으로 법률적 책임을

91) 이철송, 560면.
92) 이철송, 561-562면.

지지 않는 것으로 보아야 할 것이다.[93)]

3) 종류

이사회 내부위원회로는 감사위원회, 추천위원회, 보상위원회 등을 들 수 있다. 감사위원회는 이사와 경영진이 업무를 적법, 타당하게 처리하고 있는가에 대한 감독기능을 수행한다. 추천위원회는 최고경영자와 이사후보를 주주총회에 추천하고, 이사회의 요청에 따라 각 위원회 위원을 이사회에 추천하는 역할을 수행한다. 따라서 추천위원회는 현행 사외이사추천위원회를 대체한다. 또한 추천위원회는 당해 기업에 적용되는 지배구조 모범규준을 따르는데 있어서 선도적 역할을 수행하여야 한다. 보상위원회는 경영진에게 적절한 수준의 보상이 이루어지도록 경영진의 성과를 평가하고, 이를 기초로 경영진의 보상수준을 결정한다.[94)]

상법에서는 감사위원회설치에 대하여 규정하고 있고(상법 제415조의2), 자산 규모 등을 고려하여 대통령령으로 정하는 상장회사는 의무적으로 감사위원회를 설치하여야 한다(상법 제542조의11). 또한 대통령령으로 정하는 상장회사는 사외이사 후보를 추천하기 위하여 사외이사 후보추천위원회를 설치하여야 한다(상법 제542조의8 제4항). 그리하여 감사위원회와 사외이사추천위원회는 법에 의해 설치가 강제되지만, 집행위원회의 설치는 강제되어 있지 않은 실정이다.

사외이사추천위원회는 과반수를 사외이사로 그리고 보상위원회는 전원을 사외이사로 구성하여야 한다. 추천위원회의 역할 중 가장 중요한 것은 경영능력이 탁월한 사내이사를 추천하고, 또 독립적이며 전문성을 지닌 사외이사를 발굴하는 것이다. 따라서 기업사정에 정통한 사내이사와 독립적인 사외이사가 이러한 역할을 함께 수행한다면 추천위원회의 효율성이 극대화될 수 있을 것이다. 그러나 독립성의 유지를 위하여 사외이사의 수가 위원회에서 주도적 역할을 할 수 있는 규모이어야 하기 때문에 추천위원회의 과반수는 사외이사로 구성되어야 하며, 의장은 사외이사로 임명해야 한다. 보상위원회의 경우 동

93) 김화진, 「이사회와 사외이사의 역할에 대한 새로운 인식」, 『코스닥 저널』 2003년 봄호, 코스닥등록법인협의회, 15면.

94) 『기업지배구조모범규준』 Ⅱ. 6. 2.

위원회가 경영진을 객관적으로 평가하고 그에 따른 적절한 보상을 결정하는데 있어서 중요한 조건은 피평가자인 경영진으로부터의 독립성이다. 따라서 보상위원회의 경우 전원 사외이사로 구성되어야 할 것이다.[95] 상법에서는 상장회사의 사외이사추천위원회는 사외이사가 총위원의 2분의 1이상이 되도록 구성하여야 한다고 규정하고 있다(상법 제542조의8 제4항).

4) 문제점

위원회제도는 위임된 사항에 대하여 전문적 지식을 바탕으로 한 합리적 결정이 기대되고, 위원회가 사외이사로 구성되는 경우에는 객관적이고 공정한 결정을 할 수 있다는 장점이 있다. 그러나 위원회에서 결정한 사항에 대하여 위원과 기타 이사의 책임의 한계가 불명확하다는 점과 위원회의 위원이 아닌 이사는 위원회에 위임된 사항에 대하여 무관심하게 된다는 점이 문제된다.

상법상 위원회제도가 일단 도입은 되었지만 각종의 위원회가 효율적이고 독립적으로 기능을 발휘할 수 있는 장치를 마련하여야 할 것이다. 일본은 감사위원회, 보수위원회, 지명위원회 등 3개의 위원회를 설치한 회사는 의무적으로 집행임원제를 도입하도록 하고 있다. 또한 우리나라와 달리 3개 위원회가 결정한 사항은 이사회가 번복할 수 없도록 규정하고 있다. 우리나라에서는 3개 위원회의 설치를 의무화할 필요는 없으나 각종 위원회를 설치한 회사에 대해서는 집행임원제도를 의무적으로 도입하도록 하는 방안을 생각해 볼 수 있을 것이다.[96]

상법상 감사위원회가 3인 이상의 이사로 구성되는 것과는 달리 이사회내 위원회의 경우에는 2인 이상의 이사로도 구성할 수 있고(상법 제393조의2 제3항), 사외이사든 사내이사든 불문한다. 따라서 위원회를 사내이사만으로 구성할 수도 있으며, 이때에는 위원회가 오히려 사외이사를 배제하는 수단으로 악용될 수도 있으므로 입법론적으로 재고되어야 할 사항이다.

95) 『기업지배구조모범규준』 Ⅱ. 6. 3.
96) 최준선 · 김순석, 247면.

Ⅲ. 대표이사

1. 의의

대표이사는 회사를 대표하며, 영업에 관한 재판상 재판외의 모든 행위를 할 권한을 갖는 주식회사의 필요적 상설기관이다. 대표이사가 이사회로부터 파생된 이른바 파생기관인가 아니면 이사회로부터 독립된 독립기관인가에 대해 논란이 있다. 이사회를 유일한 업무집행기관으로 보면 대표이사는 이사회에 의하여 임면되고 또 그의 감독을 받는 이사회로부터 집행권을 위임받은 파생기관이라고 할 수 있다.[97] 그러나 이에 대하여 다수설의 입장은 독립기관이라는 견해이다. 즉 이사회는 업무집행의 의사결정을 하는 기관이고 대표이사는 그것을 집행하고 대외적으로 회사를 대표하는 기관으로서 양자는 별개의 기관이라고 보는데[98], 독립기관으로 보는 것이 타당할 것이다.

2. 선임과 종임

회사는 이사회의 결의로 회사를 대표할 이사를 선정하여야 한다. 그러나 정관으로 주주총회에서 이를 선정할 것을 정할 수 있다(상법 제389조 제1항). 또 수인의 대표이사가 공동으로 회사를 대표할 것을 정할 수 있다(상법 제389조 제2항). 이사가 1인인 소규모 주식회사의 경우에는 그 이사가 당연히 대표이사가 된다(상법 제383조 제6항).

대표이사의 선임결의만으로 당연히 대표이사가 되는 것이 아니라 선임결의와 이에 대한 피선임자의 승낙이 있어야 한다. 한편 선임기관에 의한 선임결의가 없으면 이사가 사실상 대표이사의 직무를 수행한다고 하더라도 대표이사가 되지 못한다.[99]

대표이사는 이사자격을 상실하면 종임되며, 스스로 이사직에서 사임하거나 이사회 혹은 주주총회의 해임의결로써 종임한다. 주주총회에서 해임할 때에 이사자격까지 포함

97) 채이식, 517면.
98) 정찬형, 847면; 이철송, 565면; 최준선, 422면.
99) 최준선, 423면.

하여 해임하려면 특별결의를 필요로 할 것이지만 대표권만을 박탈하는 경우에는 보통결의로 족하다. 대표이사의 퇴임으로 대표이사가 없게 되거나 정관상의 정원을 결한 경우에 퇴임한 대표이사는 새로운 대표이사가 취임할 때까지 대표이사로서의 권리의무가 있으며, 법원이 필요하다고 인정할 때에는 이해관계인의 청구로 일시 대표이사의 직무를 행할 자를 선정할 수 있다(상법 제389조 제3항, 제386조).

대법원 2004. 12. 10. 선고 2004다25123 판결

[4] 상법 제385조 제1항은 주주총회의 특별결의에 의하여 언제든지 이사를 해임할 수 있게 하는 한편, 임기가 정하여진 이사가 그 임기 전에 정당한 이유 없이 해임당한 경우에는 회사에 대하여 손해배상을 청구할 수 있게 함으로써 주주의 회사에 대한 지배권 확보와 경영자 지위의 안정이라는 주주와 이사의 이익을 조화시키려는 규정이고, 이사의 보수청구권을 보장하는 것을 주된 목적으로 하는 규정이라 할 수 없으므로, 이를 이사회가 대표이사를 해임한 경우에도 유추 적용할 것은 아니고, 대표이사가 그 지위의 해임으로 무보수, 비상근의 이사로 되었다고 하여 달리 볼 것도 아니다.

3. 권한

1) 업무집행권

대표이사는 대내적으로 회사의 업무집행권을 갖고, 대외적으로 회사의 대표권을 가진다. 대표이사는 이사회가 결정한 사항을 집행하고 이사회가 일반적·구체적으로 위임한 사항 및 일상업무에 관한 사항들을 결정하고 집행하는 권한을 가진다.

상법상 업무집행기관은 대표이사이지만 통상 회사에서는 이사에게도 대내적 업무집행권을 부여하는 경우가 많은데 이를 사내이사 또는 상근이사라고 부른다.[100] 반면 회사내부에서 업무를 담당하지 않는 이사를 사외이사 또는 비상근이사라고 한다. 대표권이 없는 이러한 업무담당이사가 대외적인 행위를 한 경우에는 회사는 선의의 제3자에 대하여

100) 전무이사 또는 상무이사 등으로 칭한다.

표현대표이사의 책임을 지게 된다(상법 제395조). 업무담당이사는 대표권이 없으나 회사는 그 자가 직무를 수행함에 있어 타인에게 가한 손해를 배상할 책임이 있다고 해석하여야 할 것이다.[101)]

2) 대표권

(1) 내용과 제한

대표이사는 회사를 대표하며, 영업에 관한 재판상 또는 재판외의 모든 행위를 할 권한을 갖는다. 회사대표권에 대하여 내부적 제한을 두더라도 그러한 제한으로서 선의의 제3자에게 대항하지 못한다(상법 제389조 제3항, 제209조). 즉 대표이사가 이 제한을 위반하여 대표행위를 하였을 때, 상대방이 대표권의 제한이 있음을 알지 못한 경우 회사가 그 거래의 무효를 주장할 수 없다. 제3자의 과실유무는 묻지 않으며 회사가 상대방의 악의를 증명해야 한다.

(2) 공동대표이사

대표이사가 수인이 있는 경우에도 수인의 대표이사는 원칙적으로 각자 독립하여 회사를 대표하지만, 회사는 대표권남용을 방지하기 위하여 수인의 대표이사가 공동으로 회사를 대표할 것을 정할 수 있다(상법 제389조 제2항). 공동대표이사의 일부가 그 대표권을 다른 공동대표이사에게 위임할 수 있는지가 문제된다. 특정한 사항에 관해 공동대표이사 전원의 합의로 의사표시만을 일부의 대표이사에게 개별적으로 위임할 수 있다고 할 수 있겠지만 포괄적으로 위임할 수 없다고 볼 것이다.

대법원 2007. 5. 31. 선고 2005다55473 판결

주식회사의 대표이사가 업무집행을 하면서 고의 또는 과실에 의한 위법행위로 타인에게 손해를 가한 경우 주식회사는 상법 제389조 제3항, 제210조에 의하여 제3자에게 손해배상책임을 부담하게 되고, 그 대표이사도 민법 제750조 또는 상법 제389조 제3항, 제210조에 의하여 주식회사와 공동불법행위책임을 부담하게 된다. 그리고 주식회사 및 대표이사 이외의

101) 정찬형, 852면; 정동윤, 413면.

다른 공동불법행위자 중 한 사람이 자신의 부담부분 이상을 변제하여 공동의 면책을 얻게 한 후 구상권을 행사하는 경우에 그 주식회사 및 대표이사는 구상권자에 대한 관계에서는 하나의 책임주체로 평가되어 각자 구상금액의 전부에 대하여 책임을 부담하여야 하고, 이는 위 대표이사가 공동대표이사인 경우에도 마찬가지이다. 따라서 공동면책을 얻은 다른 공동불법행위자가 공동대표이사 중 한 사람을 상대로 구상권을 행사하는 경우 그 공동대표이사는 주식회사가 원래 부담하는 책임부분 전체에 관하여 구상에 응하여야 하고, 주식회사와 공동대표이사들 사이 또는 각 공동대표이사 사이의 내부적인 부담비율을 내세워 구상권자에게 대항할 수는 없다.

3) 위법한 대표행위

주주총회나 이사회 결의를 요하는 사항에 대하여 결의없이 대표이사가 행한 행위 혹은 결의에 위반하여 행한 대표이사의 행위는 어떠한가? 행위가 대내적인 행위인 경우에는 언제나 무효가 될 것이나 대외적인 행위인 경우에는 거래의 안전이 문제될 것이다. 그리하여 대외적 행위는 주총결의를 요하는 사항과 이사회결의를 요하는 사항으로 나누어 생각해 볼 수 있다.

① 법률에 의해 주주총회결의를 요하는 사항인데 결의없이 대표이사가 대표행위를 한 경우 무효이다. ② 법률에 의하여 이사회결의를 요하거나 정관 등 회사 내부규칙에 의해 주주총회 혹은 이사회결의를 요하는 경우에 대표이사의 대외적 행위는 제3자가 선의인한 유효라고 본다.[102)]

4) 대표권남용행위의 효력

대표권남용행위란 외관상으로는 대표이사의 권한내의 적법한 행위이지만, 주관적으로는 자기 또는 제3자의 이익을 도모하는 행위로서 회사에 손실을 끼치는 행위를 말한다. 이러한 대외적 행위는 유효이나, 제3자가 대표권남용을 알거나 알 수 있었을 경우에는 회사가 무효를 주장할 수 있다고 하는데 그 근거에 대한 학설이 나뉘고 있다.

---

102) 정동윤, 417면; 정찬형, 856면.

(1) 비진의표시설

대표권남용행위는 원칙적으로 유효이지만, 제3자가 대표권남용을 알았거나 알 수 있었을 때에는 민법 제107조 제1항 단서를 유추적용하여 거래를 무효로 보는 견해[103]로 판례의 입장이다. 이 학설에 대한 비판으로는 민법 제107조에서 말하는 진의는 법률행위를 하려는 효과의사가 표의자의 내심에 실재하지 않는 것을 의미하는데, 권리남용에 의한 배임행위의 경우에는 법률효과를 회사에 귀속시키려는 의사가 존재하므로 본조의 유추적용 자체가 문제가 있다는 것이다.[104]

대법원 2004. 3. 26. 선고 2003다34045 판결

대표이사의 대표권한범위를 벗어난 행위라 하더라도 그것이 회사의 권리능력의 범위 내에 속한 행위이기만 하면 대표권의 제한을 알지 못하는 제3자가 그 행위를 회사의 대표행위라고 믿은 신뢰는 보호되어야 한다. 따라서 대표이사가 대표권의 범위 내에서 한 행위는 설사 대표이사가 회사의 영리목적과 관계없이 자기 또는 제3자의 이익을 도모할 목적으로 그 권한을 남용한 것이라 할지라도 일단 회사의 행위로서 유효하고, 다만 그 행위의 상대방이 대표이사의 진의를 알았거나 알 수 있었을 때에는 회사에 대하여 무효가 되는 것이다. 이는 민법상 법인의 대표자가 대표권한을 남용한 경우에도 마찬가지이다. 법인의 대표자의 행위가 직무에 관한 행위에 해당하지 아니함을 피해자 자신이 알았거나 또는 중대한 과실로 인하여 알지 못한 경우에는 법인에게 손해배상책임을 물을 수 없다고 할 것이고, 여기서 중대한 과실이라 함은 거래의 상대방이 조금만 주의를 기울였더라면 대표자의 행위가 그 직무권한 내에서 적법하게 행하여진 것이 아니라는 사정을 알 수 있었음에도 만연히 이를 직무권한 내의 행위라고 믿음으로써 일반인에게 요구되는 주의의무에 현저히 위반하는 것으로 거의 고의에 가까운 정도의 주의를 결여하고, 공평의 관점에서 상대방을 구태여 보호할 필요가 없다고 봄이 상당하다고 인정되는 상태를 말한다.

103) 채이식, 535면.
104) 최준선, 433-434면.

(2) 권리남용설

대표권남용행위는 원칙적으로 유효이지만, 제3자가 대표권남용의 사실을 알고 있었거나 중과실로 모른 경우에 회사에 권리를 주장하는 것은 신의칙위반내지 권리남용에 해당하여 허용될 수 없다고 한다.[105] 비진의표시설을 취할 때에는 과실있는 선의의 상대방이 악의의 상대방과 같이 취급된다는 점에서 특색이고, 그 밖의 점에서는 기본적으로 남용행위도 선의의 상대방에 대해서 유효하고 악의의 상대방에 대해서는 무효라는 점에서 각 설이 일치한다.[106] 대표이사와 거래한 상대방이 대리권 남용의 사실을 알고서도 어떠한 권리를 부정히 취득하고 이를 행사하는 경우는 바로 권리남용의 전형적인 경우라 할 것이다.[107]

5) 대표이사의 불법행위

대표이사가 업무집행으로 인하여 타인에게 손해를 가한 때에는 회사는 대표이사와 연대하여 배상할 책임이 있다(상법 제389조 제3항, 제210조). 회사가 타인에게 배상한 때에는 대표이사에게 구상할 수 있다. 피해자가 대표이사의 직무가 아님을 알았거나 중대한 과실로 알지 못한 경우에는 회사에 손해배상책임을 물을 수 없다.

4. 표현대표이사

1) 의의

사장, 부사장, 전무, 상무 기타 회사를 대표할 권한이 있는 것으로 인정될만한 명칭을 사용한 이사의 행위에 대하여는 그 이사가 회사를 대표할 권한이 없는 경우에도 회사는 선의의 제3자에 대하여 그 책임을 진다(상법 제395조). 표현대표이사제도의 근거에 대해서는 영미법상의 금반언의 원칙이라는 견해, 독일법상의 외관이론이라는 견해 등이 있으나 현재 두 이론이 접근하는 경향에 비추어 어느 이론에 바탕을 두더라도 큰 차이는 없을 것이다.

---

105) 이철송, 572면; 정찬형, 859면.
106) 이철송, 571면.
107) 최준선, 435면.

2) 요건

(1) 외관의 부여

회사가 대표이사로 보이는 명칭을 부여한 경우에 표현대표이사가 적용되고 행위자가 임의로 그러한 명칭을 사용한 경우는 해당되지 않는다. 회사가 표현적 명칭사용을 허용한다는 것은 명시적 혹은 묵시적으로 할 수 있다. 표현대표이사가 한 계약을 이의없이 이행하다든지 혹은 명칭사용사실을 알면서도 제재하지 않은 경우[108], 적법한 대표이사가 장기간 회사업무를 방치하고 이사 1인이 실질적인 대표이사로서 대외적 거래를 한 경우[109] 등을 들 수 있다.

(2) 외관의 사용

표현대표이사의 명칭은 사장, 부사장, 전무, 상무뿐만 아니라 회사대표권의 존재를 표시하는 것으로 인정될 만한 것으로 이러한 명칭이 표현대표이사의 명칭에 해당하는가라는 것은 구체적인 상황과 거래통념에 따라 결정되어야 한다. 표현대표이사가 최소한 이사임을 요하는지에 대하여 이사가 아닌 자가 대표행위를 한 경우에도 상법 제395조를 유추적용하여야 할 것이다. 어음행위와 같은 요식행위에서는 표현적 명칭과 성명을 기재하는 것이나, 불요식행위인 경우에는 상대방에게 자기가 대표권한 있는 것으로 인식시키는 것으로 충분하다.[110]

대법원 2009. 3. 12. 선고 2007다60455 판결

상법 제395조의 규정은 표시에 의한 금반언의 법리나 외관이론에 따라 대표이사로서의 외관을 신뢰한 제3자를 보호하기 위하여 그와 같은 외관의 존재에 관하여 귀책사유가 있는 회사로 하여금 선의의 제3자에 대하여 그들의 행위에 관한 책임을 지도록 하려는 것으로, 회사가 이사의 자격이 없는 자에게 표현대표이사의 명칭을 사용하게 허용한 경우는 물론, 이사의 자격도 없는 사람이 임의로 표현대표이사의 명칭을 사용하고 있는 것을 알면서도

108) 대법원 2005. 9. 9. 선고 2004다17702 판결.
109) 대법원 1988. 10. 11. 선고 86다카2936 판결.
110) 이철송, 581면; 정찬형, 869면.

아무런 조치를 취하지 아니한 채 그대로 방치하여 소극적으로 묵인한 경우에도 위 규정이 유추적용되는 것으로 해석함이 상당하다(대법원 1998. 3. 27. 선고 97다34709 판결 등 참조). 한편 주주총회를 소집, 개최함이 없이 의사록만을 작성한 주주총회결의로 대표자로 선임된 자의 행위에 대하여 의사록 작성으로 대표자격의 외관이 현출된 데에 대하여 회사에 귀책사유가 있음이 인정될 경우 상법 제395조에 따라 회사에게 그 책임을 물을 수 있고(대법원 1992. 8. 18. 선고 91다14369 판결 등 참조), 이 경우 의사록을 작성하는 등 주주총회결의의 외관을 현출시킨 자가 사실상 회사의 운영을 지배하는 자인 경우와 같이 주주총회결의 외관 현출에 회사가 관련된 것으로 보아야 할 경우에는 회사에 귀책사유가 있다고 인정할 수 있을 것이다.

(3) 제3자의 신뢰

제3자가 행위자에게 대표권이 없는 것을 알지 못하여야 한다. 여기서 선의의 제3자는 과실이 있는 경우도 포함된다. 그러나 중대한 과실이 있는 경우까지 포함할 것인가에 대하여 대법원 판례는 중대한 과실이 있는 자는 선의의 제3자에 포함되지 않는다고 한다.

대법원 2003. 7. 22. 선고 2002다40432 판결

[1] 상법 제395조는 표현대표이사가 자기의 명칭을 사용하여 법률행위를 한 경우는 물론이고 자기의 명칭을 사용하지 아니하고 다른 대표이사의 명칭을 사용하여 행위를 한 경우에도 유추적용되고, 이와 같은 대표권 대행의 경우 제3자의 선의나 중과실은 표현대표이사의 대표권 존부에 대한 것이 아니라 대표이사를 대행하여 법률행위를 할 권한이 있느냐에 대한 것이다.

[2] 상법 제395조가 규정하는 표현대표이사의 행위로 인한 주식회사의 책임이 성립하기 위하여는 법률행위의 상대방이 된 제3자의 선의 이외에 무과실까지도 필요로 하는 것은 아니지만, 그 규정의 취지는 회사의 대표이사가 아닌 이사가 외관상 회사의 대표권이 있는 것으로 인정될 만한 명칭을 사용하여 거래행위를 하고, 이러한 외관이 생겨난 데에 관하여 회사에 귀책사유가 있는 경우에 그 외관을 믿은 선의의 제3자를 보호함으로써 상거래의

신뢰와 안전을 도모하려는 데에 있다 할 것인바, 그와 같은 제3자의 신뢰는 보호할 만한 가치가 있는 정당한 것이어야 할 것이므로 설령 제3자가 회사의 대표이사가 아닌 이사가 그 거래행위를 함에 있어서 회사를 대표할 권한이 있다고 믿었다 할지라도 그와 같이 믿음에 있어서 중대한 과실이 있는 경우에는 회사는 그 제3자에 대하여는 책임을 지지 아니하고, 여기서 제3자의 중대한 과실이라 함은 제3자가 조금만 주의를 기울였더라면 표현대표이사의 행위가 대표권에 기한 것이 아니라는 사정을 알 수 있었음에도 만연히 이를 대표권에 기한 행위라고 믿음으로써 거래통념상 요구되는 주의의무에 현저히 위반하는 것으로, 공평의 관점에서 제3자를 구태여 보호할 필요가 없다고 봄이 상당하다고 인정되는 상태를 말한다.

3) 효과와 적용범위

상법 제395조가 적용되는 경우에 표현대표이사가 한 행위에 대하여 회사는 대표권이 있는 대표이사의 행위와 같이 제3자에 대하여 책임을 신나. 그러니 이러한 책임은 법률행위에 대해서만 적용되고 불법행위에는 적용되지 않으며, 민법 제35조 혹은 제756조에 의하여 회사가 책임을 부담하게 된다.

4) 관련문제

(1) 민법상 표현대리와의 관계

표현대표이사와 민법상 표현대리(민법 제125조, 제126조, 제129조)를 비교하면 상법의 표현대표이사규정은 민법에 대한 특칙이며 상법 제395조는 민법상 표현대리보다 제3자를 더 광범위하게 보호한다. 즉, 상법 제395조의 표현대표이사제도는 과실 있는 제3자도 보호하고 있지만, 민법상 표현대리는 과실있는 제3자를 보호하지 않는다. 또 표현대표이사와 표현지배인(상법 제14조)을 비교하면, 표현지배인은 회사의 사용인이 지배권이 없으면서 본점 또는 지점의 영업주임 기타 유사한 명칭을 사용하고 그러한 명칭사용에 회사의 귀책사유가 있으면 회사는 표현지배인책임을 지는데 대하여, 표현대표이사는 회사의 사용인이 대표권이 없으면서 사장, 부사장, 전무, 상무, 기타 회사를 대표할 만한 권한이 있는 것으로 인정될 만한 명칭을 사용하고 그러한 명칭사용에 회사의 귀책사유가 있으면 회사는 표현대표이사책임을 지는 것이다.

(2) 부실등기의 공신력과의 관계

대표이사를 선임하지 않고도 선임한 것으로 하여 등기한 경우 혹은 대표이사가 퇴임한 후 퇴임등기를 하지 않은 동안 회사를 대표하여 제3자와 거래행위를 한 경우, 상법 제39조의 부실등기책임을 적용할 것인가 아니면 상법 제395조의 표현대표이사책임을 적용할 것인가가 문제된다. 판례에 의하면 부실등기책임은 적법한 등기신청권자에게 고의 또는 과실이 있는 경우 적용되는 책임이고, 표현대표이사책임은 회사가 표현대표자의 명의사용을 명시적 또는 묵시적으로 인정하였을 것을 요구하는 것이다. 등기신청권자의 고의·과실 없이 회사의 이사 또는 감사가 주주총회의사록 등을 위조하여 대표이사 변경등기를 하고, 위조에 의해 등기된 대표이사가 제3자와 거래행위를 한 경우 대법원은 상법 제39조의 적용을 배척하고 상법 제395조를 유추적용하였다.[111] 그러나 굳이 상법 제395조를 유추적용할 것이 아니라 상법 제39조를 적용하여야 할 것이다. 대법원은 아래와 같이 등기신청권자의 고의·과실이 없어도 상법 제39조의 적용을 긍정하는 판결을 하였다.

대법원 2004. 2. 27. 선고 2002다19797 판결

이사 선임의 주주총회결의에 대한 취소판결이 확정된 경우 그 결의에 의하여 이사로 선임된 이사들에 의하여 구성된 이사회에서 선정된 대표이사는 소급하여 그 자격을 상실하고, 그 대표이사가 이사 선임의 주주총회결의에 대한 취소판결이 확정되기 전에 한 행위는 대표권이 없는 자가 한 행위로서 무효가 된다.

이사 선임의 주주총회결의에 대한 취소판결이 확정되어 그 결의가 소급하여 무효가 된다고 하더라도 그 선임 결의가 취소되는 대표이사와 거래한 상대방은 상법 제39조의 적용 내지 유추적용에 의하여 보호될 수 있으며, 주식회사의 법인등기의 경우 회사는 대표자를 통하여 등기를 신청하지만 등기신청권자는 회사 자체이므로 취소되는 주주총회결의에 의하여 이사로 선임된 대표이사가 마친 이사 선임 등기는 상법 제39조의 부실등기에 해당된다.

---

111) 대법원 1975. 5. 27. 선고 74다1366 판결; 대법원 1985. 6. 11. 선고 84다카962 판결.

(3) 공동대표이사와의 관계

공동대표이사 중 1인이 제3자에 대하여 단독대표행위를 하고 제3자가 그러한 공동대표이사에게 단독으로 대표할 수 있는 권한이 있다고 믿은 경우에 상법 제395조를 적용할 수 있는가에 대하여 회사가 1인에게 대표이사라는 명칭을 사용할 것을 허락한 경우에는 회사의 귀책사유가 있다고 보아야 할 것이며, 통설[112]과 판례[113]에서도 상법 제395조의 적용을 긍정한다.

표현대표이사가 대표이사의 명의로 대표권이 없으면서 대표권에 속하는 행위를 제3자와 한 경우는 무권대행이나 위조의 문제가 되는데, 이런 경우에도 상법 제395조가 적용되는가에 관하여는 학설의 대립이 있다. 왜냐하면 표현대표이사는 자기의 명칭을 사용하는 것임에 비해, 이 경우는 타인인 대표이사의 명칭을 사용하기 때문에 무권대행 내지 위조의 문제가 되기 때문이다. 무권대행 내지 위조의 경우 회사에 귀책사유가 있다면 민법상 표현대리에 관한 규정을 유추적용하여 회사에 책임을 인정해야 할 것이다. 기본적 대리권이 있다면(상무이사, 경리부장 등) 민법 제126조가 적용되고, 기본적 대리권이 없다면 민법 제756조(사용자책임)가 적용될 것이다.

Ⅳ. 이사의 의무

1. 선관주의의무와 충실의무

이사는 회사와 위임관계에 있으므로 선량한 관리자의 주의의무(선관주의의무)를 진다고 한다. 1998년 개정상법은 충실의무에 관한 조문을 신설하여(상법 제382조의3) 이사는 법령과 정관의 규정에 따라 회사를 위하여 그 직무를 충실하게 수행하여야 한다고 규정하고 있다. 그러나 이러한 추상적인 문구만으로는 그 입법취지를 정확히 알기 어려운 측면이 있다. 이에 대하여 영미법에서의 신인의무(fiduciary duty)와 같은 보다 폭넓은 의무를 부여할

112) 이철송, 585면; 정찬형, 866면; 최준선, 451면.
113) 대법원 1993. 12. 28. 선고 93다47653 판결.

필요성 때문에 입법된 것이라고 보는 견해도 있다. 즉 현행법상 주의의무제도만으로 복잡·다양한 경제환경에 처해 있는 회사에서 이사의 적정한 임무수행을 보장하기 어려우므로 영미법상의 신인의무와 같은 폭 넓은 의무를 부여할 필요성이 있는 것이다.

충실의무가 명문규정으로 도입된 이후 이사가 부담하는 선관주의의무와 충실의무와의 관계에 대하여 이를 동질적인 것으로 보거나 충실의무가 주의의무를 구체화한 표현에 불과하다고 보는 견해[114]가 있다. 이에 대하여 우리 상법이 영미법상의 이사회제도를 도입하여 이사회의 권한을 확대하였고 따라서 이사의 의무와 책임을 강화할 필요가 있으며, 또한 이사의 충실의무가 개인관계적 측변에서 회사의 이익을 우선해야 할 의무이므로 이사가 기관관계적 측면에서 상당한 주의를 기울여야 할 의무인 선관주의의무와는 서로 다른 이질적인 의무로 보는 것이 타당하다는 견해[115]도 있다.

주의의무와 충실의무가 분리되어야 한다는 주장은 상법상 이사와 회사와의 관계가 민사관계에서의 위임과는 다르다는 전제하에서 시작되어야 한다. 이러한 구별에 관하여 법규정에서 명시적으로 밝히고 있지는 않지만, 실제로 여러 가지 면에서 차이가 있다. 주의의무는 회사의 업무결정과 관계가 있는 것이며 충실의무는 회사의 업무결정과 이사의 개인적인 이해관계의 충돌이 일어나는 경우에 적용되는 개념으로 보는 것이 보편적이다.

영미법에서는 주의의무와 충실의무에 대하여 보다 더 실질적인 면에서 접근하여 구분하고 있다. 즉 의무위반의 경우 그 책임을 추궁하는 면에서 차이가 있다고 본다. 주의의무의 위반이 이사의 건전한 경영판단에서 벗어난 결과로써 야기되었다면 법원이 관여하지 않더라도 여러 가지 방법으로 경영진에게 책임추궁이 가능하지만, 충실의무의 위반에 대하여는 이사의 경영판단과는 직접적으로 관련이 없는 자기거래의 경우에 발생하기 때문에 주의의무위반에서와 같은 책임을 추궁하기가 쉽지 않다는 문제점이 있다.

소송수행의 면에서 볼 때에도 주의의무 위반에는 이사가 경영판단의 원칙(The Business Judgement Rule)에 의하여 업무를 수행했다는 추정을 받게 된다. 따라서 원고가 이사의 의무위반사실을 입증하여야 하고, 주의의무 위반의 경우에는 경영판단의 원칙의 작용으

114) 정찬형, 873면; 이철송, 601면, 다만 주의의무의 규범을 운영함에 있어 영미법상의 신인의무의 규범원리를 원용하는 해석근거로 삼을 여지는 있다고 한다; 최준선, 457면.

115) 정동윤, 431-433면.

로 말미암아 충실의무 위반의 경우보다 원고인 주주의 부담이 증가된다. 그러므로 주의의무와 충실의무는 그 성격이 다르고 법률적 고려가 달라지기 때문에 상이한 원칙을 설정하여야 할 필요가 있다.

대법원 2006. 7. 6. 선고 2004다8272 판결

금융기관이 보험감독원으로부터 계열사에 대한 담보대출에 관하여 추가 담보가 필요하다는 감사지적을 받고 오히려 그 담보대출을 신용대출로 전환하면서 계열사의 담보제공능력 및 대출금상환능력의 유무, 신용대출전환이 보험감독원의 감사지적사항을 시정하는 통상의 합리적인 방법인지 여부, 신용대출규정 및 기업체종합평가표 작성기준 등에 비추어 계열사에 대한 기업평가가 적정한지 여부 등을 객관적인 자료 등을 통해 실질적으로 확인하지 않은 경우, 위 신용대출전환에 관여한 금융기간의 임원들이 선관의무 또는 충실의무를 해태하지 않았다고 난성할 수 없나고 한 사례.

2. 경업금지의무

1) 의무의 내용

이사는 이사회의 승인이 없으면 자기 또는 제3자의 계산으로 회사의 영업부류에 속한 거래를 하거나 동종영업을 목적으로 하는 다른 회사의 무한책임사원이나 이사가 되지 못하는데 이를 경업피지의무라 한다(상법 제397조 제1항). 이사의 경업피지의무가 상업사용인의 경업피비의무와 다른 점은 상업사용인은 다른 모든 회사의 무한책임사원·이사 또는 다른 상인의 사용인이 되지 못하는데 비해, 이사는 동종영업을 목적으로 하는 다른 회사의 무한책임사원·이사가 되지 못한다고 한다.

2) 의무위반의 효과

이사가 경업피지의무에 위반하여 거래를 한 경우에 회사는 이사회의 결의로 그 이사의 거래가 자기의 계산으로 한 것인 때에는 이를 회사의 계산으로 한 것으로 볼 수 있고 제3자의 계산으로 한 것인 때에는 그 이사에 대하여 이로 인한 이득의 양도를 청구할

수 있는데(상법 제397조 제2항), 이를 개입권이라고 한다. 개입권은 거래가 있은 날로부터 1년을 경과하면 소멸한다(상법 제397조 제3항).

이사가 경업금지의무에 위반한 경우에 위반한 거래 자체는 유효하나 회사는 그 이사를 해임할 수 있고 그 이사에 대하여 손해배상을 청구할 수 있으며, 이와 별개로 개입권도 행사할 수 있다.

3. 자기거래금지

1) 자기거래의 개념

이사는 이사회의 승인이 있는 때에 한하여 자기 또는 제3자의 계산으로 회사와 거래를 할 수 있다(상법 제398조). 이사와 회사간의 모든 거래가 여기에 해당하는 것이 아니라 그 실질에 의하여 이사와 회사간의 이해충돌을 생기게 할 염려가 있는 모든 재산상의 법률행위가 여기에 해당한다. 그러므로 이해충돌의 여지가 없는 회사에 대한 부담없는 증여 등은 여기서 말하는 자기거래에 해당되지 않는다.

자기거래가 어음행위를 포함하는가에 대하여 학설이 나뉘고 있다. 어음행위는 거래의 수단에 불과하므로 성질상 이해충돌의 문제가 없으므로 이사회 승인을 요하지 않는다는 견해가 있다. 그러나 어음행위는 원인관계와 다른 새로운 채무를 발생시키고 항변의 절단, 독립성 등으로 어음행위자는 더 엄격한 채무를 부담하게 되고 당사자 간에 이해충돌의 여지가 있으므로 어음행위는 제한되는 자기거래에 포함된다고 보는 것이 타당할 것이다.[116)]

2) 이사회의 승인

이사의 자기거래는 이사회의 승인을 요한다. 이사회의 승인은 통상의 결의방법에 따르며 거래당사자가 되는 당해 이사는 특별한 이해관계가 있는 자이므로 의결권행사를 하지 못한다. 승인기관은 이사회에 한하고 정관규정에 의해 주주총회결의사항으로 할

---

116) 이철송, 641면; 정찬형, 879면; 최준선, 465면.

수 없다고 본다. 이사회의 승인은 사전에 행하여야 하는 것이 원칙이며[117], 승인은 개개의 거래에 대하여 이루어져야 하고 포괄적 승인은 허용되지 않는다. 다만 반복하여 이루어지는 동종·동형의 거래에 관해서는 기간·한도 등을 합리적인 범위로 정하여 포괄적 승인은 허용하는 것도 무방하다고 본다.[118]

대법원 2007. 5. 10. 선고 2005다4284 판결

[1] 상법 제398조 전문이 이사와 회사 사이의 거래에 관하여 이사회의 승인을 얻도록 규정하고 있는 취지는, 이사가 그 지위를 이용하여 회사와 거래를 함으로써 자기 또는 제3자의 이익을 도모하고 회사 나아가 주주에게 불측의 손해를 입히는 것을 방지하고자 함에 있는바, 이사회의 승인을 얻은 경우 민법 제124조의 적용을 배제하도록 규정한 상법 제398조 후문의 반대해석상 이사회의 승인을 얻지 아니하고 회사와 거래를 한 이사의 행위는 일종의 무권대리인의 행위로 볼 수 있고 무권대리인의 행위에 대하여 추인이 가능한 점에 비추어 보면, 상법 제398조 전문이 이사와 회사 사이의 이익상반거래에 대하여 이사회의 사전 승인만을 규정하고 사후 승인을 배제하고 있다고 볼 수는 없다.

[2] 이사와 회사 사이의 이익상반거래가 비밀리에 행해지는 것을 방지하고 그 거래의 공정성을 확보함과 아울러 이사회에 의한 적정한 직무감독권의 행사를 보장하기 위해서는 그 거래와 관련된 이사는 이사회의 승인을 받기에 앞서 이사회에 그 거래에 관한 자기의 이해관계 및 그 거래에 관한 중요한 사실들을 개시하여야 할 의무가 있고, 만일 이러한 사항들이 이사회에 개시되지 아니한 채 그 거래가 이익상반거래로서 공정한 것인지 여부가 심의된 것이 아니라 단순히 통상의 거래로서 이를 허용하는 이사회의 결의가 이루어진 것에 불과한 경우 등에는 이를 가리켜 상법 제398조 전문이 규정하는 이사회의 승인이 있다고 할 수는 없다.

[3] 이사와 회사 사이의 이익상반거래에 대한 승인은 주주 전원의 동의가 있다거나 그 승인이 정관에 주주총회의 권한사항으로 정해져 있다는 등의 특별한 사정이 없는 한 이사회의

117) 판례는 이와 다른 견해를 취하고 있다. 하단에 언급된 대법원 2007. 5. 10. 선고 2005다4284 판결 참조.

118) 이철송, 642면; 정찬형, 880-881면.

전결사항이라 할 것이므로, 이사회의 승인을 받지 못한 이익상반거래에 대하여 아무런 승인 권한이 없는 주주총회에서 사후적으로 추인 결의를 하였다 하여 그 거래가 유효하게 될 수는 없다.

[4] 회사가 이익상반거래를 묵시적으로 추인하였다고 보기 위해서는 그 거래에 대하여 승인 권한을 갖고 있는 이사회가 그 거래와 관련된 이사의 이해관계 및 그와 관련된 중요한 사실들을 지득한 상태에서 그 거래를 추인할 경우 원래 무효인 거래가 유효로 전환됨으로써 회사에 손해가 발생할 수 있고 그에 대하여 이사들이 연대책임을 부담할 수 있다는 점을 용인하면서까지 추인에 나아갔다고 볼 만한 사유가 인정되어야 한다.

(3) 위반의 효과

이사가 이사회의 승인을 받지 않고 회사와 자기거래를 한 경우, 그 이사는 법령을 위반한 것으로 회사에 대하여 손해배상책임을 부담한다(상법 제399조). 이 책임은 총주주의 동의로 면제할 수 있다. 그리고 이사의 해임사유가 될 수도 있을 것이다.

이사가 이사회 승인 없이 자기거래를 한 경우에 제3자에 대한 효력이 어떠한지에 대하여는 ① 거래자체는 유효하며 다만 이사의 책임문제만 발생한다고 보는 유효설, ② 이사회 승인 없는 자기거래는 무효라는 무효설, ③ 회사와 이사간에는 무효이나 선의의 제3자에게는 유효라는 상대적 무효설 등이 있다. 대법원판례에서는 상대적 무효설을 취하고 있다.

대법원 2005. 5. 27. 선고 2005다480 판결

주식회사의 대표이사가 회사를 대표하여 대표이사 개인을 위하여 그의 개인 채권자인 제3자와 사이에 연대보증계약을 체결하는 것과 같이 상법 제398조 소정의 이사의 자기거래행위에 해당하여 이사회의 결의를 거쳐야 함에도 이를 거치지 아니한 경우라 해도, 그와 같은 이사회 결의사항은 회사의 내부적 의사결정에 불과하므로 그 거래상대방이 위 이사회 결의가 없었음을 알았거나 중대한 과실로 알지 못한 경우가 아니라면 그 거래행위는 유효하다 할 것이고[119], 이때 거래상대방이 이사회 결의가 없음을 알았거나 알 수 있었던 사정은 이를 주장하는

119) 대법원 1984. 12. 11. 선고 84다카1591 판결, 1996. 1. 26. 선고 94다42754 판결 등 참조.

회사가 주장·입증하여야 할 사항에 속하므로 특별한 사정이 없는 한 거래상대방으로서는 회사의 대표자가 거래에 필요한 회사의 내부절차는 마쳤을 것으로 신뢰하였다고 보는 것이 일반 경험칙에 부합하는 해석이라 할 것이다.[120]

대법원 2004. 3. 25. 선고 2003다64688 판결

[1] 회사의 대표이사가 이사회의 승인 없이 한 이른바 자기거래행위는 회사와 이사 간에서는 무효이지만, 회사가 위 거래가 이사회의 승인을 얻지 못하여 무효라는 것을 제3자에 대하여 주장하기 위해서는 거래의 안전과 선의의 제3자를 보호할 필요상 이사회의 승인을 얻지 못하였다는 것 외에 제3자가 이사회의 승인 없음을 알았다는 사실을 입증하여야 할 것이고, 비록 제3자가 선의였다 하더라도 이를 알지 못한 데 중대한 과실이 있음을 입증한 경우에는 악의인 경우와 마찬가지라고 할 것이며, 이 경우 중대한 과실이라 함은 제3자가 조금만 주의를 기울였더라면 그 거래가 이사와 회사간의 거래로서 이사회의 승인이 필요하다는 점과 이사회의 승인을 얻지 못하였다는 사정을 알 수 있었음에도 불구하고, 만연히 이사회의 승인을 얻은 것으로 믿는 등 거래통념상 요구되는 주의의무에 현저히 위반하는 것으로서 공평의 관점에서 제3자를 구태여 보호할 필요가 없다고 봄이 상당하다고 인정되는 상태를 말한다.

[2] 어음 할인 등 여신을 전문적으로 취급하는 은행이 대표이사의 개인적인 연대보증채무를 담보하기 위하여 대표이사 본인 앞으로 발행된 회사 명의의 약속어음을 취득함에 있어서 당시 위 어음의 발행에 관하여 이사회의 승인이 없음을 알았거나 이를 알지 못한 데 대하여 중대한 과실이 있다고 한 사례.

4) 상장회사에 대한 특칙

상장회사에 대해서는 회사와 이사 등의 거래에 대하여 회사의 이익보호를 위하여 금지하거나 제한하는 규정을 특별히 두고 있다.

상장회사는 주요주주 및 그의 특수관계인, 이사(직무집행지시자 포함), 감사를 상대방

120) 대법원 1990. 12. 11. 선고 90다카25253 판결 참조.

으로 하거나 그를 위하여 신용공여(금전 등 경제적 가치가 있는 재산의 대여, 채무이행의 보증, 자금 지원적 성격의 증권 매입, 그 밖에 거래상의 신용위험이 따르는 직접적·간접적 거래로서 대통령령으로 정하는 거래)를 하여서는 아니 된다(상법 제542조의9 제1항). 다만 복리후생을 위한 이사 또는 감사에 대한 금전대여 등으로서 대통령령으로 정하는 신용공여, 다른 법령에서 허용하는 신용공여, 그 밖에 상장회사의 경영건전성을 해칠 우려가 없는 금전대여 등으로서 대통령령으로 정하는 신용공여는 가능하다(상법 제542조의9 제2항).

자산 규모 등을 고려하여 대통령령으로 정하는 상장회사는 최대주주, 그의 특수관계인 및 그 상장회사의 특수관계인으로서 대통령령으로 정하는 자를 상대방으로 하거나 그를 위하여 단일 거래규모가 대통령령으로 정하는 규모 이상인 거래, 해당 사업연도 중에 특정인과의 해당 거래를 포함한 거래총액이 대통령령으로 정하는 규모 이상이 되는 경우의 해당 거래를 하려는 경우에는 이사회의 승인을 받아야 한다(상법 제542조의9 제3항). 이 경우 상장회사는 이사회의 승인 결의 후 처음으로 소집되는 정기주주총회에 해당 거래의 목적, 상대방, 그 밖에 대통령령으로 정하는 사항을 보고하여야 한다(상법 제542조의9 제4항).

그러나 상장회사가 경영하는 업종에 따른 일상적인 거래로서 약관에 따라 정형화된 거래로서 대통령령으로 정하는 거래, 이사회에서 승인한 거래총액의 범위 안에서 이행하는 거래는 이사회의 승인을 받지 아니하고 할 수 있으며, 후자에 해당하는 거래에 대하여는 그 거래내용을 주주총회에 보고하지 아니할 수 있다(상법 제542조의9 제5항).

5) 이사자기거래승인대상의 확대(상법개정안 제398조 제1항)

2008년 상법개정안에서는 이사자기거래승인대상을 확대하고 있다. 이사가 본인의 이익을 위하여 이사의 친인척이나 그들이 설립한 개인 회사 등을 이용하여 회사와 거래하는 경우 회사의 이익을 희생시킬 가능성이 많으므로 적절한 통제가 필요하다는 것이다. 그리하여 이사와 회사 간 자기거래의 요건을 더욱 엄격히 규정하여 이사뿐만 아니라 이사의 배우자, 이사의 직계 존·비속, 이사의 배우자의 직계 존·비속과 그들의 개인회사가 회사와 거래하는 경우까지 이사회의 승인을 받도록 규정하고, 거래의 내용이 공정하여야 한다는 요건을 추가하였다. 이와 같이 이사의 자기거래 승인대상을 확대하게 되면 이사나 이사와 밀접한 관계에 있는 자가 자기거래를 통하여 회사의 이익을 침해하면서 부당한 이득을 취하는 행위를 방지할 수 있을 것이다.

6) 회사의 사업기회 유용금지제도 신설(상법개정안 제398조 제3항)

2008년 상법개정안에 의하면 이사가 직무상 알게 된 회사의 정보를 이용하여 개인적인 이익을 취득하는 행위를 명확히 규제할 필요가 있다고 보고, 이사가 직무를 수행하는 과정에서 알게 된 정보 또는 회사가 수행하고 있거나 수행할 사업과 밀접한 관계가 있는 사업기회를 제3자에게 이용하도록 하는 경우에도 이사회의 승인을 받도록 하고 있다. 이와 같은 제도를 도입하게 되면 회사의 사업기회 유용에 대한 이사의 인식을 새롭게 하고 관련 위법행위에 대한 책임 근거로 활용될 수 있을 것이다.

4. 보고의무

이사는 3월에 1회 이상 업무의 집행상황을 이사회에 보고하여야 하며(상법 제393조 제4항), 이사가 이러한 보고의무에 위반하고 이로 인해 회사에 손해가 발생하면 이사는 회사에 대하여 법령위반으로 인한 손해배상책임을 진다(상법 제399조 제1항).

또한 이사는 회사에 현저하게 손해를 미칠 염려가 있는 사실을 발견한 때에는 즉시 감사에게 이를 보고하여야 한다(상법 제412조의2). 감사 또는 감사위원회는 이를 감사보고서에 기재하여야 한다(상법 제447조의4 제2항 제10호). 이것은 감사 또는 감사위원회에 의한 감사의 실시를 용이하게 하고 또한 회사의 손해를 사전에 방지할 수 있도록 감사의 실효성을 확보하기 위한 방안의 하나로 인정된 것이다. 이로 인하여 이사는 감사 또는 감사위원회의 요구가 없더라도 스스로 하여야 하는 적극적인 보고의무를 부담하게 되었다.[121]

---

121) 정찬형, 885면.

5. 비밀유지의무

이사는 재임 중 뿐만 아니라 퇴임 후에도 직무상 알게 된 회사의 영업상 비밀을 누설해서는 아니 된다(상법 제382조의4). 즉 이사는 자신이 알고 있는 회사의 기업비밀을 공개하지 않아야 하는데, 이를 수비의무라고도 한다. 그런데 이사의 이러한 비밀유지의무는 회사에 존재하는 적법한 권리나 사실관계에 대해서만 인정된다. 이러한 이사의 비밀유지의무의 상대방에는 주주도 포함되는데, 주주는 주주총회에서 이사에 대해 설명청구권을 행사할 수 있어 양자의 관계가 문제된다. 그러나 이 경우에도 공개로 인해 공익이나 회사의 이익을 침해할 수 있는 사항에 대해서는 이사가 비밀유지의무에 근거하여 그 설명을 거부해야 한다고 보고 있다.[122]

6. 감시의무

이사는 감시의무를 진다. 주식회사의 이사는 이사회의 일원으로서 이사회에 상정된 의안에 대하여 찬부의 의사표시를 하는 데에 그치지 않고, 담당업무는 물론 다른 업무담당이사의 업무집행을 전반적으로 감시할 의무가 있다. 그러므로 주식회사의 이사가 다른 업무담당이사의 업무집행이 위법하다고 의심할 만한 사유가 있음에도 불구하고 이를 방치한 때에는 이로 말미암아 회사가 입은 손해에 대하여 배상책임을 면할 수 없다.

대표이사는 전체 이사의 업무집행을 감시할 의무가 있다고 보아야 하고, 특히 공동대표이사의 경우에는 각 대표이사가 상호 감시의무를 진다고 보아야 할 것이다. 한편 회사의 일상적인 업무집행에서 배제되어 있는 비상근 평이사가 감시의무를 부담하느냐가 문제된다. 비상근 평이사도 이사회에 부의된 안건에 대해서 감시의무를 진다고 본다. 다만 이사회에 부의되지 아니한 사항에 대해서도 감시의무를 지느냐 하는 점이 문제되는데, 현재의 통설과 판례는 평이사도 이사회의 구성원이라는 점, 이사의 일반적인 선관주의의무를 부담한다는 점을 근거로 평이사의 일반적·능동적인 감시의무를 인정하고 있다.

122) 이철송, 598면.

그런데 평이사가 구체적으로 어느 정도까지 감시의무를 지느냐 하는 점에 대해서는 견해의 대립이 있으나, 판례는 평이사가 업무담당이사의 부정을 의심할만한 사유가 있고, 이를 알 수 있었음에도 불구하고 방치한 때에는 감시의무를 위반한 것이라고 하며 절충적 입장을 취하고 있다.

대법원 2008. 12. 11. 선고 2005다51471 판결

주식회사의 이사는 이사회의 일원으로서 이사회에 상정된 의안에 대하여 찬부의 의사표시를 하는데 그치지 않고, 담당업무는 물론 다른 업무담당 이사의 업무집행을 전반적으로 감시할 의무가 있고 이러한 의무는 비상근 이사라고 하여 면할 수 있는 것은 아니므로 주식회사의 이사가 이사회에 참석하지도 않고 사후적으로 이사회의 결의를 추인하는 등으로 실질적으로 이사의 임무를 전혀 수행하지 않은 이상 그 자체로서 임무해태가 된다고 할 것이다.

대법원 2008. 9. 11. 선고 2006다68636 판결

대표이사는 이사회의 구성원으로서 다른 대표이사를 비롯한 업무담당이사의 전반적인 업무집행을 감시할 권한과 책임이 있으므로, 다른 대표이사나 업무담당이사의 업무집행이 위법하다고 의심할 만한 사유가 있음에도 악의 또는 중대한 과실로 인하여 감시의무를 위반하여 이를 방치한 때에는 그로 말미암아 제3자가 입은 손해에 대하여 배상책임을 면할 수 없다. 이러한 감시의무의 구체적인 내용은 회사의 규모나 조직, 업종, 법령의 규제, 영업상황 및 재무상태에 따라 크게 다를 수 있는바, 고도로 분업화되고 전문화된 대규모의 회사에서 공동대표이사와 업무담당이사들이 내부적인 사무분장에 따라 각자의 전문 분야를 전담하여 처리하는 것이 불가피한 경우라 할지라도 그러한 사정만으로 다른 이사들의 업무집행에 관한 감시의무를 면할 수는 없고, 그러한 경우 무엇보다 합리적인 정보 및 보고시스템과 내부통제시스템을 구축하고 그것이 제대로 작동하도록 배려할 의무가 이사회를 구성하는 개개의 이사들에게 주어진다는 점에 비추어 볼 때, 그러한 노력을 전혀 하지 아니하거나, 위와 같은 시스템이 구축되었다 하더라도 이를 이용한 회사 운영의 감시·감독을 의도적으로 외면한 결과 다른 이사의 위법하거나 부적절한 업무집행 등 이사들의 주의를 요하는 위험이나 문제점을 알지 못한 경우라면, 다른 이사의 위법하거나 부적절한 업무집행을 구체적으로

알지 못하였다는 이유만으로 책임을 면할 수는 없고, 위와 같은 지속적이거나 조직적인 감시 소홀의 결과로 발생한 다른 이사나 직원의 위법한 업무집행으로 인한 손해를 배상할 책임이 있다.

7. 이사회 출석의무

이사회의 결의에 있어서 이의를 한 기재가 의사록에 없는 이사는 결의에 찬성한 것으로 추정된다(상법 제399조 제3항). 그러나 결의에 불참한 이사의 경우 결의에 찬성할 수가 없으므로 결의에의 불참은 이사의 법적책임을 발생시키지 않는 수단이 된다. 원칙적으로 이사의 이사회 불참은 회사와 그 이사간의 다른 차원에서의 문제를 발생시키는 것은 별론으로 하고 법적 책임을 발생시키지는 않는다. 다만 상습적인 이사회 불참은 해임사유가 될 것이다. 기권이나 중립의 표명은 상법 제399조 제3항이 말하는 이의로 해석해야 할 것이다. 한편, 주식회사의 이사는 불참한 이사회가 회사에 손해를 발생시키는 결의를 하였다 해도 불참 자체를 임무해태로 보아 결의에 찬성한 이사들과 함께 연대하여 책임을 부담한다고 볼 수는 없으나 다른 이사들이 부당한 결의를 한다는 사실을 알고 있었거나 알 수 있었음에도 불구하고 이사회에 참석하여 그를 시정하려는 노력을 하지 않았음이 입증된다면 그로부터 해당 이사에게는 법률적 책임이 발생할 수도 있을 것이다.

Ⅴ. 이사의 책임

1. 회사에 대한 책임

1) 손해배상책임

(1) 의의

이사가 법령 또는 정관에 위반한 행위를 하거나 그 임무를 해태한 때에는 그 이사는 회사에 대하여 연대하여 손해를 배상할 책임이 있으며(상법 제399조 제1항), 그 행위가 이사회의 결의에 의한 것인 때에는 그 결의에 찬성한 이사도 책임이 있다(상법 제399조 제2항). 결의에 참가한 이사로서 이의를 한 기재가 의사록에 없는 자는 그 결의에 찬성한 것으로 추정한다(상법 제399조 제3항).

(2) 책임의 원인

이사가 개별적 구체적인 법령 또는 정관의 규정에 위반한 행위의 예로는 자기주식의 취득, 위법배당결의안의 제출, 이사회 승인없이 행한 자기거래, 경업피지의무위반 등을 들 수 있다. 이사의 법령 또는 정관에 위반한 행위에 대하여 과실책임인지 무과실책임인지에 대하여는 학설이 나뉘고 있으나 과실책임이라고 보아야 할 것이다.[123] 다만 이사가 법령이나 정관을 위반하면 과실이 추정되므로 무과실의 입증책임은 이사가 부담한다.

이사의 회사에 대한 손해배상책임의 또 다른 원인인 임무해태는 이사가 직무수행과 관련하여 선량한 관리자의 주의의무를 게을리하여 회사에 손해를 가하거나 손해를 방지하지 못한 경우를 말하는 것으로 과실책임이다. 예컨대 감시의무를 소홀히 한 경우, 이사의 조사불충분으로 대차대조표를 잘못 작성하여 부당한 이익배당을 한 경우 등이다. 임무해태에 관한 주의의무의 정도와 관련하여 또 다른 논란이 있다. 일반적으로 이사는 조직법적으로 본다면 다수의 출자자(주주)로부터 회사의 운영에 대하여 권한을 위임받은 회사의 경영책임자이므로 당연히 업무수행에 있어서 그 주의의 정도도 일반인에 비하여 높다고 보아야 하는 측면도 있고, 한편으로는 회사의 업종이나 규모 등에 따라 그 주의의 정도에 있어서 상이한 취급을 할 필요성이 있지 않는지에 대한 문제도 검토해 보아야 한다고 본다.[124]

이사가 법령에 위반한 행위를 하였다면, 이사가 임무를 수행함에 있어서 선관주의의무를 위반하여 임무해태로 인한 손해배상책임이 문제되는 경우에 고려될 수 있는 경영판단의 원칙은 적용될 여지가 없다.

123) 2008년 상법개정안에서는 과실책임으로 명문으로 규정하였다.
124) 이철송, 607면.

대법원 2007. 7. 26. 선고 2006다33685 판결

상법 제399조는 이사가 법령에 위반한 행위를 한 경우에 회사에 대하여 손해배상책임을 지도록 규정하고 있는데, 이사가 임무를 수행함에 있어서 위와 같이 법령에 위반한 행위를 한 때에는 그 행위 자체가 회사에 대하여 채무불이행에 해당되므로 이로 인하여 회사에 손해가 발생한 이상, 특별한 사정이 없는 한 손해배상책임을 면할 수 없다. 한편, 이사가 임무를 수행함에 있어서 선량한 관리자의 주의의무를 위반하여 임무위반으로 인한 손해배상책임이 문제되는 경우에도, 통상의 합리적인 금융기관의 임원이 그 당시의 상황에서 적합한 절차에 따라 회사의 최대이익을 위하여 신의성실에 따라 직무를 수행하였고 그 의사결정과정 및 내용이 현저하게 불합리하지 않다면, 그 임원의 행위는 경영판단의 허용되는 재량범위 내에 있다고 할 것이나, 위와 같이 이사가 법령에 위반한 행위에 대하여는 원칙적으로 경영판단의 원칙이 적용되지 않는다고 할 것이다.

(3) 손해배상책임의 내용

법령이나 정관에 위반한 행위 또는 임무해태가 이사회의 결의에 의한 것인 때에는 그 결의에 찬성한 이사도 책임이 있으며, 이사회 결의에 참가한 이사로서 이의를 한 기재가 의사록에 없는 자는 그 결의에 찬성한 것으로 추정한다(상법 제399조 제2항, 제3항). 여기서 말하는 이사에는 대표이사 뿐만 아니라 대표권이 없는 이사, 등기부상으로 이사등기만 되어 있는 명목상의 이사 등을 포함하는 것이다.

대법원 2005. 10. 28. 선고 2003다69638 판결

[1] 상법 제399조는 이사가 법령에 위반한 행위를 한 경우에 회사에 대하여 손해배상책임을 지도록 규정하고 있는바, 이사가 회사에 대하여 손해배상책임을 지는 사유가 되는 법령에 위반한 행위는 이사로서 임무를 수행함에 있어서 준수하여야 할 의무를 개별적으로 규정하고 있는 상법 등의 제 규정과 회사가 기업활동을 함에 있어서 준수하여야 할 제 규정을 위반한 경우가 이에 해당된다고 할 것이고, 이사가 임무를 수행함에 있어서 위와 같은 법령에 위반한 행위를 한 때에는 그 행위 자체가 회사에 대하여 채무불이행에 해당되므로 이로 인하여 회사에 손해가 발생한 이상, 특별한 사정이 없는 한 손해배상책임을 면할 수는 없다 할

것이며, 위와 같은 법령에 위반한 행위에 대하여는 이사가 임무를 수행함에 있어서 선관주의 의무를 위반하여 임무해태로 인한 손해배상책임이 문제되는 경우에 고려될 수 있는 경영판단의 원칙은 적용될 여지가 없다.

[2] 회사가 기업활동을 함에 있어서 형법상의 범죄를 수단으로 하여서는 안 되므로 뇌물공여를 금지하는 형법규정은 회사가 기업활동을 함에 있어서 준수하여야 할 것으로서 이사가 회사의 업무를 집행하면서 회사의 자금으로서 뇌물을 공여하였다면 이는 상법 제399조에서 규정하고 있는 법령에 위반된 행위에 해당된다고 할 것이고 이로 인하여 회사가 입은 뇌물액 상당의 손해를 배상할 책임이 있다.

[3] 회사가 소유하는 자산을 매각하는 때에는 처분이익을 극대화하거나 처분손실을 극소화하는 방향으로 거래가격을 결정하여야 할 것이므로 비상장주식을 매도하는 경우에 있어서 객관적 교환가치가 적정하게 반영된 정상적인 거래의 실례가 있는 경우에는 그 거래가격을 시가로 보아 주식의 가액을 평가하여야 할 것이나, 그러한 거래사례가 없는 경우에는 비상장주식의 평가에 관하여 보편적으로 인정되는 방법(순자산가치방식, 수익가치방식, 유사업종비교방식 등)에 의하여 평가한 가액을 토대로, 당해 거래의 특수성을 고려하여 객관적 교환가치를 반영한 적정거래가액을 결정하여야 할 것인바, 회사가 소유하고 있는 비상장주식을 매도하는 업무를 담당하는 이사들이 당해 거래의 목적, 거래 당시 당해 비상장법인의 상황, 당해 업종의 특성 및 보편적으로 인정되는 평가방법에 의하여 주가를 평가한 결과 등 당해 거래에 있어서 적정한 거래가액을 도출하기 위한 합당한 정보를 가지고 회사의 최대이익을 위하여 거래가액을 결정하였고, 그러한 거래가액이 당해 거래의 특수성을 고려하더라도 객관적으로 현저히 불합리하지 않을 정도로 상당성이 있다면 선량한 관리자의 주의의무를 다한 것으로 볼 수 있을 것이나, 그러한 합리성과 상당성을 결여하여 회사가 소유하던 비상장주식을 적정가액보다 훨씬 낮은 가액에 매도함으로써 회사에게 손해를 끼쳤다면 그로 인한 회사의 손해를 배상할 책임이 있다.

[4] 이사가 회사가 보유하고 있는 비상장주식을 매도하면서 그 매도에 따른 회사의 손익을 제대로 따져보지 않은 채 당시 시행되던 상속세법 시행령만에 근거하여 주식의 가치를 평가함으로써 적정가격보다 현저히 낮은 가액으로 거래가액을 결정하기에 이른 것은 회사의 손해를 묵인 내지는 감수하였던 것이라 할 것이므로, 이러한 이사의 행위는 상법 제450조에

의하여 책임이 해제될 수 없는 부정행위에 해당한다고 한 사례.

[5] 손해배상액의 산정에 있어서 손익상계가 허용되기 위하여는 손해배상책임의 원인이 되는 행위로 인하여 피해자가 새로운 이득을 얻었고, 그 이득과 손해배상책임의 원인 행위 사이에 상당인과관계가 있어야 한다.

[6] 이사가 법령 또는 정관에 위반한 행위를 하거나 그 임무를 해태함으로써 회사에 대하여 손해를 배상할 책임이 있는 경우에 그 손해배상의 범위를 정함에 있어서는, 당해 사업의 내용과 성격, 당해 이사의 임무위반의 경위 및 임무위반행위의 태양, 회사의 손해 발생 및 확대에 관여된 객관적인 사정이나 그 정도, 평소 이사의 회사에 대한 공헌도, 임무위반행위로 인한 당해 이사의 이득 유무, 회사의 조직체계의 흠결 유무나 위험관리체제의 구축 여부 등 제반 사정을 참작하여 손해분담의 공평이라는 손해배상제도의 이념에 비추어 그 손해배상액을 제한할 수 있다.

대법원 2007. 7. 26. 선고 2006다33609 판결

[1] 금융기관의 임원은 소속 금융기관에 대하여 선량한 관리자의 주의의무를 부담하므로 그 의무를 충실히 이행하여야만 임원으로서의 임무를 다한 것이라고 할 것인바, 금융기관의 임원이 위와 같은 선량한 관리자의 주의의무에 위반하여 자신의 임무를 게을리하였는지 여부는 그 대출결정에 통상의 대출담당임원으로서 간과해서는 안 될 잘못이 있는지 여부를 제반 규정의 준수 여부, 대출의 조건과 내용, 규모, 변제계획, 담보의 유무와 내용, 채무자의 재산 및 경영상황, 성장가능성 등 여러 가지 사항에 비추어 종합적으로 판정해야 한다.

[2] 금융기관의 임원이 임무를 게을리하여 대출을 실행함으로써 금융기관에 회수하기 곤란한 손해가 이미 발생한 경우에는, 금융기관이 화의절차가 진행중인 채무자의 변제자력 등을 감안하여 채무자에게 채무를 일부 감면하여 주었다고 하더라도, 그로써 위 대출 당시 임무위반으로 인하여 회사에 손해를 끼친 이사들에 대하여 위 감면 금액 상당의 손해배상청구권을 포기하였다거나 그 손해배상청구권이 소멸한다고 볼 수도 없고, 위와 같은 약정만을 가지고 원래의 대출금채권의 내용에 따른 변제가 이루어진 것과 동일시하여 금융기관의 손해가 회복되었다고 평가할 수도 없다.

[3] 이사가 법령 또는 정관에 위반한 행위를 하거나 그 임무를 게을리함으로써 회사에 대하여 손해를 배상할 책임이 있는 경우에 그 손해배상의 범위를 정함에 있어서는, 당해 사업의 내용과 성격, 당해 이사의 임무위반의 경위 및 임무위반행위의 태양, 회사의 손해 발생 및 확대에 관여된 객관적인 사정이나 그 정도, 평소 이사의 회사에 대한 공헌도, 임무위반행위로 인한 당해 이사의 이득 유무, 회사의 조직체계의 흠결 유무나 위험관리체제의 구축 여부 등 제반 사정을 참작하여 손해분담의 공평이라는 손해배상제도의 이념에 비추어 그 손해배상액을 제한할 수 있다.

[4] 상법 제399조는 이사가 법령에 위반한 행위를 한 경우에 회사에 대하여 손해배상책임을 지도록 규정하고 있는데, 이사가 임무를 수행함에 있어서 위와 같이 법령에 위반한 행위를 한 때에는 그 행위 자체가 회사에 대하여 채무불이행에 해당하므로, 그로 인하여 회사에 손해가 발생한 이상 특별한 사정이 없는 한 손해배상책임을 면할 수 없다. 한편, 이사가 임무를 수행함에 있어서 선량한 관리자의 주의의무를 위반하여 임무위반으로 인한 손해배상책임이 문제되는 경우에도, 통상의 합리적인 금융기관의 임원이 그 당시의 상황에서 적합한 절차에 따라 회사의 최대이익을 위하여 신의성실에 따라 직무를 수행하였고 그 의사결정과정 및 내용이 현저하게 불합리하지 않다면, 그 임원의 행위는 경영판단이 허용되는 재량범위 내에 있다고 할 것이나, 위와 같이 이사가 법령에 위반한 행위에 대하여는 원칙적으로 경영판단의 원칙이 적용되지 않는다.

[5] 회사가 제3자의 명의로 회사의 주식을 취득하더라도, 그 주식 취득을 위한 자금이 회사의 출연에 의한 것이고 그 주식 취득에 따른 손익이 회사에 귀속되는 경우라면, 상법 기타의 법률에서 규정하는 예외사유에 해당하지 않는 한, 그러한 주식의 취득은 회사의 계산으로 이루어져 회사의 자본적 기초를 위태롭게 할 우려가 있는 것으로서 상법 제341조, 제625조 제2호, 제622조가 금지하는 자기주식의 취득에 해당한다.

[6] 구 종합금융회사에 관한 법률(1999. 2. 5. 법률 제5750호로 개정되기 전의 것) 제21조에 따라 금융감독위원회가 제정한 종합금융회사 감독규정(1998. 4. 1. 제정) 제23조 제1항은 "종금사는 직접, 간접을 불문하고 당해 종금사의 주식을 매입시키기 위한 대출을 하여서는 아니 된다."고 규정하고 있는바, 이는 상법 제341조, 제625조 제2호, 제622조의 취지를 잠탈하는 것을 막기 위한 것으로, 종합금융회사의 이사가 상법 제341조, 제625조 제2호,

제622조의 규정을 위반하였을 뿐만 아니라, 그와 같은 취지를 규정한 종합금융회사 감독규정 제23조 제1항을 위반한 경우에는 경영판단의 원칙이 적용된다고 볼 수 없다.

[7] 이사의 법령·정관 위반행위 혹은 임무위반행위로 인한 상법 제399조 소정의 손해배상책임과 감사의 임무위반행위로 인한 상법 제414조 소정의 손해배상책임은 그 위반행위와 상당인과관계 있는 손해에 한하여 인정될 뿐이므로, 비록 이사나 감사가 그 직무수행과정에서 법령·정관 위반행위 혹은 임무위반행위를 하였다고 하더라도, 그 결과로서 발생한 손해와의 사이에 상당인과관계가 인정되지 아니하는 경우에는 이사나 감사의 손해배상책임이 성립하지 아니한다.

[8] 종합금융회사가 자신의 계산 아래 제3자의 명의로 자기주식을 취득하기 위한 목적의 대출약정은 무효로서 그 대출금 중 주금으로 납입된 부분은 위 회사에 실제 손해가 발생한 것으로 볼 수 없으나, 주식취득을 위한 비용으로 지출한 나머지 부분은 그 대출에 관여한 이사와 감사의 임무위반으로 인하여 발생한 손해라고 본 사례.

(4) 책임에 대한 면제 및 해제

상법은 이사와 회사와의 유기적인 관계를 고려하여 책임면제(상법 제400조)와 책임해제(상법 제450조)에 관한 규정을 두고 있다. 이사의 회사에 대한 손해배상책임은 총주주의 동의로 면제할 수 있는데(상법 제400조), 여기서의 동의는 개별적인 동의라도 무방하다고 보며 총 주주의 범위에는 의결권 없는 주식을 가진 주주도 포함하여야 한다. 그리고 총 주주의 동의는 묵시적으로도 할 수 있고, 실질적으로는 주주 1인에게 주식 전부가 귀속되어 있지만 주주명부상으로는 일부의 주식이 타인의 명의로 신탁되어 있는 경우라도 그러한 사실상의 1인 주주가 동의하였다면 역시 총주주의 동의가 있는 것으로 보고 있다.

한편 이사의 임무해태가 동시에 불법행위책임의 성립요건을 충족할 경우에는 상법 제399조상의 책임과 불법행위책임이 경합하게 된다. 이 경우 총주주의 동의로 면제되는 것은 상법 제399조상의 책임이므로 만약 불법행위책임마저 면제하려면 별도의 채무면제 절차(민법 제506조)를 거치도록 하고 있다.

정기총회에서 재무제표 등의 승인을 한 후 2년 내에 다른 결의가 없으면 회사는 이사와 감사의 책임을 해제한 것으로 본다. 그러나 이사 또는 감사의 부정행위에 대하여는 그러하지 아니하다(상법 제450조). 이는 상법 제400조상의 책임면제요건이 거의 실현불가능할 정도로 엄격하여 장기간 책임추궁 가능성을 남겨두는 것은 이사에게 너무 가혹하고, 이사의 잘못이 재무제표 등의 승인과정을 통하여 어느 정도 주주에게 공개되었으므로 이사에게 적극적인 부정행위가 없는 이상 책임의 존부에 관한 불안정한 상태를 신속히 종결지어 이사가 회사경영에 전념할 수 있도록 하기 위한 것이다.

재무제표의 승인은 주주총회의 보통결의로 이루어진다. 따라서 주주총회 보통결의 후 2년이 경과하면 책임이 해제되므로 책임의 해제를 가져오는 것은 주주총회의 보통결의라는 결과가 된다. 이것은 총주주의 동의를 요하는 책임의 면제의 경우와 큰 차이가 있는 것이며, 책임면제와 책임해제 간에 이런 차이가 발생하여야 하는 필연적인 이유를 발견할 수 없기 때문에 검토해볼 사항이다.

한편 재무제표 승인 후 2년 이내에 다른 결의가 없는 경우에 책임이 해제된다고 하는데, 여기서 말하는 다른 결의라 함은 이사의 책임해제를 부정하는 결의나 책임추궁을 위한 결의 등을 뜻하게 되는데, 구체적으로 어떠한 형태의 결의 즉 주주총회의 보통결의 혹은 특별결의인지 아니면 이사회의 결의인지에 대하여도 명확히 할 필요가 있다.

상법상 이사의 회사에 대한 손해배상책임은 총주주의 동의로 면제할 수 있다. 그러나 현행 상법은 주주대표소송의 제기요건을 소수주주권으로 규정하고 있으므로 이사의 책임면제에 있어서 굳이 총주주의 동의를 그 요건으로 할 현실적인 필요성이 없어 보인다. '총주주의 동의'라는 면제요건은 너무 엄격하여 사실상 규정의 실효성이 거의 없는 만큼 그 정도를 다소 완화하는 것이 바람직할 것인데, '주주총회의 특별결의'의 정도로 완화하는 것이 무난할 것으로 판단된다. 그러나 이사의 회사에 대한 손해배상책임의 면제요건을 완화하더라도 이사가 고의 또는 중대한 과실로 그 임무를 해태한 경우나 충실의무에 위반하여 부당하게 개인적인 이익을 추구한 행위에 대해서는 면제할 필요는 없을 것이다.

대법원 2002. 6. 14. 선고 2002다11441 판결

[1] 상호신용금고의 대표이사가 재직 당시 동일인에 대한 대출 한도를 초과하여 돈을 대출하

면서 충분한 담보를 확보하지 아니하는 등 그 임무를 해태하여 상호신용금고로 하여금 대출금을 회수하지 못하게 하는 손해를 입게 한 경우, 회수하지 못한 대출금 중 동일인 대출 한도를 초과한 금액에 해당하는 손해를 상법 제399조에 따라 상호신용금고에게 배상할 책임이 있다.

[2] 상법 제399조 소정의 이사의 책임은 상법 제400조의 규정에 따라 총주주의 동의로 이를 면제할 수 있는데, 이때 총주주의 동의는 묵시적 의사표시의 방법으로 할 수 있고 반드시 명시적, 적극적으로 이루어질 필요는 없으며, 실질적으로는 1인에게 주식 전부가 귀속되어 있지만 그 주주 명부상으로만 일부 주식이 타인 명의로 신탁되어 있는 경우라도 사실상의 1인 주주가 한 동의도 총주주의 동의로 볼 것이다.

[3] 법인의 경우 불법행위로 인한 손해배상청구권의 단기소멸시효의 기산점인 '손해 및 가해자를 안 날'을 정함에 있어서 법인의 대표자가 법인에 대하여 불법행위를 한 경우에는 법인과 그 대표자는 이익이 상반하게 되므로 현실로 그로 인한 손해배상청구권을 행사하리라고 기대하기 어려울 뿐만 아니라 일반적으로 그 대표권도 부인된다고 할 것이므로 단지 그 대표자가 그 손해 및 가해자를 아는 것만으로는 부족하고, 적어도 법인의 이익을 정당하게 보전할 권한을 가진 다른 임원 또는 사원이나 직원 등이 손해배상청구권을 행사할 수 있을 정도로 이를 안 때에 비로소 위 단기소멸시효가 진행한다.

[4] 상호신용금고의 대표이사가 충분한 담보를 확보하지 아니하고 동일인 대출한도를 초과하여 대출함으로써 상호신용금고가 그 대출금을 회수하지 못한 경우, 사실상의 1인 주주인 그 대표이사로부터 상호신용금고의 100%주식과 경영권을 양수한 자 및 새로운 경영진도 상호신용금고의 이익을 정당하게 보전할 권한을 가진 자로서 손해배상청구권을 행사할 수 있는 자의 범위에 포함된다고 할 것이고, 이들이 상호신용금고의 기존의 부실채권액을 실사를 통하여 확인한 시점에서 상호신용금고도 손해 및 가해자를 안 것으로 본 사례.

[5] 채권자가 동일한 목적을 달성하기 위하여 복수의 채권을 갖고 있는 경우, 채권자로서는 그 선택에 따라 권리를 행사할 수 있되, 그중 어느 하나의 청구를 한 것만으로는 다른 채권 그 자체를 행사한 것으로 볼 수는 없으므로, 특별한 사정이 없는 한 다른 채권에 대한 소멸시효 중단의 효력은 없다.

[6] 상법 제399조에 기한 손해배상청구의 소를 제기한 것이 일반 불법행위로 인한 손해배상청구권에 대한 소멸시효 중단의 효력은 없다고 한 사례.

(5) 손해배상액의 제한

미국의 경우 이사의 책임을 제한하는 원칙으로 전통적으로 경영판단의 원칙과 임원배상책임보험이 이용되어 왔으나 이것만으로는 이사를 보호하기에 충분하지 않다고 판단되자 각 주가 이사의 책임을 면제 또는 제한하는 회사법을 제정하기 시작하여 다양한 형태의 책임제한제도가 운용되고 있다. 이사의 책임보험의 위기가 커지고 사외이사 확보가 어려워진 상황에 대한 대책으로 주목할 것은 이사의 손해배상책임을 제한하는 근거규정을 도입한 것이었다. 델라웨어 주를 비롯해 여러 주에서 이사의 책임을 면제 또는 제한하는 입법이 진행되었으며, 미국법률가협회(ALI)도 회사지배구조에 관한 원칙 제7.19조에 이사의 회사에 대한 손해배상책임을 제한하는 규정을 권고하고 있다.

법에서 책임제한의 내용을 구체화하고 있는 정도에 따라 입법유형은, ① 델라웨어 주, 캘리포니아 주, 뉴욕 주 등 30여개의 주에서 채택하는 입법형태로 법규정이 책임제한규정을 정관에 둘 수 있도록 수권하는 포괄적 정관수권형, ② ALI의 원칙이 채택하고 있는 형태로 포괄적 정관수권형과는 달리 정관으로 책임을 전액 면제시킬 수는 없고 규정 자체에서 책임감경의 정도에 제한을 가하고 있어서 이사는 최소한의 금액은 배상을 하도록 정하고 있는 제한적 정관수권형 또는 보수에 의한 한도설정형, ③ 버지니아 주의 입법형태로 법 자체에서 이사가 부담할 손해배상책임액을 구체적 금액으로 정하고 있는 책임액 상한설정형이 있다.

일본은 대표소송의 남소에 대한 대책과 이사에 대한 엄격한 책임을 어떠한 방법으로 제한할 것인가에 관한 논의가 이루어져, 2001년 12월 이사 및 감사의 손해배상책임을 제한하는 규정이 신설되었고, 이 규정은 2005년에 제정·공포된 신회사법에도 거의 그대로 수용되었다.

책임제한의 대상이 되는 행위는 이사의 '임무 해태 행위'이며 동 행위는 선의로 중대한 과실없이 행해진 것이어야 한다. 일본 회사법은 책임제한의 방법을 다양하게 규정하고 있는데, 사외이사인지 여부에 따라 방법에 차이가 있다. 주주총회 특별결의, 정관 규정에 의거한 이사회결의, 정관에 책임한정계약 체결에 관한 규정을 두는 방법 등의 세 가지가 있다.

우리나라에서는 이사의 회사에 대한 손해배상책임의 감경에 대한 상법규정은 없으나 2008년 상법개정안에서는 도입이 논의되었다. 다만 판례에서는 제반사정을 참작하여 손해배상액을 제한할 수 있다고 판시하고 있는데 명문규정도입이 필요한 사항이다.

2008년 상법개정안에서는 정관으로 정하는바에 따라 이사의 회사에 대한 손해배상책임은 이사의 최근 1년간 보수액의 6배(사외이사의 경우 3배)를 초과하는 금액에 대하여 면제할 수 있는 것으로 하였다. 다만 이사가 고의 또는 중대한 과실로 손해를 발생시킨 경우와 경업금지의무위반과 이사자기거래제한위반의 경우에는 예외로 하는 것으로 규정하고 있다(상법개정안 제400조 제2항).

대법원 2004. 12. 10. 선고 2002 다 60467, 60474 판결

이사가 법령 또는 정관에 위반한 행위를 하거나 그 임무를 해태함으로써 회사에 대하여 손해를 배상할 책임이 있는 경우에 그 손해배상의 범위를 정함에 있어서는, ① 당해 사업의 내용과 성격, ② 당해 이사의 임무위반의 경위 및 임무위반행위의 태양, ③ 회사의 손해 발생 및 확대에 관여된 객관적인 사정이나 그 정도, ④ 평소 이사의 회사에 대한 공헌도, ⑤ 임무위반행위로 인한 당해 이사의 이득 유무, 그리고 ⑥ 회사의 조직체계의 흠결 유무나 위험관리체제의 구축 여부 등 제반 사정을 참작하여 손해분담의 공평이라는 손해배상제도의 이념에 비추어 그 손해배상액을 제한할 수 있다.

2) 자본충실책임

신주의 발행으로 인한 변경등기가 있은 후에 아직 인수하지 아니한 주식이 있거나 주식인수의 청약이 취소된 때에는 이사가 이를 공동으로 인수한 것으로 본다(상법 제428조 제1항). 이사의 자본충실책임은 무과실책임이며, 이사 전원이 공동인수인으로서 연대하여 납입할 책임을 진다(상법 제333조 제1항). 이사가 자본충실책임을 부담하더라도 이사에 대한 손해배상의 청구에는 영향을 미치지 아니한다(상법 제428조 제2항).

2. 제3자에 대한 책임

1) 의의와 법적 성질

이사가 악의 또는 중대한 과실로 인하여 그 임무를 해태한 때에는 그 이사는 제3자에 대하여 연대하여 손해를 배상할 책임이 있다(상법 제401조). 이사가 제3자와 직접적인 법률관계가 없음에도 상법이 임무해태를 이유로 제3자에 대한 이사의 손해배상책임을 인정하는 것은 이사의 직무수행에 의존하는 주식회사의 경영활동은 필연적으로 다수인과 이해관계를 형성하게 되고 그 여파가 제3자에까지 영향을 미치는 경우가 많기 때문이다.[125)]

이사의 제3자에 대한 손해배상책임의 법적 성질에 대해 불법행위와는 무관한 법정책임으로서 상법이 인정한 별개의 손해배상책임이라고 보는 다수의 견해[126)]가 있다. 이에 반하여 이사의 책임은 본질적으로는 불법행위책임이지만 그 요건상 경과실은 제외되고 위법성이 배제되는 특수한 불법행위책임이라는 견해[127)]가 있다. 그러나 어느 설에 따라 설명하는 것이 논리적이며 책임의 본질에 접근하는가의 문제일 뿐이라고 보고 있다.

2) 책임의 원인

이사가 제3자에 대하여 손해배상책임을 지는 경우는 악의 또는 중과실로 인하여 임무를 해태한 때이다. 예컨대 이사가 주식청약서나 사채청약서, 재무제표 등에 허위의 기재를 하거나, 허위의 사실을 등기하거나 공고하여 제3자에게 손해를 끼친 경우 등이다. 그러나 대표이사가 방만하게 경영한 결과로 회사의 채무를 지급할 수 없게 된 경우에는 이른바 경영판단의 문제로서 신중하게 판단해야 할 것이다. 또한 단순히 회사의 채무이행지체 등의 경우는 상법 제401조의 책임을 지지 않는다.

---

125) 이철송, 620면; 정동윤, 450면.

126) 강위두, 『회사법』, 형설출판사, 2000, 567면; 이철송, 621-622면; 정동윤, 452면; 정찬형, 904면; 최준선, 480면.

127) 서정갑, 『주석실무 개정상법』, 1984, 455면; 이병태, 『상법(상)』, 법원사, 1988, 692면.

대법원 2002. 3. 29. 선고 2000다47316 판결

[1] 상법 제401조 제1항에 규정된 주식회사의 이사의 제3자에 대한 손해배상책임은 이사가 악의 또는 중대한 과실로 인하여 그 임무를 해태한 것을 요건으로 하는 것이어서 단순히 통상의 거래행위로 인하여 부담하는 회사의 채무를 이행하지 않는 것만으로는 악의 또는 중대한 과실로 그 임무를 해태한 것이라고 할 수 없지만, 이사의 직무상 충실 및 선관의무 위반의 행위로서 위법성이 있는 경우에는 악의 또는 중대한 과실로 그 임무를 해태한 경우에 해당한다.

[2] 부동산의 매수인인 주식회사의 대표이사가 매도인과 사이에 매매잔대금의 지급방법으로 매수부동산을 금융기관에 담보로 제공하여 그 대출금으로 잔금을 지급하기로 약정하였으나, 대출이 이루어진 후 해당 대출금 중 일부만을 매매잔대금으로 지급하고 나머지는 다른 용도로 사용한 후, 나머지 잔금이 지급되지 않은 상태에서 피담보채무도 변제하지 아니하여 그 부동산이 경매절차에서 경락되어 결과적으로 매도인이 손해를 입은 경우, 그 주식회사의 대표이사가 악의 또는 중대한 과실로 인하여 그 임무를 해태한 경우에 해당한다고 볼 여지가 있다고 한 사례.

3) 제3자의 범위

이사의 제3자에 대한 손해배상책임에서의 제3자에는 회사채권자와 기타 이해관계인뿐만 아니라 주주나 주식인수인도 포함된다고 보는 것이 통설이다.[128] 이사의 제3자에 대한 손해배상책임에 대하여 상법은 제399조 제2항과 제3항을 준용하고 있으므로 이사의 책임이 이사회의 결의에 의한 행위로 인한 것인 때에는 그 결의에 찬성한 이사도 연대책임을 지고, 이사회의 의사록에 이의를 한 기재가 없는 이사의 경우에는 역시 찬성한 것으로 추정한다(상법 제401조 제2항, 제399조 제3항). 이사가 아닌 업무집행지시자 등은 회사에 대하여 손해배상책임을 부담하는 것과 같이 제3자에 대해서도 손해배상책임을 지고 이사도 책임을 지는 경우 이러한 자는 이사와 연대하여 책임을 진다(상법 제401조의2).

---

128) 반대설의 입장으로는 최준선, 482면; 주주를 제3자에 포함시키면 주주가 회사채권자에 우선하여 변제를 받는 불합리가 생기기 때문이라 한다.

서울고법 2006. 9. 13. 선고 2006나14648 판결

[1] 대내적으로뿐만 아니라 대외적으로 주식회사의 업무를 집행할 권한과 주식회사의 영업에 대하여 재판상 또는 재판 외의 모든 행위를 할 수 있는 권한이 있는 대표이사는 특별한 사정이 없는 한 그러한 권한을 포기하거나 제3자에게 일임할 수 없고 회사업무의 전반을 총괄하여 다른 이사의 직무집행을 감시·감독하여야 할 지위에 있으므로, 다른 이사의 업무집행이 위법하다고 의심할 만한 사유가 있음에도 이를 방치한 때에는 이로 인한 손해배상책임을 지며, 주식회사에 대한 내·외부 통제시스템이 미흡한 상태에서 회사의 업무분장이 내부적으로 구분되어 있다고 하여 대표이사의 위와 같은 책임이 면제된다고 할 수 없다는 이유로, 분식회계에 의한 재무제표의 작성·공시에 관여하지 않은 주식회사의 대표이사가 분식회계 시실을 알 수 있었음에도 이를 시정하기 위한 적절한 조치를 취하지 아니하고 방치하였다면 그 재무제표에 근거한 신용평가기관의 신용평가에 기초하여 위 주식회사 발행의 회사채를 매입하였다가 손해를 입은 금융기관에 대하여 상법 제401조 제1항에 의한 손해배상책임이 있다고 본 사례.

[2] 주식회사의 감사는 이사의 직무집행을 감사하고 업무감사를 위하여 언제든지 이사에게 영업에 관한 보고를 요구하거나 회사의 재산상태를 조사할 수 있는바, 주식회사에 대한 내·외부 통제시스템이 미흡한 상태에서 감사로서의 직무를 수행하지 않은 것은 그 자체로서 중대한 과실에 의한 임무해태이고, 내부업무분장상 회계감사 업무를 수행하지 못하였다거나 감사를 하였다고 하더라도 위법사실을 발견하지 못하였으리라는 사정만으로는 그 책임을 면할 수 없다는 이유로, 분식회계에 의한 재무제표에 대한 회계감사를 실시하지 않은 주식회사의 감사가 그 재무제표에 근거한 신용평가기관의 신용평가에 기초하여 위 주식회사 발행의 회사채를 매입하였다가 손해를 입은 금융기관에 대하여 상법 제414조 제2항에 의한 손해배상책임이 있다고 본 사례.

[3] 금융기관이 회사채를 매입할 당시 신용평가기관의 회사채 발행 및 매입 등을 위한 평가가 회사채 발행 회사의 재무제표상의 분식회계에 크게 영향을 받았고, 그와 같이 잘못된 신용평가에 기초하여 회사채 매입이 이루어졌다면, 신용평가기관이 신용평가 당시 회사채 발행 회사의 재무제표 외에 기업현황, 향후 기업의 발전가능성 등 다른 여러 가지 요소들을 고려하여 신용등급을 결정하였고, 금융기관도 회사채 발행 회사의 재무상태 외에 다른 요소들을

고려하여 회사채의 매입을 결정하였다고 하더라도, 그 매입 결정이 분식회계 사실을 알고 한 것이 아닌 이상 분식회계와 회사채 매입으로 인한 손해 사이에 인과관계가 있다고 본 사례.

[4] 상법 제401조 및 제414조는 경제사회에 있어 중요한 지위에 있는 주식회사의 활동이 그 기관인 이사와 감사의 직무집행에 의존하는 것을 고려하여 제3자를 보호하고자 이사와 감사가 악의 또는 중대한 과실로 인하여 그 임무를 해태하여 제3자에게 손해를 입힌 때에는 이사와 감사의 악의 또는 중과실로 인한 임무해태행위와 상당인과관계가 있는 제3자의 손해에 대하여 그 이사와 감사의 손해배상책임을 특별히 인정하고 있다. 따라서 그 요건도 회사의 임무에 관하여 이사와 감사의 악의 또는 중과실을 요구하여 민법상 불법행위책임과는 달리 정하고 있으므로, 민법상 불법행위로 인한 손해배상청구권에 관하여 단기소멸시효를 규정한 민법 제766조가 상법 제401조 및 제414조에 의한 이사와 감사의 제3자에 대한 책임에 당연히 적용된다고 보기는 어렵고, 오히려 상법이 제401조 및 제414조에 따른 손해배상청구권에 관하여 아무런 소멸시효기간을 정하고 있지 않은 이상, 제3자의 손해배상청구권의 소멸시효기간은 일반 법정채권과 마찬가지로 10년이라고 보아야 한다.

[5] 금융기관이 분식회계에 의한 재무제표를 신뢰한 결과로 이루어진 회사채 매입으로 인하여 손해가 발생한 사실을 알았더라도 구체적으로 분식회계에 관여한 불법행위자가 누구인지까지 알았다고 보기 어렵다면 그 분식회계가 발표된 시점을 그 손해배상청구권에 관한 민법 제766조 제1항의 단기소멸시효의 기산점으로 볼 수는 없다고 한 사례.

대구고법 2002. 3. 13. 선고 2000나8336 판결 : 확정

[1] 상법 제401조 제1항은 '이사가 악의 또는 중대한 과실로 인하여 그 임무를 해태한 때에는 그 이사는 제3자에 대하여 연대하여 손해를 배상할 책임이 있다.'고 규정하고 있는바, 원래 이사는 회사의 위임에 따라 회사에 대하여 수임자로서 선량한 관리자의 주의의무를 질 뿐 제3자와의 관계에 있어서 위 의무에 위반하여 손해를 가하였다 하더라도 당연히 손해배상의무가 생기는 것은 아니지만, 경제사회에 있어서의 중요한 지위에 있는 주식회사의 활동이 그 기관인 이사의 직무집행에 의존하는 것을 고려하여 제3자를 보호하고자 이사의 악의 또는 중대한 과실로 인하여 위 의무에 위반하여 제3자에게 손해를 입힌 때에는 위 이사의

악의 또는 중과실로 인한 임무 해태행위와 상당인과관계가 있는 제3자의 손해에 대하여 그 이사가 손해배상의 책임을 진다는 것이 위 법조의 취지라 할 것이고, 이사가 회사의 경영상태로 보아 계약상 채무의 이행기에 이행이 불가능하거나 불가능할 것을 예견할 수 있었음에도 이를 감추고 상대방과 계약을 체결하고 급부를 미리 받았으나 그 이행불능이 된 경우 이는 이사의 직무상 충실 및 선관의무위반의 행위로 볼 것이다.

[2] 회사의 대표이사의 아들이고 경리를 담당하는 상근 이사가 계약 당시 회사의 경영상태가 악화되어 선급금을 지급받더라도 파지의 매매계약을 이행하는 것이 불가능한 상태임을 잘 알고 있었거나 조금만 주의를 기울이면 이를 알 수 있었을 경우, 상대방으로부터 파지대금 전액을 미리 지급받은 것은 고의 또는 중대한 과실에 의하여 이사의 직무상 충실의무 및 선량한 관리자의 주의의무를 위반한 행위에 해당한다고 볼 것이므로, 이사는 상대방에게 매매대금 상당의 손해를 배상할 의무가 있다고 본 사례.

3. 업무집행지시자의 책임

1) 의의

사실상 이사와 동일시할 수 있는 지위에 있는 업무집행지시자에게도 이사와 동일한 책임을 부과하고 있는데, 상법에서는 업무집행지시자로서 ① 회사에 대한 자신의 영향력을 이용하여 이사에게 업무집행을 지시한 자, ② 이사의 이름으로 직접 업무를 집행한 자, ③ 이사가 아니면서 명예회장·회장·사장·부사장·전무·상무·이사 기타 업무를 집행할 권한이 있는 것으로 인정될 만한 명칭을 사용하여 회사의 업무를 집행한 자를 들고 있다(상법 제401조의2).

2) 종류

(1) 업무집행지시자

업무집행지시자는 회사에 대한 자신의 영향력을 이용하여 이사에게 업무집행을 지시한 자로 법률상의 이사가 아니어야 한다. 영향력 행사의 전형적인 경우는 다수의 주식을 보유함으로써 주주총회를 지배하고 여기서 선임된 이사를 통하여 간접적으로 회사의 경영에 영향력을 행사하는 경우를 말한다. 업무집행지시의 상대방은 대표이사나 이사이다. 그러나 등기되지 아니한 이사, 지배인, 부장, 과장 기타 사용인에 대한 지시도 이에 해당한다고 본다.[129)]

(2) 무권대행자

무권대행자란 이사가 아니면서 이사의 이름으로 직접 업무를 집행하는 자를 말한다. 업무집행지시자와 다른 점은 이사에 대한 지시에 의하여 간접적으로 회사의 업무에 관여하는 것이 아니고 본인이 직접 명목상의 이사의 명의로 업무집행을 하는 것이다. 법문상으로는 영향력의 행사를 요건으로 규정하고 있지 않으나, 업무집행지시자의 요건을 갖춘 자가 이사에게 지시하는 대신 자신의 영향력을 이용하여 이사의 이름으로 직접 업무집행을 하는 경우라고 보아야 할 것이다.[130)]

(3) 표현이사

표현이사란 이사가 아니면서 명예회장 · 회장 · 사장 · 부사장 · 전무 · 상무 · 이사 기타 업무를 집행할 권한이 있는 것으로 인정될 만한 명칭을 사용하여 회사의 업무를 집행한 자를 말한다. 이러한 표현이사는 명칭자체가 영향력행사의 근거가 되는 것이므로 별도의 영향력행사라는 요건은 필요하지 않다고 본다.

표현이사와 표현대표이사는 어떤 차이점이 있는가? ① 입법취지를 비교하면 표현이사는 자신의 책임회피를 방지하는 것이고, 표현대표이사는 외관을 신뢰한 자를 보호하는 것이다. ② 표현이사는 책임주체가 이사 개인이지만 표현대표이사는 책임주체가 회사이다. ③ 회사의 명칭사용에 대한 귀책사유가 표현이사에는 필요하지 않지만, 표현대표이사에는 필요하다. ④ 제2자의 외관의 신뢰에 대하여 표현이사는 이를 요하지 아니하나 후자는 요한다. ⑤ 대표소송에 의한 책임추궁이 표현이사는 가능하나 표현대표이사는 성질상 가능하지 않다.[131)]

---

129) 최준선, 487면.
130) 이철송, 631면; 정찬형, 896면.
131) 정찬형, 896면.

3) 책임의 내용

업무집행지시자 등의 책임에 대하여 상법은 그 지시하거나 집행한 업무에 관하여 상법 제399조, 제401조 및 제403조의 적용에 있어서 이를 이사로 본다(상법 제401조의2 제1항)고 규정하고 있다. 그리하여 회사에 대하여 이사로서의 손해배상책임을 지며, 이때 회사에 대하여 손해를 배상할 책임이 있는 이사가 있는 경우에는 업무집행지시자 등은 그러한 이사와 연대책임을 진다(상법 제401조의2 제2항).

대법원 2006. 8. 25. 선고 2004다26119 판결

상법 제401조의2 제1항 제1호의 '회사에 대한 자신의 영향력을 이용하여 이사에게 업무집행을 지시한 자'에는 자연인뿐만 아니라 법인인 지배회사도 포함되나, 나아가 상법 제401조의 제3자에 대한 책임에서 요구되는 '고의 또는 중대한 과실로 인한 임무해태행위'는 회사의 기관으로서 인정되는 직무상 충실 및 선관의무 위반의 행위로서 위법한 사정이 있어야 하므로, 통상의 거래행위로 부담하는 회사의 채무를 이행할 능력이 있었음에도 단순히 그 이행을 지체하여 상대방에게 손해를 끼치는 사실만으로는 임무를 해태한 위법한 경우라고 할 수 없다.

4. 이사책임의 추궁방법

1) 의의

상법상 회사의 업무집행에 대한 감독은 이사회에서 하고, 주주는 주주총회에서 이사의 선임과 해임 그리고 재무제표의 승인을 통하여 간접적으로 감독하게 된다. 그러나 이러한 결과로 상대적으로 주주의 지위가 약화되어 주주의 지위를 강화할 필요가 있다. 그리하여 상법은 주주에게 이사업무집행에 대한 직접적인 감독시정권을 부여하면서 사전적 조치로 위법행위유지청구권, 사후적 조치로 대표소송제도를 마련하였다.

2) 위법행위유지청구권

(1) 의의

위법행위유지청구권은 이사가 법령 또는 정관에 위반한 행위를 하여 이로 인하여

회사에 회복할 수 없는 손해가 생길 염려가 있는 경우에는 감사 또는 발행주식 총수의 100분의 1이상에 해당하는 주식을 가진 주주가 회사를 위하여 이사에 대하여 그 행위를 유지할 것을 청구하는 것이다(상법 제402조). 이것은 영미법상의 Injunction제도를 도입한 것이다.[132)]

(2) 신주발행유지청구권과의 구별

위법행위유지청구권과 신주발행유지청구권은 다음과 같은 점에서 구별된다. ① 위법행위유지청구권은 회사에 회복할 수 없는 손해가 생길 염려가 있을 경우에 회사의 손해방지를 직접 목적으로 하지만 신주발행유지청구권은 주주자신의 이익을 침해받을 염려가 있는 경우에 주주 개인의 손해방지를 직접 목적으로 한다. ② 위법행위유지청구권은 소수주주가 청구할 수 있지만 신주발행유지청구권은 단독주주권이다. ③ 위법행위유지청구권의 상대방은 이사이지만 신주발행유지청구권은 회사이다.

(3) 당사자

위법행위유지청구권을 행사할 수 있는 자는 소수주주권자, 즉 발행주식 총수의 100분의 1이상에 해당하는 주식을 가진 주주 및 감사이다. 상장회사의 경우에는 6월 이상 계속하여 발행주식 총수의 100,000의 50이상을 보유한 자[133)]가 유지청구를 할 수 있다(상법 제542조의6 제5항). 이러한 요건을 갖춘 주주가 유지청구권을 행사할 것인지는 임의적인 것이지만, 감사나 감사위원회는 유지청구권을 반드시 행사하여야 하며 이를 행사하지 않으면 임무해태가 된다. 위법행위유지청구의 상대방은 법령 또는 정관에 위반한 행위를 한 이사이다.

(4) 요건

위법행위유지청구권행사의 요건으로 다음과 같다.

---

132) 영미법상의 Injunction은 개개의 주주가 청구할 수 있는 것이나 위법행위유지청구권은 소수주주 또는 감사나 감사위원회가 청구할 수 있는 점에서 차이가 있다.
133) 최근 사업연도말 자본금이 1천억 원 이상인 상장회사의 경우에는 100,000분의 25.

첫째, 이사가 법령 또는 정관에 위반한 행위를 하여야 한다. 이때 행위는 회사목적범위 내외에 관계없고 대내적이든 대외적이든 상관없다. 불법행위는 물론이고 법률행위나 준법률행위, 사실행위도 유지청구의 대상이 될 수 있다. 법령 또는 정관에 위반되지 않는 한 임무해태가 있더라도 유지청구의 원인이 될 수 없다.

둘째, 위와 같은 이사의 행위로 인하여 회사에 회복할 수 없는 손해가 생길 염려가 있어야 한다. 이때 회복할 수 없는 손해인지의 여부는 사회통념에 따라 판단될 문제이다. 예컨대 대표이사가 정관상 요구되는 이사회의 승인없이 회사재산을 처분하려 할 때, 일단 처분하면 제3자에 대한 대항력 제한 때문에 회수할 수 없고 대표이사도 손해배상의 자력이 없다면 회복할 수 없는 손해에 해당할 것이다.[134]

(5) 절차

유지청구는 이사에 대한 의사표시로도 할 수 있고, 소로서도 할 수 있다. 소로 제기한다면 이행의 소 혹은 장래 이행의 소가 된다. 소제기와 함께 가처분으로 이사의 행위를 중지시킬 수도 있다. 유지의 소에 대해서는 상법에 규정이 없으나 대표소송의 일종이므로 대표소송에 관한 규정이 유추적용된다. 유지의 소는 회사의 이익을 위하여 하는 것이므로 판결의 효력은 회사에 미친다.

(6) 효과

이사가 유지청구를 무시하고 법령 또는 정관에 위반하는 행위를 계속했을 때는 유지청구가 사법상의 효력에는 영향이 없고[135], 이사는 법령 또는 정관에 위반한 행위를 하였음이 나중에 확정된 경우에 한하여 책임을 진다. 이사의 이러한 책임은 주주 등이 유지청구권을 행사하였는지 여부에 불문하고 생기는 것이므로 이러한 책임이 유지청구권의 효과라고 볼 수 없다. 다만 이사의 이러한 행위가 그 후 법령 또는 정관에 위반한 행위로 확정되고 이로 인한 이사의 책임을 과실책임으로 보면, 그러한 이사는 중과실이 의제되어 언제나

134) 이철송, 649면.

135) 이에 대하여 다른 견해로는 행위의 성질에 따라 사채발행과 같이 단체법적 행위는 유효하지만 개별적인 거래행위는 상대방이 유지청구의 사실을 안 경우 회사가 무효를 주장할 수 있다고 보는 견해가 있다. 최준선, 492면.

상법 제399조에 의한 책임을 진다고 본다.[136)]

3) 대표소송

(1) 의의

발행주식 총수의 100분의 1이상에 해당하는 주식을 가진 주주는 회사에 대하여 이사의 책임을 추궁할 소의 제기를 청구할 수 있는데 이를 대표소송이라 한다. 이사책임추궁을 위한 소제기는 본래 회사의 권리로서 회사를 대표하는 자가 수행하여야 할 일이다. 그러나 동료임원간에 책임추궁이 호도될 수도 있고, 또 책임추궁이 부당히 지연될 때에는 시효완성이나 이사의 고의적인 무자력화로 회사의 권리실현이 불가능해질 수도 있으므로 상법은 미국법을 본받아 주주의 대표소송제도를 두었다.[137)]

대표소송은 소수주주가 회사의 이익을 위하여 회사의 대표기관적 지위에서 소송을 수행하는 것이므로 제3자소송담당에 해당한다. 그러므로 판결의 효력은 당연히 회사에 미친다. 대표소송은 주주의 개인적인 이익을 위한 것이 아니고 회사와 주주전체의 이익을 위한 것이므로 공익권의 일종이다.

(2) 소제기의 요건

대표소송을 제기하기 위해서는 먼저 회사에 대하여 이사책임을 추궁하는 소를 제기할 것을 청구하여야 하며 그 청구는 그 이유를 기재한 서면으로 하여야 한다(상법 제403조 제1항, 제2항). 회사가 이러한 청구를 받은 날로부터 30일 내에 소를 제기하지 아니한 때에는 100분의 1이상에 해당하는 주주는 즉시 회사를 위하여 소를 제기할 수 있다(상법 제403조 제3항).

그러나 이 기간의 경과로 인하여 회사에 회복할 수 없는 손해가 생길 염려가 있는 경우에는 전항의 규정에 불구하고 소수주주는 즉시 소를 제기할 수 있다(상법 제403조 제4항). 여기서 회복할 수 없는 손해가 생길 염려가 있는 경우는 시효완성, 이사가 도피하거나 재산을 처분하려하는 등 법률상 혹은 사실상 이사에 대한 책임추궁이 불가능해질

136) 정찬형, 909면.
137) 이철송, 652면.

가능성이 있는 경우를 말한다.

(3) 당사자

대표소송을 제기할 수 있는 소제기권자는 소수주주이다. 여기서 소수주주는 발행주식 총수의 100분의 1이상에 해당하는 주식을 가진 주주를 말한다(상법 제403조 제1항). 다만 상장회사의 경우는 6개월 전부터 계속하여 상장회사 발행주식 총수의 10,000분의 1이상에 해당하는 주식을 보유한 자를 말한다(상법 제542조의6 제6항). 대표소송을 제기한 주주의 보유주식이 제소 후 발행주식 총수의 100분의 1미만으로 감소한 경우에도 제소의 효력에는 영향이 없으나, 발행주식을 보유하지 아니하게 된 경우는 당사자적격이 없다(상법 제403조 제5항).

대표소송의 피고는 이사 또는 이사이었던 자이다. 그리고 이사가 아닌 업무집행지시자 등도 상법 제403조의 적용에 있어 이사로 본다(상법 제401조의2 제1항). 또한 이사와 연대하여 책임을 지므로(상법 제401조의2 제2항) 피고가 될 수 있다.

대법원 2002. 3. 15. 선고 2000다9086 판결

[1] 주주의 대표소송에 있어서 원고 주주가 원고로서 제대로 소송수행을 하지 못하거나 혹은 상대방이 된 이사와 결탁함으로써 회사의 권리보호에 미흡하여 회사의 이익이 침해될 염려가 있는 경우 그 판결의 효력을 받는 권리귀속주체인 회사가 이를 막거나 자신의 권리를 보호하기 위하여 소송수행권한을 가진 정당한 당사자로서 그 소송에 참가할 필요가 있으며, 회사가 대표소송에 당사자로서 참가하는 경우 소송경제가 도모될 뿐만 아니라 판결의 모순·저촉을 유발할 가능성도 없다는 사정과, 상법 제404조 제1항에서 특별히 참가에 관한 규정을 두어 주주의 대표소송의 특성을 살려 회사의 권익을 보호하려한 입법 취지를 함께 고려할 때, 상법 제404조 제1항에서 규정하고 있는 회사의 참가는 공동소송참가를 의미하는 것으로 해석함이 타당하고, 나아가 이러한 해석이 중복제소를 금지하고 있는 민사소송법 제234조에 반하는 것도 아니다.

[2] 상법 제394조 제1항에서는 이사와 회사 사이의 소에 있어서 양자 간에 이해의 충돌이 있기 쉬우므로 그 충돌을 방지하고 공정한 소송수행을 확보하기 위하여 비교적 객관적

지위에 있는 감사로 하여금 그 소에 관하여 회사를 대표하도록 규정하고 있는바, 소송의 목적이 되는 권리관계가 이사의 재직중에 일어난 사유로 인한 것이라 할지라도 회사가 그 사람을 이사의 자격으로 제소하는 것이 아니고 이사가 이미 이사의 자리를 떠난 경우에 회사가 그 사람을 상대로 제소하는 경우에는 특별한 사정이 없는 한 위 상법 제394조 제1항은 적용되지 않는다.

[3] 전 이사들을 상대로 하는 주주대표소송에 회사가 참가하는 경우, 상법 제394조 제1항의 적용이 배제되어 회사를 대표하는 자는 감사가 아닌 대표이사라고 한 사례.

[4] 비록 원고 주주들이 주주대표소송의 사실심 변론종결시까지 대표소송상의 원고 주주요건을 유지하지 못하여 종국적으로 소가 각하되는 운명에 있다고 할지라도 회사인 원고 공동소송참가인의 참가시점에서는 원고 주주들이 적법한 원고적격을 가지고 있었다고 할 것이어서 회사인 원고 공동소송참가인의 참가는 적법하다고 할 것이고, 뿐만 아니라 원고 주주들의 주주대표소송이 확정적으로 각하되기 전에는 여전히 그 소송계속 상태가 유지되고 있는 것이어서, 그 각하판결 선고 이전에 회사가 원고 공동소송참가를 신청하였다면 그 참가 당시 피참가소송의 계속이 없다거나 그로 인하여 참가가 부적법하게 된다고 볼 수는 없다.

[5] 공동소송참가는 항소심에서도 할 수 있는 것이고, 항소심절차에서 공동소송참가가 이루어진 이후에 피참가소가 소송요건의 흠결로 각하된다고 할지라도 소송의 목적이 당사자 일방과 제3자에 대하여 합일적으로 확정될 경우에 한하여 인정되는 공동소송참가의 특성에 비추어 볼 때, 심급이익 박탈의 문제는 발생하지 않는다.

[6] 금융기관인 은행은 주식회사로 운영되기는 하지만, 이윤추구만을 목표로 하는 영리법인인 일반의 주식회사와는 달리 예금자의 재산을 보호하고 신용질서 유지와 자금중개 기능의 효율성 유지를 통하여 금융시장의 안정 및 국민경제의 발전에 이바지해야 하는 공공적 역할을 담당하는 위치에 있는 것이기에, 은행의 그러한 업무의 집행에 임하는 이사는 일반의 주식회사 이사의 선관의무에서 더 나아가 은행의 그 공공적 성격에 걸맞는 내용의 선관의무까지 다할 것이 요구된다 할 것이고, 따라서 금융기관의 이사가 위와 같은 선량한 관리자의 주의의무에 위반하여 자신의 임무를 해태하였는지의 여부는 그 대출결정에 통상의 대출담당 임원으로서 간과해서는 안될 잘못이 있는지의 여부를 금융기관으로서의 공공적 역할의 관점에서 대출의 조건과 내용, 규모, 변제계획, 담보의 유무와 내용, 채무자의 재산 및 경영상황,

성장가능성 등 여러 가지 사항에 비추어 종합적으로 판정해야 한다.

[7] 은행의 대표이사 내지 이사가 대출결정에 있어서 선관의무에 위반하여 임무를 해태하였다는 이유로 회사에 대한 손해배상책임을 인정한 사례.

(4) 절차

이사책임을 추궁하는 소는 본점소재지 지방법원의 전속관할이다. 법원은 회사의 청구에 의하여 원고 주주에게 상당한 담보를 제공할 것을 명할 수 있다(상법 제403조 제7항, 제176조 제3항). 그러나 피고는 원고에게 악의가 있음을 소명하여야 담보제공명령을 청구할 수 있다(상법 제403조 제7항, 제176조 제4항). 이 경우 담보권자는 이사가 된다. 주주의 악의란 피고인 이사를 해할 것을 알고 제소함을 뜻한다. 대표소송을 제기한 경우 당사자는 법원의 허가를 얻지 아니하고는 소의 취하, 청구의 포기·인락·화해를 할 수 없다(상법 제403조 제6항). 이는 이해관계가 있는 다른 주주들을 보호하기 위한 것이다.

회사는 대표소송에 참가할 수 있으며, 대표소송을 제기한 주주는 소를 제기한 후 지체없이 회사에 대하여 그 소송의 고지를 하여야 한다(상법 제404조 제1항, 제2항). 주주가 이 소송고지를 하지 아니한 때에는 회사에 대하여 손해배상책임을 면하지 못한다. 대표소송이 제기된 경우에 원고와 피고의 공모로 인하여 소송의 목적인 회사의 권리를 사해할 목적으로써 판결을 하게 한 때에는 회사 또는 주주는 확정한 종국판결에 대하여 재심의 소를 제기할 수 있다(상법 제406조 제1항).

(5) 판결의 효력

대표소송을 제기한 주주가 승소한 때에는 판결의 효력은 회사에 대하여 미친다. 또한 그 주주는 회사에 대하여 소송비용 및 그 밖에 소송으로 인하여 지출한 비용 중 상당한 금액의 지급을 청구할 수 있으며, 이 경우 소송비용을 지급한 회사는 이사 또는 감사에 대하여 구상권이 있다(상법 제405조 제1항). 대표소송을 제기한 주주가 패소한 때에는 악의인 경우 외에는 회사에 대하여 손해를 배상할 책임이 없다(상법 제405조 제2항). 악의란 회사를 해할 것을 알고 부적당한 소송을 수행한 것을 말한다. 그러므로 승산없는 소송임을 알고 제기한 경우는 물론이고, 불성실하게 소송을 수행하여 패소로 이끈

경우에도 손해배상책임이 있다고 보아야 한다.[138]

서울중앙지법 2008. 6. 20. 선고 2007가합43745 판결

[1] 상법상의 주주대표소송은 주주들 모두가 필수적으로 공동원고가 되어야 하는 고유필수적 공동소송은 아니고 단지 공동소송인이 된 원고들 사이에 그 승패를 일률적으로 하여야 할 필요성이 있는 유사필수적 공동소송의 성격을 가진다.

[2] 증권거래법 제191조의13 제6항의 '소송비용 기타 소송으로 인한 모든 비용'의 문언을 해석함에 있어서도 가급적이면 원고인 주주에게 경제적 손실이 없도록 그에게 지급될 수 있는 금액을 넓게 인정하는 것이 타당하므로, 원칙적으로 주주가 대표소송을 제기함에 있어 변호사와 약정한 변호사보수, 기타 필요비용의 모든 금액을 회사에게 청구할 수 있다고 보아야 한다.

[3] 주주대표소송의 소송비용 중 적어도 변호사보수에 있어서는 승소한 주주가 이를 현실적으로 지급하기 전에도 증권거래법 제191조의13 제6항에 따라 회사에게 소송비용으로 그 상환을 청구할 수 있다.

[4] 주주대표소송의 경우 증권거래법 제191조의13 제6항에 따라 회사에게 청구할 수 있는 변호사보수비용의 상당액이란 구체적으로 약정보수액을 기준으로 하여, 개별적·구체적인 소송에 있어서 그 청구액, 당사자의 수, 사안의 난이도, 절차의 복잡성의 정도(변론기일의 횟수, 제출한 소송자료의 내용, 증거조사의 내용, 사건의 종료에 이르게 된 경위와 기간 등), 소제기 전에 취한 조치, 소송의 결과 회사가 얻은 이익 등 제반 사정을 종합적으로 고려하여 그것이 변호사가 행한 소송수행의 대가로서 상당한가라는 관점에서 객관적으로 판단하여야 한다.

(6) 이중대표소송의 문제

이중대표소송이란 현행 상법상 인정되는 주주대표소송을 실질적인 지배관계에 있는 자회사로 확대하여 모회사 주주에게 자회사 이사에 대한 주주대표소송을 인정하는 제도를

138) 이철송, 660면.

말한다. 즉, 모회사의 소수주주에게 자회사의 이사의 위법행위에 대한 책임을 추궁할 수 있는 길을 열어줌으로써 자회사 이사의 부정행위를 억제하여 모회사 전체 주주를 보호하고 자회사의 손해전보의 효과를 기대하는 것이다. 따라서 기업집단에 속해 있는 계열사의 행위 통제를 수월하게 할 수 있고 특히 지주회사의 경우 더욱 중요한 의미를 갖고 있다.

한편 이중대표소송제도를 도입하는 경우 그 실효성을 확보하기 위하여, 모회사 소수주주에게 자회사 회계장부를 열람할 수 있는 권리를 부여하는 회계장부열람권 제도도 함께 도입하는 것이 일반적이다.

이중대표소송제도는 미국 판례법상 지배, 종속관계에 있는 회사들 사이에 인정되고 있는 제도이다. 미국 판례법은 이중대표소송이 인정되는 지배, 종속관계를 판단함에 있어 주식소유비율을 가장 중요한 요소로 보며 나아가 임원의 겸임 여부, 자금조달관계 등을 종합적으로 고려하여 실질적인 영향력 행사 여부를 기준으로 판단하고 있다.

이중대표소송제도 도입에 대하여는 찬반양론이 대립하고 있다. 도입을 주장하는 측에서는 만약 이중대표소송제도가 도입되지 않는다면, 대기업의 비상장 자회사 중 절반 이상에 있어 경영진의 부당행위로 회사에 손해가 발생하는 경우에도 그 손해를 회복할 수 있는 길이 없으므로 반드시 도입할 필요가 있다고 주장하고 있다. 이에 대하여 도입을 반대하는 측에서는 소송 정책적인 측면에서 이중대표소송제도를 인정하면 대표소송의 제기가 쉬워져서 남용될 가능성이 있다는 점과, 만일 자회사의 이사가 의무위반으로 자회사에 손해를 입혔음에도 불구하고 모회사의 이사가 대표소송을 제기하지 않으면 자회사의 이사에 대하여 대표소송을 제기하지 않은 것 자체로 모회사 이사의 선관주의의무위반이 되므로, 모회사의 주주는 모회사의 이사를 상대로 대표소송을 제기하면 충분하다고 한다.

우리나라에서는 상법개정안에 도입이 논의되다가 제외되었으며 판례에서는 다음과 같이 부정적으로 해석하고 있다.

대법원 2004. 9. 23. 선고 2003다49221 판결

어느 한 회사가 다른 회사의 주식의 전부 또는 대부분을 소유하여 양자간에 지배종속관계에

있고, 종속회사가 그 이사 등의 부정행위에 의하여 손해를 입었다고 하더라도, 지배회사와 종속회사는 상법상 별개의 법인격을 가진 회사이고, 대표소송의 제소자격은 책임추궁을 당하여야 하는 이사가 속한 당해 회사의 주주로 한정되어 있으므로, 종속회사의 주주가 아닌 지배회사의 주주는 상법 제403조, 제415조에 의하여 종속회사의 이사 등에 대하여 책임을 추궁하는 이른바 이중대표소송을 제기할 수 없다.

4) 경영판단의 원칙

(1) 의의

이사의 회사에 대한 손해배상책임은 경영판단의 원칙에 의하여 제한될 수 있다. 경영판단의 원칙이란 회사의 이사·임원 등이 경영판단에 따라 임무를 수행한 경우 비록 그 판단이 후일 잘못된 것이고 회사에 손해를 가져오더라도 그 판단이 어느 정도 성실하고 합리적으로 또 그 권한 내에서 이루어졌다고 할 만한 조건이 충족된 때에는 법원이 그 경영적인 판단의 당부에 대하여 사후적으로 개입하여 이사의 성실의무 위반에 대한 책임문제를 따지지 않는다는 법리이다.[139)]

미국에서는 이사의 행위에 대하여 경영판단원칙을 폭넓게 적용하여 왔다. 경영판단원칙(The Business Judgement Rule)이란 경영상의 판단에 있어 그 결과에 대한 확실한 예측은 기대하기 어렵기 때문에 이사의 행위에 불성실(bad faith), 사기(fraud), 위법(illegality), 회사와의 이익충돌(conflict of interest)과 같은 사실의 입증이 없는 한 이사의 경영판단은 존중되어야 하며, 비록 이로 이해 회사에 손실이 발생했더라도 이사의 책임을 물을 수 없다는 미국 판례법의 원칙이다.

이러한 이론에 의하면 경영자에 의한 사업결정은 정보에 기하여 성실히 행해진 행위로서 회사에 대해 최선의 이익이 된다고 정직하게 믿고 행위 한다고 추정되는 것이다. 그리고 그 적용에 있어 경영자의 결정을 공격하는 측은 그 추정을 번복하는 사실을 입증할 책임을 부담한다. 그리하여 일반적으로 경영판단의 대상에 경영자의 개인적인 이해관계를 가지는 경우, 경영판단이 회사에 위법행위를 하게 하는 결정인 경우에는

139) 최준선, 499면.

경영판단원칙은 적용되지 않는다.

(2) 우리나라에의 도입의 가능성

경영판단의 원칙을 우리 상법에의 도입에 대하여 찬반의 견해가 나뉘고 있다. 경영판단의 원칙의 실체법적 이론은 우리나라에서 이사책임의 근거가 되는 수임인의 선관주의의무의 해석론에 의해서도 도출될 수 있으며 이사들의 권한 내인 사항에 관해 이사들이 내린 의사결정이 그 같이 할 합리적인 근거가 있고 회사의 이익을 위한 것이라는 믿음하에 어떤 다른 고려에 의한 영향을 받지 아니한 채 독립적인 판단을 통해 성실히 이루어졌다면 이는 위임의 본지에 따라 선량한 관리자의 주의를 충분히 베푼 것으로서 그로 인한 회사의 손실은 불가항력적인 것이라 할 수 있는 것이라고 한다.[140)]

영미법에서의 경영판단의 원칙은 단순히 실체법적인 의미 외에도 소송법적인 의미를 가진다. 즉 이사가 경영에 관하여 내린 결정은 사익을 위한 것이 아니고 사안에 관하여 숙지한 상태에서 그러한 행위가 회사에 최선의 이익을 가져온다는 정직한 믿음에 기해 이루어졌다고 하는 추정을 의미하므로 대표소송에서 주주가 이사의 책임을 묻고자 할 때에는 원고가 이러한 추정을 깨뜨리는 사실을 주장·입증하여야 하고 이에 대한 입증이 성공하면 이사측이 거래의 공정성을 입증할 책임을 진다. 이에 비하여 우리 법원이 내린 판결은 소송법적인의무는 고려하지 않은 것으로 보인다. 이와 같이 소송법적인 요소를 고려하지 않는다면 이사의 책임면제는 우리법에서는 수임인의 선관주의의무의 해석론에 의해서도 해결할 수 있는 문제라고 한다.[141)]

경영판단의 원칙은 사후적인 판단에 의해 행위당시의 이사의 행위를 비난할 수 없다는 이론이므로 성질상 임무해태에 한하여 적용될 수 있을 것이고 법령에 위반한 경우에는 적용될 수 없다. 이하에서는 우리 판례에서 경영판단의 원칙을 언급한 경우이다.

대구지법 2000. 5. 30. 선고 99가합13533 판결

[1] 대표이사의 행위가 회사의 경영에 관한 것인 경우에는, 대표이사가 법령이나 정관의

140) 이철송, 610면.

141) 최준선, 502면.

규정에 위배되지 아니하는 범위 안에서 회사의 경영에 대한 판단재량권을 가지고 있고, 또한 회사경영이란 것이 그 성질상 다소의 모험을 수반하기 마련이므로, 대표이사가 업무를 집행함에 있어 경영자로서 요구되는 합리적 선택의 범위 안에서 판단하고 이에 따라 업무를 집행하였다면 사후 그의 행위로 인하여 회사가 손해를 입었다고 할지라도 대표이사에게 선량한 관리자로서의 주의의무를 위반하였다고 하여 책임을 물을 수는 없다 할 것이나, 대표이사가 경영에 관한 판단을 함에 있어 판단의 자료가 될 정보를 용이하게 수집할 수 있었음에도 불구하고 이용가능한 정보를 수집하기 위한 노력을 태만하거나 이용가능한 정보를 얻을 때까지 판단을 유보하지 아니한 채 무모하거나 경솔한 판단을 내리는 경우는 경영판단에 관하여 허용된 재량권의 범위를 일탈한 것으로서 선량한 관리자로서의 주의의무에 위반된다.

[2] 이사의 책임해제에 관한 상법 제450조의 입법 취지와 주주대표소송에 관한 같은 법 제403조의 입법 취지를 종합적으로 고려하면, 주주총회가 재무제표를 승인한 후 2년 이내에 이사의 책임을 추궁하는 주주대표소송이 제기되어 그 소송이 계속중인 경우에는 위 2년의 기간이 도과하였다 하더라도 이사의 책임해제에 관한 위 규정의 적용은 배제된다고 해석함이 타당하다.

대법원 2007. 10. 11. 선고 2006다33333 판결

회사의 이사가 법령에 위반됨이 없이 관계회사에게 자금을 대여하거나 관계회사의 유상증자에 참여하여 그 발행 신주를 인수함에 있어서, 관계회사의 회사 영업에 대한 기여도, 관계회사의 회생에 필요한 적정 지원자금의 액수 및 관계회사의 지원이 회사에 미치는 재정적 부담의 정도, 관계회사를 지원할 경우와 지원하지 아니할 경우 관계회사의 회생가능성 내지 도산가능성과 그로 인하여 회사에 미칠 것으로 예상되는 이익 및 불이익의 정도 등에 관하여 합리적으로 이용가능한 범위 내에서 필요한 정보를 충분히 수집 · 조사하고 검토하는 절차를 거친 다음, 이를 근거로 회사의 최대 이익에 부합한다고 합리적으로 신뢰하고 신의성실에 따라 경영상의 판단을 내렸고, 그 내용이 현저히 불합리하지 않은 것으로서 통상의 이사를 기준으로 할 때 합리적으로 선택할 수 있는 범위 안에 있는 것이라면, 비록 사후에 회사가 손해를 입게 되는 결과가 발생하였다 하더라도 그 이사의 행위는 허용되는 경영판단의 재량범위

내에 있는 것이어서 회사에 대하여 손해배상책임을 부담한다고 할 수 없다. 그러나 회사의 이사가 이러한 과정을 거쳐 이사회 결의를 통하여 자금지원을 의결한 것이 아니라, 단순히 회사의 경영상의 부담에도 불구하고 관계회사의 부도 등을 방지하는 것이 회사의 신인도를 유지하고 회사의 영업에 이익이 될 것이라는 일반적·추상적인 기대 하에 일방적으로 관계회사에 자금을 지원하게 하여 회사에 손해를 입게 한 경우 등에는, 그와 같은 이사의 행위는 허용되는 경영판단의 재량범위 내에 있는 것이라고 할 수 없다.

대법원 2008. 7. 10. 선고 2006다39935 판결

[3] 금융기관의 이사가 대출 관련 임무를 수행함에 있어 필요한 정보를 충분히 수집·조사하고 검토하는 절차를 거친 다음 이를 근거로 금융기관의 최대 이익에 부합한다고 합리적으로 신뢰하고 신의성실에 따라 경영상의 판단을 내렸고, 그 내용이 현저히 불합리하지 아니하여 이사로서 통상 선택할 수 있는 범위 안에 있는 것이라면, 비록 사후에 회사가 손해를 입게 되는 결과가 발생하였다고 하더라도 그로 인하여 이사가 회사에 대하여 손해배상책임을 부담한다고 할 수 없지만, 금융기관의 이사가 이러한 과정을 거쳐 임무를 수행한 것이 아니라 단순히 회사의 영업에 이익이 될 것이라는 일반적·추상적인 기대하에 일방적으로 임무를 수행하여 회사에 손해를 입게 한 경우에는 필요한 정보를 충분히 수집·조사하고 검토하는 절차를 거친 다음 이를 근거로 회사의 최대 이익에 부합한다고 합리적으로 신뢰하고 신의성실에 따라 경영상의 판단을 내린 것이라고 볼 수 없으므로, 그와 같은 이사의 행위는 허용되는 경영판단의 재량범위 내에 있는 것이라고 할 수 없다.

Ⅵ. 직무대행자

1. 선임

이사선임결의의 무효나 취소 또는 이사해임의 소가 제기된 경우에는 법원은 당사자의 신청에 의하여 가처분으로써 이사의 직무집행을 정지할 수 있고 또는 직무대행자를

선임할 수 있다. 급박한 사정이 있는 때에는 본안 소송의 제기 전에도 그 처분을 할 수 있다(상법 제407조 제1항). 법원은 당사자의 신청에 의하여 전항의 가처분을 변경 또는 취소할 수 있다(상법 제407조 제2항). 이러한 처분이 있는 때에는 본점과 지점의 소재지에서 그 등기를 하여야 한다(상법 제407조 제3항).

2. 권한과 책임

직무대행자는 가처분명령에 다른 정함이 있는 경우 외에는 회사의 상무에 속하지 아니한 행위를 하지 못한다. 그러나 법원의 허가를 얻은 경우에는 그러하지 아니하다(상법 제408조 제1항). 직무대행자가 상무에 속하지 않는 행위를 한 경우에도 회사는 선의의 제3자에 대하여 책임을 진다(상법 제408조 제2항). 이 경우 제3자의 과실 유무를 불문하는데 이는 거래의 안전을 보호하기 위한 것이다. 판례는 이사직무대행자가 한 행위가 회사의 상무에 속한다는 사실의 주장과 입증은 회사와 거래한 상대방인 제3자가 하여야 한다고 한다.[142)]

예컨대 변호사에게 소송대리를 위임하고 그 보수계약을 체결하는 행위는 상무에 속한다고 한다. 그러나 회사의 상대방 당사자의 변호사보수지급에 관한 약정은 회사의 상무에 속한다고 볼 수 없으므로 법원의 허가를 받지 않는 한 효력이 없다.[143)] 그 외에도 정기주총소집은 상무에 속하지만 임시주총소집은 상무에 속하지 않으며, 신주발행, 사채모집 등도 상무에 속하지 않는다.

이사직무대행자는 회사와의 사이에 위임계약이 있는 것은 아니지만, 이사의 회사 및 제3자에 대한 책임을 규정한 상법 제399조와 제401조는 직무대행자에게도 유추적용하여야 할 것이다.[144)]

142) 대법원 1965. 10. 20. 선고 65다1677 판결.
143) 대법원 1989. 9. 12. 선고 87다카2691 판결.
144) 최준선, 402면.

대법원 2008. 4. 14. 자 2008마277 결정

법원이 주식회사의 이사직무대행자에 대하여 상법 제408조 제1항에 따라 상무외 행위를 허가할 것인지 여부는 일반적으로 당해 상무외 행위의 필요성과 회사의 경영과 업무 및 재산에 미치는 영향 등을 종합적으로 고려하여 결정하여야 한다.

Ⅶ. 집행임원제도의 도입

1. 도입논의의 배경

지난 2008년 국회를 통과하지 못한 상법개정안에서 가장 중요한 내용 중의 하나가 집행임원제도의 도입이다. 집행임원제도는 기업내에서 업무집행을 전담하고 있는 전문경영인에 대한 법적 지위를 부여하여 내부적으로 경영의 안정성을 확보하고 대외적으로 거래의 안전을 도모하기 위한 것이다. 미국에서는 일반적으로 업무감독기관인 이사회와 업무집행기관인 집행임원(executive officer)을 분리하여 경영의 투명성과 효율성을 제고하고 있으며, 일본에서는 기존 이사회 이외에 별도의 3개위원회(감사 · 지명 · 보수위원회)를 설치한 회사에 집행임원이 설치되어 있다.

원래 집행임원 또는 업무집행임원이란 미국의 회사제도에서 유래한 것으로서 미국회사법에서도 집행임원에 대한 개념을 명확하게 정의하지는 않고 있으며 집행임원의 직무종류만 규정하고 있을 뿐이다. 미국에서 집행임원제도는 기존 이사회제도에 대한 개혁의 결과로 등장하였다.[145]

현행 상법상 이사회는 업무집행에 대한 의사결정기관임과 동시에 경영감독기관으로 규정되어 있고 경영자인 대표이사 및 업무담당이사가 이사회의 구성원으로 되어있다는 점에서 이사회의 업무집행에 대한 감독기능을 제대로 할 수 있는지 문제된다. 따라서 집행과 감독을 분리함으로써 이사회의 경영감독권을 강화할 수 있는 방안을 찾아야

145) 미국 집행임원의 상세한 내용에 관하여는 양만식, 「집행임원의 도입에 따른 지배구조론의 전개」, 『상사법연구』 제24권 제1호, 한국상사법학회, 2005, 197-214면 참조.

하며 그 구체적인 방법으로 집행임원제를 도입하고 이사회는 중요한 전략적 의사결정과 경영감독기능만을 담당하도록 하여야 한다. '집행'과 '감독'을 분리함으로써 이사회의 경영감독권을 강화할 수 있을 것이다.[146)]

2. 상법개정안의 집행임원

1) 집행임원과 회사의 관계(상법개정안 제408조의2)

회사는 집행임원을 둘 수 있으며, 이 경우 집행임원을 둔 회사는 대표이사를 두지 못한다. 집행임원 설치회사의 이사회는 ① 집행임원과 대표집행임원의 선임·해임, ② 집행임원의 업무집행 감독, ③ 집행임원과 집행임원 설치회사의 소송에서 집행임원 설치회사를 대표할 자의 선임, ④ 집행임원에게 업무집행에 관한 의사결정의 위임(상법에서 이사회 권한사항으로 정한 경우는 제외한다), ⑤ 집행임원이 여러 명인 경우 집행임원의 직무 분담 및 지휘·명령관계, 그 밖에 집행임원의 상호관계에 관한 사항의 결정, ⑥ 정관에 규정이 없거나 주주총회의 승인이 없는 경우 집행임원의 보수 결정 등의 권한을 가진다. 집행임원 설치회사는 이사회의 회의를 주관하기 위하여 이사회 의장을 두어야 하고, 이 경우 이사회 의장은 정관의 규정이 없으면 이사회 결의로 선임한다.

2) 대표집행임원의 선임(상법개정안 제408조의5)

2명 이상의 집행임원이 선임된 경우에는 이사회 결의로 집행임원 설치회사를 대표할 대표집행임원을 선임하여야 하며, 다만 집행임원이 1명인 경우에는 그 집행임원이 대표집행임원이 된다. 대표집행임원에 관하여 주식회사의 대표이사에 관한 규정을 준용한다.

3) 집행임원의 권한(상법개정안 제408조의4, 제408조의7)

집행임원의 권한은 ① 집행임원 설치회사의 업무집행, ② 정관이나 이사회의 결의에 의하여 위임받은 업무집행에 관한 의사결정 등이다. 집행임원은 필요하면 회의의 목적사

146) 김효신, 「기업지배구조의 변화에 따른 이사회개선방안」, 『상사판례연구』 제18권 제3호, 한국상사판례학회, 2005, 26면.

항과 소집이유를 적은 서면을 이사(소집권자가 있는 경우에는 소집권자를 말한다)에게 제출하여 이사회 소집을 청구할 수 있다. 이러한 청구를 한 후 이사가 지체 없이 이사회 소집의 절차를 밟지 아니하면 소집을 청구한 집행임원은 법원의 허가를 받아 이사회를 소집할 수 있으며, 이 경우 이사회 의장은 법원이 이해관계자의 청구에 의하여 또는 직권으로 선임할 수 있다.

4) 집행임원의 보고의무(상법개정안 제408조의6)

집행임원은 3개월에 1회 이상 업무의 집행상황을 이사회에 보고하여야 하고, 이사회의 요구가 있으면 언제든지 이사회에 출석하여 요구한 사항을 보고하여야 한다. 이사는 대표집행임원으로 하여금 다른 집행임원 또는 피용자의 업무에 관하여 이사회에 보고할 것을 요구할 수 있다.

5) 집행임원의 책임(상법개정안 제408조의8)

집행임원이 고의 또는 과실로 법령이나 정관을 위반한 행위를 하거나 그 임무를 게을리한 경우에는 그 집행임원은 집행임원 설치회사에 손해를 배상할 책임이 있으며, 집행임원이 고의 또는 중대한 과실로 그 임무를 게을리한 경우에는 그 집행임원은 제3자에게 손해를 배상할 책임이 있다. 또한 집행임원이 집행임원 설치회사 또는 제3자에게 손해를 배상할 책임이 있는 경우에 다른 집행임원·이사 또는 감사도 그 책임이 있으면 다른 집행임원·이사 또는 감사와 연대하여 배상할 책임이 있다.

제7장 감사제도

Ⅰ. 총설

회사의 감사는 업무감사와 회계감사로 나눌 수 있다. 업무감사는 회사의 업무집행, 대표행위의 적법성과 합목적성을 감사하는 것이며, 회계감사는 회사의 회계에 관하여 부정사실의 유무를 확인하고, 회계장부·기록이 일반적으로 인정된 공정·타당한 회계원칙에 준거하여 회사의 재정상태 및 경영성적을 진실하고 적정하게 표시하였는지를 감사하는 것이다.[147] 감사업무는 경영진·지배주주로부터 독립적이고, 감사업무에 관한 지식을 가진 자에 의해 이루어져야 한다. 감사업무를 수행하는 자는 충분한 정보를 가지고 상당한 시간과 노력을 투여하여 감사에 임하여야 하며, 감사업무 수행 중 알게 된 기업의 비밀을 법에 의해 요구되는 경우 외에는 누설하여서는 안 된다.

주식회사의 감사기관에는 상법상 감사 또는 감사위원회, 임시기관인 검사인이 있고, 특별법인 주식회사의 외부감사에 관한 법률에 의하여 일정규모 이상의 주식회사에 대한 회계감사기관으로 외부감사인이 있다. 개정상법에 의하면 자본금 10억 원 미만인 회사의 경우에는 감사선임을 회사가 자율적으로 할 수 있도록 하고 있다(상법 제409조). 그리고 감사를 선임하지 않은 경우 주주총회가 직접 이사의 업무 및 재산상태에 관한 감독·감시를 하며, 이사와 회사간의 소에서 회사, 이사 또는 이해관계인이 법원에 회사를 대표할 자를 선임하여 줄 것을 신청하도록 하였다.

기업경영과 회계의 투명성을 보장하기 위해 여러 가지의 감사제도를 두고 있지만 제대로 기능하는지는 의문이다. 우리 상법상의 감사제도를 보면 ① 감사와 감사위원회

147) 이철송, 667면.

이외에도 이사회의 주요기능 중의 하나로 업무감사를 할 수 있다. ② 검사인은 업무감사와 회계감사 양자를 할 수 있다. ③ 은행 등 금융기관에는 준법감시인제도를 두도록 의무화하고 있다. ④ 직전연도말의 자산총액이 70억 원 이상인 주식회사는 주식회사 외부감사에 관한 법률에 따라 감사에 의한 감사뿐만 아니라 회계법인 등에 의한 회계감사를 별도로 받아야 한다. ⑤ 직전 사업연도 말의 자산총액이 1천억 원 이상인 회사는 신뢰할 수 있는 회계정보의 작성과 공시를 위하여 내부회계관리규정과 이를 관리·운영하는 조직을 갖추어야 한다.

Ⅱ. 감사

1. 선임과 종임

1) 선임

감사는 이사의 직무집행을 감사하는 것을 업무로 하는 필요상설기관으로 주주총회에서 선임한다(상법 제409조 제1항). 다만 자본금의 총액이 10억 원 미만인 회사의 경우에는 감사를 선임하지 아니할 수 있다(상법 제409조 제4항). 한편 자산총액 1,000억 원 이상인 상장회사는 감사위원회가 설치된 경우를 제외하고는 주주총회 결의에 의하여 회사에 상근하면서 감사업무를 수행하는 상근감사를 1명 이상 두어야 한다(상법 제542조의10 제1항).

감사선임시 의결권 없는 주식을 제외한 발행주식 총수의 100분의 3을 초과하는 수의 주식을 가진 주주는 그 초과하는 주식에 관하여 감사의 선임에 있어서는 의결권을 행사하지 못한다(상법 제409조 제2항). 상장회사의 경우 최대주주, 최대주주의 특수관계인, 그 밖에 대통령령으로 정하는 자가 소유하는 상장회사의 의결권 있는 주식의 합계가 그 회사의 의결권 없는 주식을 제외한 발행주식 총수의 100분의 3을 초과하는 경우 그 주주는 그 초과하는 주식에 관하여 감사 또는 사외이사가 아닌 감사위원회위원을 선임할 때에는 의결권을 행사하지 못하며, 다만, 정관에서 이보다 낮은 주식 보유비율을 정할 수 있다(상법

제542조의12 제3항). 그리고 상장회사가 주주총회의 목적사항으로 감사의 선임 또는 감사의 보수결정을 위한 의안을 상정하려는 경우에는 이사의 선임 또는 이사의 보수결정을 위한 의안과는 별도로 상정하여 의결하여야 한다(상법 제542조의12 제5항).

주주총회에서 감사선임결의가 있다고 하여 바로 감사의 지위를 취득하는 것이 아니고 임용계약의 청약과 피선임자의 승낙에 의해 임용계약이 체결되어야 비로소 감사의 지위를 취득한다.

대법원 2005. 11. 8. 자 2005마541 결정

[1] 감사의 선임에 관한 주주총회의 결의는 피선임자를 회사의 기관인 감사로 한다는 취지의 회사 내부의 결정에 불과한 것이므로, 주주총회에서 감사선임결의가 있었다고 하여 바로 피선임자가 감사의 지위를 취득하게 되는 것은 아니고, 주주총회의 선임결의에 따라 회사의 대표기관이 임용계약의 청약을 하고 피선임자가 이에 승낙을 함으로써 비로소 피선임자가 감사의 지위에 취임하여 감사로서의 직무를 수행할 수 있게 되는 것이므로, 주주총회에서 감사선임의 결의만 있었을 뿐 회사와 임용계약을 체결하지 아니한 자는 아직 감사로서의 지위를 취득하였다고 할 수 없다.

[2] 조건부 법률행위에 있어 조건의 내용 자체가 불법적인 것이어서 무효일 경우 또는 조건을 붙이는 것이 허용되지 아니하는 법률행위에 조건을 붙인 경우 그 조건만을 분리하여 무효로 할 수는 없고 그 법률행위 전부가 무효로 된다.

[3] 주주총회에서 감사로 선임된 자에게 회사의 대표이사가 감사임용계약의 청약을 하면서 부가한 조건의 내용 자체가 무효이거나 조건을 부가하여 위 청약의 의사표시를 하는 것이 무효인 경우, 그 조건뿐만 아니라 청약의 의사표시 전체가 무효로 되는 것이므로 이에 대하여 피선임자가 승낙의 의사표시를 하였다 하더라도 감사임용계약이 성립된 것으로 볼 수 없다고 한 원심의 판단을 수긍한 사례.

2) 자격과 임기

감사의 자격은 이사와 같이 원칙적으로 제한이 없다. 그러나 정관의 규정으로 주주 등과 같이 감사의 자격을 정할 수 있다. 감사는 직무상 자연인에 한하며, 회사 및 자회사의

이사 또는 지배인 기타의 사용인의 직무를 겸하지 못한다(상법 제411조). 상장회사의 경우 상근감사가 될 수 없는 결격사유를 법으로 정하고 있다. 그 결격사유로는 ① 미성년자, 금치산자 또는 한정치산자, ② 파산선고를 받은 자로서 복권되지 아니한 자, ③ 금고 이상의 형을 선고받고 그 집행이 끝나거나 집행이 면제된 후 2년이 지나지 아니한 자, ④ 대통령령으로 별도로 정하는 법률에 위반하여 해임되거나 면직된 후 2년이 지나지 아니한 자, ⑤ 회사의 상무에 종사하는 이사 및 피용자 또는 최근 2년 이내에 회사의 상무에 종사한 이사 및 피용자, ⑥ 위의 ①과 ②외에 회사의 경영에 영향을 미칠 수 있는 자로서 대통령령으로 정하는 자 등이다(상법 제542조의10 제2항).

감사의 임기는 취임 후 3년내의 최종의 결산기에 관한 정기총회의 종결시까지로 한다(상법 제410조). 이러한 감사의 임기는 정관 또는 주주총회의 결의에 의하여 달리 단축 연장할 수 없다고 본다.[148)]

3) 종임

감사의 종임사유는 이사와 거의 동일하다. 다만 주주총회에서 감사의 해임결의가 있는 경우에 감사는 주주총회에서 감사의 해임에 관하여 의견을 진술할 수 있다(상법 제409조의2).

최대주주, 최대주주의 특수관계인, 그 밖에 대통령령으로 정하는 자가 소유하는 상장회사의 의결권 있는 주식의 합계가 그 회사의 의결권 없는 주식을 제외한 발행주식 총수의 100분의 3을 초과하는 경우 그 주주는 그 초과하는 주식에 관하여 감사 또는 사외이사가 아닌 감사위원회위원을 해임할 때에는 의결권을 행사하지 못하며, 다만 정관에서 이보다 낮은 주식 보유비율을 정할 수 있다(상법 제542조의12 제3항).

한편 감사가 그 직무에 관하여 부정행위 또는 법령이나 정관에 위반한 중대한 사실이 있음에도 불구하고 주주총회에서 그 해임을 부결한 때에는 발행주식 총수의 100분의 3이상에 해당하는 주식을 가진 주주는 총회의 결의가 있은 날부터 1월내에 그 감사의 해임을 법원에 청구할 수 있다(상법 제415조, 제385조 제2항 · 제3항). 상장회사의 경우에

148) 정찬형, 919면.

는 6개월 전부터 계속하여 상장회사 발행주식 총수의 10,000분의 50이상에 해당하는 주식을 가진 자가 청구할 수 있다(상법 제542조의6 제3항).

2. 권한

1) 권한의 내용

감사의 직무와 권한은 회계감사뿐만 아니라 업무감사전반에 미치며, 그 외에 주주총회 소집청구권이 있고, 회사와 이사간의 소송이 제기된 경우에 회사를 대표한다(상법 제394조). 다만 자본금의 총액이 10억 원 미만인 회사의 경우에는 감사를 선임하지 아니할 수 있는데, 이에 의해 감사를 선임하지 아니한 회사가 이사에 대하여 또는 이사가 그 회사에 대하여 소를 제기하는 경우에 회사, 이사 또는 이해관계인은 법원에 회사를 대표할 자를 선임하여 줄 것을 신청하여야 한다(상법 제409조 제4항, 제5항).

감사는 주주총회에서 감사의 해임에 관하여 의견을 진술할 수 있다(상법 제409조의2). 또한 모회사의 감사는 그 직무를 수행하기 위하여 필요한 때에는 자회사에 대하여 영업의 보고를 요구할 수 있다(상법 제412조의4). 감사는 이사회에 출석하여 의견을 진술할 수 있으며, 이사가 법령 또는 정관에 위반한 행위를 하거나 그 행위를 할 염려가 있다고 인정한 때에는 감사는 이사회에 이를 보고하여야 한다(상법 제391조의2).

2) 이사회의 감독과 監事의 監査 비교

이사회의 이사감독은 일종의 자기시정기능으로서 적법성뿐만 아니라 이사가 하는 업무집행의 합목적성·타당성에 대해서도 미치나, 監事가 하는 監査는 이사의 업무집행의 적법성에만 미친다.[149] 이에 대하여 감사권은 일반적으로 타당성감사에도 미친다는 견해[150], 절충설로 원칙적으로 적법성감사에 한하나 현저히 부당한 업무집행에는 타당성감사도 인정된다는 견해[151]가 있다.

149) 이철송, 673면; 정찬형, 921면; 최준선, 512-513면.
150) 강위두, 590면.
151) 채이식, 583면.

3. 책임

감사가 업무를 해태한 경우 회사에 대하여 연대하여 손해배상책임을 진다(상법 제414조 제1항). 또한 감사가 악의 또는 중대한 과실로 인하여 그 임무를 해태한 때에는 그 감사는 제3자에 대하여 연대하여 손해를 배상할 책임이 있다(상법 제414조 제2항). 감사가 회사 또는 제3자에 대하여 손해를 배상할 책임이 있는 경우에 이사도 그 책임이 있는 때에는 그 감사와 이사는 연대하여 배상할 책임이 있다(상법 제414조 제3항).

대법원 2008. 2. 14. 선고 2006다82601 판결

[1] 주식회사의 감사가 실질적으로 감사로서의 직무를 수행할 의사가 전혀 없으면서도 자신의 도장을 이사에게 맡기는 등의 방식으로 그 명의만을 빌려줌으로써 회사의 이사로 하여금 어떠한 간섭이나 감독도 받지 않고 재무제표 등에 허위의 사실을 기재한 다음 그와 같이 분식된 재무제표 등을 이용하여 거래 상대방인 제3자에게 손해를 입히도록 묵인하거나 방치한 경우, 감사는 악의 또는 중대한 과실로 인하여 임무를 해태한 때에 해당하여 그로 말미암아 제3자가 입은 손해를 배상할 책임이 있다.

[2] 주식회사의 감사가 감사로서 결산과 관련한 업무 자체를 수행하기는 하였으나 재무제표 등이 허위로 기재되었다는 사실을 과실로 알지 못한 경우에는, 문제된 분식결산이 쉽게 발견 가능한 것이어서 조금만 주의를 기울였더라면 허위로 작성된 사실을 알아내 이사가 허위의 재무제표 등을 주주총회에서 승인받는 것을 저지할 수 있었다는 등 중대한 과실을 추단할 만한 사정이 인정되어야 비로소 제3자에 대한 손해배상의 책임을 인정할 수 있고, 분식결산이 회사의 다른 임직원들에 의하여 조직적으로 교묘하게 이루어진 것이어서 감사가 쉽게 발견할 수 없었던 때에는 분식결산을 발견하지 못하였다는 사정만으로 중대한 과실이 있다고 할 수는 없고, 따라서 감사에게 분식결산으로 인하여 제3자가 입은 손해에 대한 배상책임을 인정할 수 없다.

[3] 상법 제401조에 기한 이사의 제3자에 대한 손해배상책임이 제3자를 보호하기 위하여 상법이 인정하는 특수한 책임이라는 점을 감안할 때 일반 불법행위책임의 단기소멸시효를 규정한 민법 제766조 제1항은 적용될 여지가 없고, 일반 채권으로서 민법 제162조 제1항에

따라 그 소멸시효기간은 10년이며, 제3자가 상법 제401조에 기한 이사의 제3자에 대한 손해배상책임만을 묻는 손해배상청구 소송에 있어서 주식회사의 외부감사에 관한 법률 제17조 제7항이 정하는 단기소멸시효는 적용될 여지가 없다.

대법원 2008. 9. 11. 선고 2007다31518 판결

주식회사의 감사는 이사의 직무집행을 감사하고, 이사가 법령 또는 정관에 위반한 행위를 하거나 그 행위를 할 염려가 있는 때에는 이사회에 보고하여야 하며, 이사가 주주총회에 제출할 의안 및 서류를 조사하여 법령 또는 정관에 위반하거나 현저하게 부당한 사항이 있는지의 여부에 관하여 주주총회에 그 의견을 진술하여야 할 의무가 있고, 위와 같은 의무를 적정하게 수행하는데 필요한 경우 이사에 대하여 영업에 관한 보고를 요구하거나 회사의 업무와 재산상태를 조사할 수 있으며, 조사를 방해받거나 요구를 거부당한 때에는 그 뜻과 이유를 감사보고서에 기재하여야 하고, 이사의 위법한 행위로 인하여 회사에 회복할 수 없는 손해가 생길 염려가 있는 경우에는 그 행위를 유지할 것을 청구할 수 있는 등의 권한도 있으므로(상법 제412조 제1항, 제391조의2 제2항, 제413조, 제412조 제2항, 제447조의4 제2항 제11호, 제402조), 감사는 상법상의 위와 같은 권한 또는 의무와 기타 법령이나 정관에서 정한 권한과 의무를 선량한 관리자의 주의의무를 다하여 이행하여야 하고, 악의 또는 중과실로 선량한 관리자의 주의의무에 위반하여 그 임무를 해태한 때에는 그로 인하여 제3자가 입은 손해를 배상할 책임이 있다(대법원 2007. 6. 28. 선고 2006다59687 판결 참조).

대법원 2007. 12. 13. 선고 2007다60080 판결

[1] 주식회사의 이사는 이사회의 일원으로서 이사회에 상정된 의안에 대하여 찬부의 의사표시를 하는 데 그치지 않고, 담당업무는 물론 다른 업무담당이사의 업무집행을 전반적으로 감시할 의무가 있으므로, 주식회사의 이사가 다른 업무담당이사의 업무집행이 위법하다고 의심할 만한 사유가 있음에도 불구하고 이를 방치한 때에는 그로 말미암아 회사가 입은 손해에 대하여 배상책임을 면할 수 없다.

[2] 상법 제450조에 따른 이사, 감사의 책임 해제는 재무제표 등에 그 책임사유가 기재되어

정기총회에서 승인을 얻은 경우에 한정된다.

[3] 상법이 감사를 상임 감사와 비상임 감사로 구별하여 비상임 감사는 상임 감사에 비해 그 직무와 책임이 감경되는 것으로 규정하고 있지도 않을 뿐 아니라, 우리나라의 회사들이 비상임 감사를 두어 비상임 감사는 상임 감사의 유고시에만 감사의 직무를 수행하도록 하고 있다는 상관습의 존재도 인정할 수 없으므로, 비상임 감사는 감사로서의 선관주의의무 위반에 따른 책임을 지지 않는다는 주장은 허용될 수 없다.

[4] 감사가 회사 또는 자회사의 이사 또는 지배인 기타의 사용인에 선임되거나 반대로 회사 또는 자회사의 이사 또는 지배인 기타의 사용인이 회사의 감사에 선임된 경우에는 그 선임행위는 각각의 선임 당시에 있어 현직을 사임하는 것을 조건으로 하여 효력을 가지고, 피선임자가 새로이 선임된 지위에 취임할 것을 승낙한 때에는 종전의 직을 사임하는 의사를 표시한 것으로 해석하여야 한다.

Ⅲ. 감사위원회

1. 감사위원회의 의의

회사는 정관이 정한 바에 따라 감사에 갈음하여 감사위원회를 설치할 수 있으며 감사위원회를 설치한 경우에는 감사를 둘 수 없다(상법 제415조의2 제1항). 또한 자산총액 2조 원 이상인 상장회사는 감사위원회를 설치하여야 한다(상법 제542조의11 제1항). 감사위원회란 감사에 갈음하여 이사의 업무집행과 회계를 감사할 권한을 가진 이사회내 위원회의 하나인 필요상설기관이다. 감사위원회제도는 미국에서 발생하여 여러 국가에서 채택되고 있다.

우리 상법이 감사위원회제도를 도입한 것에 대하여 다음과 같은 문제점을 지적하고 있다. ① 종래의 감사제도와 감사위원회제도를 회사가 선택할 수 있도록 함으로써 모든 주식회사에서의 감사제도의 운용에 통일을 기할 수 없다. ② 업무집행에 관한 의사결정에 참여하는 이사가 다시 감사위원회 위원으로 업무집행을 담당한 이사의 직무를 감사한다는 것은 모순이며 또한 이는 종래의 감사보다도 그 지위의 독립성에 문제가 더 있다. ③ 주식회사의 외부감사에 관한 법률의 적용을 받는 주식회사의 경우에는 종래의 내부감사에 의한 감사 외에도 외부감사인에 의한 회계감사를 받는데 이러한 주식회사가 감사위원회를 도입하면 같은 미국제도를 이중으로 도입하여 유사한 내용에 관한 유사한 두 기관으로부터 독립적으로 이중으로 감사받게 된다.[152]

2. 감사위원회의 구성

1) 비상장회사

감사위원회는 3명 이상의 이사로 구성하며 사외이사가 위원의 3분의 2이상이어야 한다(상법 제415조의2 제2항). 감사위원회의 위원의 해임에 관한 이사회의 결의는 이사 총수의 3분의 2이상의 결의로 하여야 한다(상법 제415조의2 제3항).

2) 상장회사

감사위원회에는 사외이사가 위원의 3분의 2이상이고, 위원 중 1명 이상은 대통령령으로 정하는 회계 또는 재무전문가이어야 하며, 감사위원회의 대표는 사외이사이어야 한다(상법 제542조의11 제2항). 상장회사의 사외이사자격이 제한되는 자[153]와 회사의 상무에 종사하는 이사 및 피용자 또는 최근 2년 이내에 회사의 상무에 종사한 이사 및 피용자는 상장회사의 사외이사가 아닌 감사위원회위원이 될 수 없고, 이에 해당하게 된 경우에는 그 직을 상실한다(상법 제542조의11 제3항).

상장회사의 경우 감사위원회위원을 선임하거나 해임하는 권한은 주주총회에 있으며, 주주총회에서 이사를 선임한 후 선임된 이사 중에서 감사위원회위원을 선임하여야 한다(상법 제542조의12 제1항, 제2항). 최대주주, 최대주주의 특수관계인, 그 밖에 대통령령으로 정하는 자가 소유하는 상장회사의 의결권 있는 주식의 합계가 그 회사의 의결권 없는 주식을 제외한 발행주식 총수의 100분의 3을 초과하는 경우 그 주주는 그 초과하는

152) 정찬형, 927면.
153) 상법 제542조의8 제2항 제1호부터 제4호까지 및 제6호에 해당하는 자.

주식에 관하여 감사 또는 사외이사가 아닌 감사위원회위원을 선임하거나 해임할 때에는 의결권을 행사하지 못하는데 다만, 정관에서 이보다 낮은 주식 보유비율을 정할 수 있다(상법 제542조의12 제3항).

대통령령으로 정하는 상장회사의 의결권 없는 주식을 제외한 발행주식 총수의 100분의 3을 초과하는 수의 주식을 가진 주주는 그 초과하는 주식에 관하여 사외이사인 감사위원회위원을 선임할 때에 의결권을 행사하지 못한다. 다만, 정관에서 이보다 낮은 주식 보유비율을 정할 수 있다(상법 제542조의12 제1항, 제4항).

3. 감사위원회의 운영

감사위원회는 그 결의로 위원회를 대표할 자를 선정하여야 하는데, 이 경우 수인의 위원이 공동으로 위원회를 대표할 것을 정할 수 있다(상법 제415조의2 제4항). 감사위원회는 회사의 비용으로 전문가의 조력을 구할 수 있다(상법 제415조의2 제5항). 감사위원회는 이사회 내 위원회 중의 하나이므로 위원회에 관련된 상법규정이 적용된다.

4. 감사위원회의 권한과 의무

1) 권한

감사위원회는 감사에 갈음하여 이사의 직무집행을 감사할 권한을 갖는다(상법 제415조의2 제6항, 제412조 제1항). 이것은 감사의 경우에 감사위원회가 회계감사를 포함하여 업무집행전반을 감사할 권한을 가지고, 업무감사의 경우에는 위법성감사만 할 수 있다. 그 외에도 언제든지 이사에 대하여 영업에 관한 보고를 요구하거나 회사의 업무와 재산상태를 조사할 권한을 가진다(상법 제415조의2 제6항, 제412조 제2항). 이사는 회사에 현저하게 손해를 미칠 염려가 있는 사실을 발견한 때에는 즉시 감사위원회에 이를 보고하여야 하며(상법 제415조의2 제6항, 제412조의2), 임시주주총회소집청구권(상법 제415조의2 제6항, 제412조의3), 이사위법행위유지청구권(상법 제415조의2 제6항, 제402조), 이사와 회사간의 소에 관한 대표권(상법 제415조의2 제6항, 제394조) 등이 있다.

2) 의무

감사위원회와 회사와의 관계는 위임관계이므로 선량한 관리자의 주의의무로써 위임사무를 처리하여야 한다. 감사위원회는 이사가 법령 또는 정관에 위반한 행위를 하거나 그 행위를 할 염려가 있다고 인정한 때에는 이사회에 이를 보고하여야 하며(상법 제415조의2 제6항, 제412조의2), 이사가 주주총회에 제출할 의안 및 서류를 조사하여 법령 또는 정관에 위반하거나 현저하게 부당한 사항이 있는지의 여부에 관해 주주총회에 의견을 진술할 의무를 지며(상법 제415조의2 제6항, 제413조), 감사록(상법 제415조의2 제6항, 제413조의2)과 감사보고서(상법 제415조의2 제6항, 제447조의4)를 작성할 의무를 진다.

5. 감사위원회의 책임

감사위원회 위원이 업무를 해태한 경우 회사에 대하여 연대하여 손해배상책임을 진다(상법 제415조의2 제6항, 제414조 제1항). 또한 감사위원회 위원이 악의 또는 중대한 과실로 인하여 그 임무를 해태한 때에는 그 위원은 제3자에 대하여 연대하여 손해를 배상할 책임이 있다(상법 제415조의2 제6항, 제414조 제2항). 감사위원회 위원이 회사 또는 제3자에 대하여 손해를 배상할 책임이 있는 경우에 이사도 그 책임이 있는 때에는 그 감사와 이사는 연대하여 배상할 책임이 있다(상법 제415조의2 제6항, 제414조 제3항).

6. 개선방안

감사위원회의 문제점에 대한 개선방안을 살펴보면, 우선 자기감사의 문제와 중첩적 책임부담의 문제는 집행임원제를 도입함으로써 이사회의 감독기능을 강화할 수 있고, 이사회의 업무집행기능은 철폐되므로 쉽게 해소할 수 있을 것이다. 감사위원회 기능을 활성화하기 위해서는 감사위원의 자격요건을 강화하고 임기와 보수에 관한 규정을 보완하여야 한다. 그리고 감사위원회의 주된 구성원인 사외이사의 자격과 법적지위, 권한 행사에 있어 미비한 점을 보완해야 하며, 감사위원의 선임과 해임에 대주주의 영향력이 배제될 수 있는 장치를 마련하여야 한다. 그 외에도 감사위원의 권한 행사의 범위와 그 제한에 관한 규정을 두고, 감사위원의 의무와 책임에 관한 규정도 보완할 필요가 있다.

한편 감사·감사위원회·준법감시인 및 내부회계관리제도 등에 의하여 감사기능이 중복되어 업무영역이 모호한 문제가 발생하는데, 이는 감사제도를 통합하여 운영할 필요성을 제기한다. 특히 내부회계관리제도는 주식회사의 외부감사에 관한 법률의 적용을 받는 다수의 기업에게 강제하기보다는 자율적으로 운영하는 것이 타당하다고 생각된다.[154]

궁극적으로 감사위원회가 성공하기 위해서는 감사위원회 위원인 이사의 경영진에 대한 독립성이 보장되어야 한다. 그러므로 감사위원회의 구성에 있어서 경영진과 독립되어 있는 독립이사 내지 사외이사가 어느 정도의 구성비율을 차지하고 있는가 하는 것은 매우 중요하게 된다. 미국법조협회의 사외이사지침서와 감독위원회보고서는 감사위원회 위원의 경영진으로부터의 독립성을 강조하고 있다. 이러한 독립성과 관련된 문제들을 살펴보면 다음과 같다.

장기적으로는 감사위원회의 구성을 전원 사외이사로 할 것을 제안하는 견해가 있으며, 이와는 반대로 사내이사 소수의 참여를 주장하는 견해도 있다. 전자의 견해가 타당하다고 생각된다. 감사위원회의 감사업무에 경영진과의 협조가 필요한 것은 사실이지만 감사위원회에 관한 상법 제415조의2 제6항에 따라서 준용되는 상법 제412조 제2항, 즉 감사위원회는 언제든지 이사에 대하여 영업에 관한 보고를 요구하거나 회사의 업무와 재산상태를 조사할 수 있다는 규정을 활용하면 경영진의 협조를 받을 수 있다. 또한 미국의 ALI 원칙이나 SEC규칙에서와 같이 감사위원회가 경영진 및 내부감사인, 외부회계감사인과 수시로 대화하고 토론할 수 있는 것을 제도적으로 마련하면 될 것이다. 따라서 감사위원회는 그 구성원 전원을 독립사외이사로 선임하는 것을 원칙으로 하여 감사위원회의 독립성을 확고히 할 수 있다.

감사위원회가 경영진과 독립하여 효과적인 감사를 하기 위해서는 감사위원회가 직접 외부회계감사인을 선임하고 감사위원회 산하에 감사를 실질적으로 뒷받침하기 위한 감사하부조직의 설치가 필요하다.[155] 현행 『주식회사의 외부감사에 관한 법률』에서는 회사가

154) 동일한 취지로는 최준선, 「기업지배구조개선의 실태분석」, 『기업법연구』 제19권 제2호, 한국기업법학회, 2005, 49면.

155) 강희갑, 「미국의 기업지배구조 및 회계감사에 관한 최근의 개혁입법」, 『상사법연구』 제21권 제4호, 한국상사법학회, 2003, 247면.

외부회계감사인을 선임하고 감사위원회를 설치한 때에는 감사위원회의 승인을 얻도록 규정하고 있다(주식회사의 외부감사에 관한 법률 제4조 제2항).

한편 독립성과 함께 요구되는 것이 전문성이다. 감사위원회의 위원 중 1인 이상은 대통령령이 정하는 회계 또는 재무전문가일 것을 요구하고 있는데(상법 제542조의11 제2항 제1호), 이것은 미국의 사베인스-옥슬리법 제정의 영향이라 할 수 있다.

감사위원회 또는 감사는 스스로 모든 업무집행과정을 감독할 수 없으므로 그 산하에 전담부서를 설치하거나 또는 회사의 내부감사부서로부터 지원을 받아야 한다. 그렇다면 내부감사업무를 수행하는 직원의 독립성은 감사업무의 실효성을 확보하는 선결요소이다. 감사위원회 또는 감사가 내부감사부서의 책임자에 대한 임면 동의권을 갖도록 함으로써 내부감사부서의 독립성을 확보하는 것이 바람직하다. 감사위원회 또는 감사는 내부감사부서가 그 목표를 효과적으로 달성할 수 있는지 그 역할, 조직, 예산의 적절성을 평가하고 내부감사활동도 지속적으로 감독하여야 한다.

감사 또는 감사위원회 등 내부감사기구가 외부감사인의 선임 및 해임과 외부감사인의 감사활동에 관한 감독을 강화하고 외부감사인과의 업무협조 및 정보교환이 원활하게 이루어지도록 할 필요성도 크다. 감사위원회 또는 감사는 외부감사인이 적정한 시간과 노력을 투입하여 감사업무를 적절히 수행하는지 평가하고 감사업무에 따른 충분하고 합리적인 감사보수를 결정하여야 한다. 또한 외부감사인의 독립성 등을 평가하여 일정한 주기로 재선임여부를 결정하여야 한다. 외부감사인을 변경하거나 또는 해임하는 경우 당해 외부감사인이 감사위원회 또는 감사에게 의견을 진술할 수 있도록 외부감사인에게 의견 진술의 기회를 주어야 한다.

7. 사외이사제도

1) 사외이사의 의의

(1) 선임

사외이사제도는 경영진으로부터 이사의 독립성을 확보하여 감독기능을 강화하고 기업경영의 투명성을 제고하기 위하여 2000년 『증권거래법』을 개정하면서 도입된 제도이다.

상장회사는 자산 규모 등을 고려하여 대통령령으로 정하는 경우[156]를 제외하고는 이사 총수의 4분의 1이상을 사외이사로 하여야 하며, 다만 최근 사업연도말 현재의 자산총액이 2조 원 이상인 상장회사의 사외이사는 3명 이상으로 하되, 이사 총수의 과반수가 되도록 하여야 한다(상법 제542조의8 제1항). 이러한 상장회사는 사외이사의 사임 · 사망 등의 사유로 인하여 사외이사의 수가 이사회의 구성요건에 미달하게 되면 그 사유가 발생한 후 처음으로 소집되는 주주총회에서 요건에 합치되도록 사외이사를 선임하여야 한다(상법 제542조의8 제3항).

최근 사업연도말 현재의 자산총액이 2조 원 이상인 상장회사는 사외이사 후보를 추천하기 위하여 사외이사 후보추천위원회를 설치하여야 하고, 사외이사 후보추천위원회는 사외이사가 총위원의 2분의 1이상이 되도록 구성하여야 한다(상법 제542조의8 제4항). 최근 사업연도말 현재의 자산총액이 2조 원 이상인 상장회사가 주주총회에서 사외이사를 선임하려는 경우에는 사외이사 후보추천위원회의 추천을 받은 자 중에서 선임하여야 한다. 이 경우 사외이사 후보추천위원회가 사외이사 후보를 추천할 때에는 제542조의6 제2항에 따른 주주제안권을 행사할 수 있는 요건을 갖춘 주주가 주주총회일의 6주 전에 추천한 사외이사 후보를 포함시켜야 한다(상법 제542조의8 제5항).

대전지법 2006. 3. 14. 자 2006카합242 결정

[1] 상법 및 증권거래법상 주주제안권, 사외이사후보추천위원회제도 등의 입법 경위 및 그 취지 등에 비추어 볼 때, 상법상 주주제안권과 증권거래법상 주주의 사외이사후보추천권은 그 행사요건과 내용 등을 달리하고 있으므로, 소수주주들로서는 주권상장법인의 사외이사후보추천을 총회의 의제 또는 의안으로 삼고자 하는 경우에 상법상의 주주제안권 또는 증권거래법상의 사외이사후보추천권을 선택적으로 행사할 수 있다고 해석함이 상당하다.

[2] 주권상장법인의 경우 감사위원회의 위원이 되는 사외이사 선임에 있어 종래 실무상 운용되고 있는 분리선출 방식(감사위원회 위원이 되는 사외이사를 다른 사외이사들과 분리하

156) 최근 사업연도말 현재의 자산총액이 1,000억 원 미만으로서 코스닥시장에 상장된 주권을 발행하는 벤처기업 등.

여 주주총회에서 뽑는 방식)과 일괄선출 방식(감사위원회 위원이 될 사외이사를 포함하여 이사후보 전체를 대상으로 이사선임결의를 하고 나서 선임된 이사 중에서 대주주 의결권 제한규정을 적용하여 감사위원을 뽑는 방식)에 대하여 ① 분리선출 방식에 의할 경우 소수주주의 집중투표에 의한 이사선임청구권이 약화된다고 하더라도 상법 및 증권거래법상 집중투표제는 정관에 의해 배제될 수 있는 성질의 것이라는 점(상법 제382조의2 제1항, 증권거래법 제191조의18 제1항), 소수주주들로서는 사외이사의 선임방법에 관하여 일괄선출 방식을 택하도록 제안할 수 있을 것이라는 점 등에 비추어 보면, 분리선출 방식이 소수주주의 의결권 또는 집중투표제의 취지를 현저하게 침해한다고 보기 어렵고, ② 일괄선출 방식에 의할 경우 제1단계의 사외이사 선임결의에서 대주주가 지지하는 후보들이 대부분 사외이사로 선임될 가능성이 큰 것은 사실이지만, 제2단계 감사위원회 위원의 선임결의에서 상법상의 대주주 의결권 제한규정을 적용하여 감사위원회 위원을 선임하는 이상 이를 법률에 위반된 것이라고 보기 어렵다는 이유로 현행 상법 및 증권거래법의 해석상 위 두 가지 방식이 주주총회의 결의 방법으로 모두 가능하고 그 가운데 어느 방식을 취할 것인지에 대한 결정권한은 별도의 주주제안이 없는 이상 이사회에 있다고 한 사례.

(2) 자격

사외이사자격의 결격사유로는 ① 회사의 상무에 종사하는 이사 및 피용자 또는 최근 2년 이내에 회사의 상무에 종사한 이사·감사 및 피용자, ② 최대주주가 자연인인 경우 본인과 그 배우자 및 직계 존속·비속, ③ 최대주주가 법인인 경우 그 법인의 이사·감사 및 피용자, ④ 이사·감사의 배우자 및 직계 존속·비속, ⑤ 회사의 모회사 또는 자회사의 이사·감사 및 피용자, ⑥ 회사와 거래관계 등 중요한 이해관계에 있는 법인의 이사·감사 및 피용자, ⑦ 회사의 이사 및 피용자가 이사로 있는 다른 회사의 이사·감사 및 피용자인 경우이다(상법 제382조 제3항).

한편 상장회사의 경우 사외이사의 자격에 대하여 위의 제한 외에 다음과 같은 제한을 추가로 두고 있다. ① 미성년자, 금치산자 또는 한정치산자, ② 파산선고를 받고 복권되지 아니한 자, ③ 금고 이상의 형을 선고받고 그 집행이 끝나거나 집행이 면제된 후 2년이 지나지 아니한 자, ④ 대통령령으로 별도로 정하는 법률을 위반하여 해임되거나 면직된 후 2년이 지나지 아니한 자, ⑤ 상장회사의 주주로서 의결권 없는 주식을 제외한 발행주식 총수를 기준으로 본인 및 그와 대통령령으로 정하는 특수한 관계에 있는 자가 소유하는 주식의 수가 가장 많은 경우 그 본인 및 그의 특수관계인, ⑥ 누구의 명의로 하든지 자기의 계산으로 의결권 없는 주식을 제외한 발행주식 총수의 100분의 10이상의 주식을 소유하거나 이사·감사의 선임과 해임 등 상장회사의 주요 경영사항에 대하여 사실상의 영향력을 행사하는 주주 및 그의 배우자와 직계 존속·비속, ⑦ 그 밖에 사외이사로서의 직무를 충실하게 수행하기 곤란하거나 상장회사의 경영에 영향을 미칠 수 있는 자로서 대통령령으로 정하는 자 등이다(상법 제542조의8 제2항).

2) 사외이사의 활성화방안

(1) 독립성의 확보

사외이사 선임의 공정성을 확보하기 위하여 사외이사추천위원회의 기능을 활성화시키고 사외이사 선임이 법규나 정관을 무시하면서 독단적으로 이루어지지 않도록 하는 견제장치가 마련되어야 한다.[157)]

사외이사가 실제로 회사의 대주주 혹은 경영진으로부터 독립하여 선임될 수 있기 위하여는 사외이사추천위원회 등이 대주주 혹은 경영진으로부터 사실상 독립되어야 하고, 추천받을 수 있는 후보의 자격이 대주주 혹은 경영진과 실제로 이해관계가 없는 자이어야 한다. 사외이사를 추천하는 기관이 추천위원회 등 회의체기관이면 그의 구성원이 대주주 혹은 경영진으로부터 실제로 독립되어야 한다. 사외이사후보의 추천은 주주총회가 형식화되어 있는 현실에서 볼 때 매우 중요하다. 이사회가 업무집행기관에 대한 감독기관인 점을 고려하면 이사회를 구성하는 사외이사의 후보는 회사의 주주뿐만 아니라 채권자 등 회사의 이해관계인의 대표도 후보로 추천될 수 있어야 한다고 본다. 이렇게 보면 사외이사를 추천하는 자는 주주의 대표뿐만 아니라 채권자 및 종업원 등 회사의 이해관계인의 대표도 포함시켜야 할 것으로 본다.[158)]

---

157) 전우현, 「주식회사 감사위원회제도의 개선에 관한 일고찰」, 『상사법연구』 제23권 제3호, 한국상사법학회, 2004. 271면.

158) 이형규·이상복, 「사외이사 선임제도 개선방안에 관한 연구」, 한국상장회사협의회, 2002. 5, 27-32면 참조.

한편 사외이사의 선임에 있어서 지배주주와 경영진의 영향력을 배제할 수 있도록 집중투표제를 의무화하고 유능한 인재들이 사외이사로 영입될 수 있도록 그 책임을 제한하는 방향으로 상법을 개정하는 것이 바람직하다.[159)]

(2) 전문성의 제고

사외이사들에게 회사에 대한 정보를 적시에 충분히 제공하고 수시의문사항이나 요청사항 등을 처리하기 위해 사외이사를 지원하는 사무국의 설치, 운영방안이 검토되어야 할 것이다. 특히 사외이사들이 이 사무국을 통하여 내부회계담당자들 및 외부회계감사인들과 직접 접촉이 가능하도록 절차를 정비할 필요가 있다. 또한 사외이사의 보수가 지나치게 낮으면 효율적인 업무수행을 기대하기 어려우므로 사외이사에 대한 보상이 강화되어야 한다. 사외이사의 회사주식보유를 적극 권장하고 보수의 일부를 스톡옵션으로 지급하는 방안을 활용하여야 할 것이다.

사외이사들이 기업의 경영의사결정에 적극적으로 참여하기 위해서는 해당기업의 경영현황을 제대로 파악하고 있어야 하는데 대다수의 기업들이 사외이사들에게 매우 소극적이고 제한적으로 정보를 제공하고 있다. 따라서 기업들은 매월 또는 최소한 분기마다 사외이사들에게 경영정보를 정기적으로 제공하고 이사회 개최 1주일 전에 관련 자료를 제공하여 안건을 충분히 검토하고 회의에 임할 수 있도록 하여야 한다. 최근 일부 기업에서는 사외이사들의 정보접근성을 높이기 위해 사내 인트라넷을 활용하여 기업의 모든 재무적, 비재무적 정보에 접근할 수 있도록 하고 있다.

사외이사들의 전문성을 향상시키기 위해서는 신임 사외이사에 대한 사전 교육 및 기존 사외이사들에 대한 정기적인 외부 교육이 활성화 되어야 한다. 신임 사외이사의 경우 해당기업에 대한 정보 및 관련 산업의 이해가 부족하기 때문에 충분한 사전 교육이 이루어질 수 있도록 해당기업의 자발적인 노력이 요구된다.

---

159) 정쾌영, 「사외이사제도의 문제점과 개선방향」, 『기업법연구』 제19권 제2호, 한국기업법학회, 2005, 78면.

Ⅳ. 검사인

검사인은 회사의 설립절차나 업무 및 재산상태의 조사를 직무로 하는 임시적 감사기관이다. 검사인은 법원 또는 회사의 주주총회에 의해 선임된다. 법원에서 선임하는 경우로는 ① 변태설립사항의 조사를 위한 때(상법 제290조, 제298조, 제310조), ② 현물출자에 의한 신주발행(상법 제422조), ③ 소수주주권자의 청구가 있는 때(상법 제467조), ④ 신주의 할인발행(상법 제417조 제3항) 등이 있다. 법원이 선임한 경우에는 검사인의 보수는 회사로 하여금 지급하도록 법원이 정할 수 있다(비송사건절차법 제77조). 주주총회에서 선임하는 경우로는 ① 소수주주권자에 의한 임시총회에서 회사의 업무와 재산상태를 조사하기 위한 때(상법 제366조 제3항), ② 이사 또는 청산인이 제출한 서류와 감사의 보고서에 대한 조사를 하기 위한 때이다(상법 제542조 제2항).

Ⅴ. 외부감사인

1. 의의

기업의 회계정보가 주주 등 그 이용자들로부터 신뢰를 받을 수 있도록 외부감사인은 감사대상기업과 그 경영진 및 지배주주 등으로부터 독립적인 입장에서 공정하게 감사업무를 수행하여야 한다. 외부감사인은 감사대상기업과 그 경영진 및 지배주주 등으로부터 실질적 및 외견상 독립성을 유지하여야 한다. 외부감사와 관련된 법령에서 외부감사인의 독립성에 관해 규정하고 있지만, 무엇보다 중요한 것은 외부감사인 스스로가 직업윤리에 입각한 판단에 의해 감사대상 기업의 경영진이나 지배주주와 실질적 또는 외견상 이해관계가 있다고 판단하는 경우에는 회계감사계약의 체결을 하지 않아야 한다는 것이다.[160)]

160) 『기업지배구조모범규준』 Ⅲ. 2. 1.

2. 외부감사의 대상회사

주식회사로부터 독립된 외부의 감사인이 그 주식회사에 대한 회계감사를 실시하여 회계처리를 적정하게 하도록 함으로써 이해관계인의 보호와 기업의 건전한 발전에 이바지함을 목적으로 제정된 『주식회사의 외부감사에 관한 법률』에 의해 일정규모 이상의 회사에 대해서는 외부회계전문가에 의한 감사를 강제하고 있다. 동법률에 의하여 외부감사를 받아야 하는 대상법인은 직전 사업연도 말의 자산총액, 부채규모 또는 종업원수 등 대통령령으로 정하는 기준에 해당하는 주식회사로서, 다만 ① 『공공기관의 운영에 관한 법률』에 따라 공기업 또는 준정부기관으로 지정받은 주식회사 중 주권상장법인이 아닌 회사, ② 그 밖에 대통령령으로 정하는 주식회사는 제외된다(주식회사의 외부감사에 관한 법률 제2조).

3. 외부감사인의 권한·의무·책임

1) 권한

감사인은 일반적으로 공정·타당하다고 인정되는 회계감사기준에 따라 감사를 실시하여야 하며, 이러한 회계감사기준은 감사인의 독립성 유지와 재무제표의 신뢰성 유지에 필요한 사항 등을 대통령령으로 정하는 바에 따라 한국공인회계사회가 정하되, 금융위원회의 사전승인을 받아야 한다(주식회사의 외부감사에 관한 법률 제5조 제1항, 제2항). 감사인은 언제든지 회사 및 당해 회사의 주식을 일정비율 이상 소유하고 있는 등 대통령령이 정하는 관계에 있는 회사와 계열회사의 회계에 관한 장부와 서류를 열람 또는 등사하거나 회계에 관한 자료의 제출을 요구할 수 있으며, 그 직무의 수행을 위하여 특히 필요한 때에는 업무와 재산상태를 조사할 수 있다(주식회사의 외부감사에 관한 법률 제6조 제1항).

2) 의무

감사인은 감사결과를 기술한 감사보고서를 작성하여야 한다(주식회사의 외부감사에 관한 법률 제7조의2 제1항). 감사인은 감사보고서를 대통령령이 정하는 기간내에 회사

·증권선물위원회 및 한국공인회계사회에 제출하여야 하며, 이 경우 감사보고서에는 회사의 수익성, 성장성 및 안정성 등을 나타내는 주요 경영지표를 금융위원회가 정하는 바에 따라 첨부하여야 한다(주식회사의 외부감사에 관한 법률 제8조 제1항).

감사인은 그 직무를 수행할 때 이사의 직무수행에 관하여 부정행위 또는 법령이나 정관에 위반되는 중대한 사실을 발견하면 감사 또는 감사위원회에 통보하고 주주총회에 보고하여야 한다(주식회사의 외부감사에 관한 법률 제10조 제1항). 또한 감사인은 회사가 회계처리 등에 관하여 회계처리기준을 위반한 사실을 발견하면 감사 또는 감사위원회에 통보하여야 한다(주식회사의 외부감사에 관한 법률 제10조 제2항).

감사인 또는 그에 소속된 공인회계사는 주주총회의 요구가 있으면 주주총회에 출석하여 의견을 진술하거나 주주의 질문에 답변하여야 한다(주식회사의 외부감사에 관한 법률 제11조).

3) 책임

(1) 회사에 대한 책임

감사인이 그 임무를 게을리하여 회사에 대하여 손해를 발생하게 한 때에는 그 감사인은 회사에 대하여 손해를 배상할 책임이 있으며 이 경우 감사반인 감사인의 경우에는 당해 회사에 대한 감사에 참여한 공인회계사가 연대하여 손해를 배상할 책임을 진다(주식회사의 외부감사에 관한 법률 제17조 제1항). 감사인이 손해배상책임을 면하기 위하여는 그 임무를 게을리하지 아니하였음을 증명하여야 한다(주식회사의 외부감사에 관한 법률 제17조 제4항).

(2) 제3자에 대한 책임

감사인이 중요한 사항에 관하여 감사보고서에 기재하지 아니하거나 허위의 기재를 함으로써 이를 믿고 이용한 제3자에게 손해를 발생하게 한 경우에는 그 감사인은 제3자에 대하여 손해를 배상할 책임이 있다. 다만, 연결재무제표 또는 결합재무제표에 대한 감사보고서에 중요한 사항을 기재하지 아니하거나 허위의 기재를 한 책임이 종속회사·관계회사 또는 계열회사의 감사인에게 있는 경우에는 해당 감사인은 이를 믿고 이용한 제3자에게 손해를 배상할 책임이 있으며, 이 경우 감사반인 감사인의 경우에는 당해 회사에 대한 감사에 참여한 공인회계사가 연대하여 손해를 배상할 책임을 진다(주식회사의 외부감사에 관한 법률 제17조 제1항, 제2항, 제3항). 감사인이 손해배상책임을 면하기 위하여는 그 임무를 게을리하지 아니하였음을 증명하여야 한다(주식회사의 외부감사에 관한 법률 제17조 제4항).

(3) 연대책임

감사인이 회사 또는 제3자에게 손해를 배상할 책임이 있는 경우에 해당 회사의 이사 또는 감사(감사위원회가 설치된 경우에는 감사위원회위원을 말한다)도 그 책임이 있으면 그 감사인과 해당 회사의 이사 및 감사는 연대하여 손해를 배상할 책임이 있다(주식회사의 외부감사에 관한 법률 제17조 제3항).

(4) 손해배상책임의 소멸시효

손해배상책임은 그 청구권자가 해당 사실을 안 날부터 1년 이내 또는 감사보고서를 제출한 날부터 3년 이내에 청구권을 행사하지 아니하면 소멸하며, 다만 이 기간은 감사인의 선임계약으로 연장할 수 있다(주식회사의 외부감사에 관한 법률 제17조 제7항).

대법원 2008. 6. 26. 선고 2007다90647 판결

[1] 투자자가 기업체의 대규모 분식회계사실을 제대로 알고 있었다면 그 기업체가 발행한 기업어음을 매입하지 않았을 것이므로, 재무제표의 감사와 관련하여 분식회계사실을 밝히지 못한 외부감사인의 과실과 그 기업체가 발행한 기업어음 매입 사이에 인과관계가 인정된다고 본 사례.

[2] 분식회계 및 부실감사로 인하여 기업어음의 가치 평가를 그르쳐 기업어음을 매입한 사람이 입은 손해액의 산정과 관련하여서는 증권거래법 제197조 제2항 및 제15조를 적용할 수 없으며, 기업어음의 대금에서 기업어음의 실제가치, 즉 분식회계 및 부실감사가 없었더라면 형성되었을 기업어음의 가액을 공제하는 방법으로 산정하여야 한다.

서울서부지법 2006. 7. 26. 선고 2005가합6082 판결

[1] 회계법인은 감사인으로서 감사대상회사의 각 재무제표에 대한 외부감사를 실시함에 있어서 공인회계사법, 주식회사의 외부감사에 관한 법률과 금융감독위원회가 증권선물위원회의 심의를 거쳐 제정한 회계감사기준 및 회계감사기준 제34조에 의하여 한국공인회계사회가 정한 회계감사준칙에 따라 감사하여야 할 임무가 있고, 또한 감사대상회사와 외부감사계약을 체결하고 재무제표의 적정성을 검토하는 사무의 처리를 수임한 사람으로서 선량한 관리자의 주의를 다하여 수임업무를 처리할 의무가 있다. 다만, 외부감사는 감사대상 재무제표가 감사대상회사의 재무상태와 경영성과 및 기타 재무정보를 기업회계기준에 따라 적정하게 표시하고 있는지에 대한 의견을 표명하기 위하여 필요한 증거자료를 수집하고 평가하는 일련의 절차로 구성된다는 점과 주식회사의 외부감사에 관한 법률이 규정한 감사인의 독립성 및 전문성을 감안할 때, 외부감사과정에서 회계감사기준 및 회계감사준칙에 정한 모든 절차를 반드시 실시하여야 한다고 볼 수는 없고, 감사인은 외부감사절차에서 필요한 감사증거를 수집하고 평가하는 감사 방법을 적용함에 있어서 상당한 재량권을 가지는 것이므로, 회계감사기준 및 회계감사준칙은 감사인이 그 임무 또는 주의의무를 다하였는지를 판단하는 일응의 기준이 될 뿐이다.

[2] 외부감사제도는 주식회사로부터 독립된 외부의 감사인이 그 주식회사에 대한 회계감사를 실시하여 회계처리의 적정을 기하게 함으로써 이해관계인의 보호와 기업의 건전한 발전에 기여함을 목적으로 하는 것으로서 감사대상회사의 내부적인 부정을 적발하기 위한 것이 아니고, 주식회사의 외부감사에 관한 법률은 감사인에게 감사과정에서 발견된 부정을 묵비하거나 왜곡하여서는 아니 된다는 소극적 의무만을 규정하고 있어서 감사인에게 감사대상회사 내부의 부정행위를 적발하여야 할 적극적인 의무가 있다고 볼 수 없으며, 회사 내에 금전의 횡령 등 부정행위가 있을 경우에 그것을 밝혀내야 할 책임은 우선적으로 회사 내의 이사회와 감독기관인 감사에게 있고, 회사 내의 경영자는 재무서류의 작성에 있어 그 진실성과 정확성에 관하여 제1차적 책임을 지는 데 비하여, 주식회사의 외부감사에 관한 법률에 의한 감사인은 회사가 제시한 재무서류에 대한 적정성 여부를 검토하고 그 결과를 일반 공중 및 주주들에게 공개하도록 임무를 부여받은 사람에 불과하여 감사대상회사의 내부기관과는 그 역할과 지위가 다르다.

[3] 주식회사의 외부감사인이 감사대상회사의 재무제표에 대한 회계감사시 현금등가물 계정 잔액 중 현금시재액의 실재성을 확인하는 과정에서 선관의무를 게을리하는 등의 과실이 있으나, 그 과실과 감사대상회사의 회계업무 등을 담당한 내부 직원의 횡령행위로 인한 손해 사이에 상당인과관계가 없다고 본 사례.

Ⅵ. 준법감시인

금융투자업자는 법령을 준수하고, 자산을 건전하게 운용하며, 이해상충방지 등 투자자를 보호하기 위하여 그 금융투자업자의 임직원이 직무를 수행함에 있어서 준수하여야 할 적절한 기준 및 절차를 정하여야 하며 이를 내부통제기준이라 한다(자본시장 및 금융투자업에 관한 법률 제28조 제1항). 금융투자업자는 내부통제기준의 준수 여부를 점검하고 내부통제기준을 위반하는 경우 이를 조사하여 감사위원회 또는 감사에게 보고하는 자를 1인 이상 두어야 하는데 이를 준법감시인이라고 한다(자본시장 및 금융투자업에 관한 법률 제28조 제2항).

제8장 주식회사의 자본조달과 계산

Ⅰ. 통상의 신주발행

1. 의의

통상의 신주발행이란 회사의 성립 후 자본조달을 직접 목적으로 수권주식총수의 범위 내에서 미발행주식을 발행하는 것을 말한다. 통상의 신주발행은 회사의 자금조달을 직접 목적으로 하여 발행되는 것이므로 회사의 재산이 증가한다. 이것을 실질상 유상증자라고 하는데 사채발행과 함께 주식회사의 직접자금조달방식이다.

우리 상법은 회사의 자금조달의 편의를 도모하기 위하여 수권자본제도를 도입하여 통상의 신주발행은 원칙적으로 이사회에서 자유롭게 결정할 수 있도록 하였다. 그리고 이러한 이사회의 권한에 대하여 남용을 방지하기 위하여 ① 이사회는 수권주식총수의 범위내에서만 신주를 발행할 수 있도록 제한하고, ② 주주에게 원칙적으로 신주인수권을 부여하고 주주 이외의 자에게 신주인수권을 부여하는 경우는 일정한 경우에 한하여 정관의 규정에 의한 수권이 있을 것을 요하도록 하며, ③ 주주의 신주발행유지청구권제도를 두었다.

2. 신주인수권

1) 의의

회사의 성립 후 신주를 발행하는 경우에 다른 사람에 우선하여 신주를 인수할 수 있는 권리를 신주인수권이라고 하며 여기에는 주주의 신주인수권과 제3자의 신주인수권이 있다. 상법은 주주의 신주인수권을 원칙적으로 법적인 권리로 규정하고 있다(상법 제418조 제1항). 그리고 예외적으로 일정한 경우에 한하여 정관에 의하여 주주 외의 자에게 신주를 배정할 수 있도록 하고 있으며, 이 경우에는 신기술의 도입, 재무구조의 개선 등 회사의 경영상 목적을 달성하기 위하여 필요한 경우에 한한다(상법 제418조 제2항).

2) 주주의 신주인수권

(1) 의의

주주의 신주인수권이란 회사의 성립 후 신주를 발행하는 경우에 주주가 종래 가지고 있던 주식주에 비례하여 다른 사람에 우선하여 신주를 인수할 수 있는 권리이다. 이러한 주주의 신주인수권은 정관이나 이사회의 결의에 의하여 생기는 권리가 아니고 법률의 규정에 의하여 주주에게 당연히 생기는 권리이며, 추상적인 신주인수권은 이로부터 발생되는 구체적 신주인수권과는 구별할 필요가 있다.

(2) 법적 성질 및 양도성

추상적 신주인수권은 주주권의 일내용을 이루고 있으므로 주식과 분리하여 양도 기타의 처분을 하지 못하는 동시에 주식이 양도됨에 따라서 당연히 이전된다. 그러나 추상적 신주인수권의 법적 성질은 비고유권이므로 원시정관이나 정관변경에 의해 배제 또는 제한할 수 있다고 본다. 구체적 신주인수권은 추상적 신주인수권으로부터 유출된 지분권으로서 이사회의 신주발행결의에 의해 구체화된 권리이다. 이것은 주식과는 독립된 채권적 권리로서 주식과는 별도로 양도가능하나, 다만 이사회결의에 의해 신주인수권증서를 교부받아 그 증서로써 양도하여야 한다(상법 제420조의3 제1항). 구체적 신주인수권은 청약과 배정이라는 절차를 거쳐서 신주인수의 효과가 발생하는 것이므로 채권적인 권리이며 형성권은 아니다.[161]

---

161) 최준선, 532면.

(3) 신주인수권의 대상이 되는 주식

주주는 법률상 당연히 신주인수권이 있으므로 원칙적으로 장래 발행될 모든 신주가 신주인수권의 대상이 된다. 그러므로 현재의 수권주식총수 범위내에서의 미발행주식뿐만 아니라 그 후 정관변경에 의해 증가된 수권주식총수의 범위내의 미발행주식에도 신주인수권이 미친다.[162]

(4) 신주인수권의 제한

주주의 신주인수권은 정관에 의하여 제한될 수 있다. 다만, 이 경우에는 신기술의 도입, 재무구조의 개선 등 회사의 경영상 목적을 달성하기 위하여 필요한 경우에 한한다. 이에 의하여 공모증자 또는 외국의 합작투자처에 주식을 인수시키기 위해 주주의 신주인수권을 제한하는 예가 많다.

자본시장과 금융투자업에 관한 법률에 의하면 주권상장 또는 주권을 유가증권시장에 상장하려는 법인이 주식을 모집하거나 매출하는 경우 해당 법인의 우리사주조합원은 모집하거나 매출하는 주식 총수의 100분의 20의 범위에서 우선적으로 주식을 배정받을 받을 권리가 있으며(자본시장과 금융투자업에 관한 법률 제165조의7 제1항), 따라서 당해 회사의 기존주주의 신주인수권은 이 범위 내에서 제한된다. 그러나 우리사주조합원이 소유하는 주식수가 신규로 발행되는 주식과 이미 발행된 주식의 총수의 100분의 20을 초과하는 경우에는 적용하지 아니한다(자본시장과 금융투자업에 관한 법률 제165조의7 제2항).

(5) 실기주

실기주란 좁은 의미에서 신주인수권이 부착된 주식의 양수인이 신주의 배정일까지 명의개서를 하지 않아 주주명부상의 주주인 주식의 양도인에게 배정된 신주를 말한다. 넓은 의미에서는 이러한 경우뿐만 아니라 널리 주주총회·이익배당 등에 관하여 일정한 기일 내에 명의개서를 하지 않아 권리행사를 할 수 없게 된 주식을 말한다.

---

162) 정찬형, 941면.

넓은 의미의 실기주의 경우 주식양수인은 주식양도인이 회사로부터 지급받은 이익배당금 등을 부당이득의 법리에 의해 반환청구할 수 있다. 좁은 의미의 실기주는 주식양수인이 주식양도인에 대하여 양도청구할 수 있는 근거가 무엇인지에 대하여 학설이 나뉘고 있다. ① 부당이득의 법리에 따라 그가 취득한 이익을 양수인에게 반환하면 되고 신주를 반환할 의무는 없다는 견해, ② 양도인은 실질적 권리자인 양수인의 사무관리자로서 이익 또는 신주를 취득한 것이므로 사무관리의 법리에 의해 양수인에게 반환해야 한다는 견해[163], ③ 양도인에게 사무관리의 의사가 없으므로 사무관리로 보기는 어렵지만 구주주는 신주주를 위해 신주청약을 한 것으로 의제하여 의무를 부담한다는 견해[164] 등이 있다.

(6) 실권주

회사는 신주의 인수권을 가진 자에 대하여 그 인수권을 가지는 주식의 종류 및 수와 일정한 기일까지 주식인수의 청약을 하지 아니하면 그 권리를 잃는다는 뜻을 통지하여야 하며, 통지 또는 공고에도 불구하고 그 기일까지 주식인수의 청약을 하지 아니한 때에는 신주의 인수권을 가진 자는 그 권리를 잃게 되며(상법 제419조 제4항), 신주의 인수인이 납입기일에 납입 또는 현물출자의 이행을 하지 아니한 때에는 그 권리를 잃는다(상법 제423조 제2항). 이와 같이 신주인수권을 가진 주주가 신주인수의 청약을 하지 않거나 또는 납입을 하지 않음으로서 신주인수권의 대상인 주식이 실권된 것을 실권주라 한다. 신주발행시에는 자본의 전액확정을 요하지 않으므로 미발행부분으로 유보하여도 관계없으나 이사회의 결의로 처리할 수 있다고 해석된다.

3) 제3자의 신주인수권

(1) 의의

주주 이외의 제3자가 우선적으로 신주를 배정받을 수 있는 권리를 제3자의 신주인수권이라 하며, 제3자배정이라고도 한다. 제3자가 사실상 주주라 하더라도 주주자격에 의하지 않고 이러한 신주인수권을 갖는 경우에는 제3자의 신주인수권에 해당한다. 그러나 공모에

163) 정찬형, 944면.
164) 최준선, 536-537면.

의해 일반인이 주식인수의 청약을 하고 회사가 배정하는 경우는 청약자에게 우선하여 배정받을 권리를 인정하는 것은 아니므로 제3자의 신주인수권에 해당하지 않는다.[165)]

(2) 법률에 의한 경우

상법에 의해 신주인수권부사채를 제3자배정으로 발행하는 경우 법률에 의하여 제3자에 대해 신주인수권을 주는 경우가 된다. 이 경우 제3자가 정해지지 않은 상태에서 신주인수권을 인정할 수 없으므로 상법의 규정만으로 당연히 발생하는 것으로는 볼 수 없고, 회사가 신주인수권부사채를 제3자에게 구체적으로 배정하였을 때 비로소 발생한다고 본다.[166)]

『자본시장과 금융투자업에 관한 법률』에서 우리사주조합원의 경우 신주인수권을 부여받을 수 있도록 하고 있다(자본시장과 금융투자업에 관한 법률 제165조의7 제1항).

(3) 정관규정에 의한 경우

정관규정에 의하여 제3자에게 신주인수권이 부여되는 경우로는 신기술의 도입, 재무구조의 개선 등 회사의 경영상 목적을 달성하기 위하여 필요한 경우이다(상법 제418조 제2항). 이러한 제3자의 신주인수권은 정관의 규정만으로 발생하지 않고 회사와 제3자 사이에 계약이 존재하여야 비로소 발생한다. 정관의 기재는 구체적이어야 하는데, 종업원·임원 등과 같이 어느 정도 범위를 확정하여야 하고, 단지 '제3자'라고만 하는 경우에는 효력이 없다. 정관의 기재가 없는 경우에는 정관변경과 같은 요건인 주주총회의 특별결의에 의하여 이를 부여할 수 있다.

대법원 2007. 2. 22. 선고 2005다73020 판결

주식회사가 타인으로부터 돈을 빌리는 소비대차계약을 체결하면서 "채권자는 만기까지 대여금액의 일부 또는 전부를 회사 주식으로 액면가에 따라 언제든지 전환할 수 있는 권한을 갖는다"는 내용의 계약조항을 둔 경우, 달리 특별한 사정이 없는 한 이는 전환의 청구를

165) 정찬형, 948면.
166) 정찬형, 949면.

한 때에 그 효력이 생기는 형성권으로서의 전환권을 부여하는 조항이라고 보아야 하는바, 신주의 발행과 관련하여 특별법에서 달리 정한 경우를 제외하고 신주의 발행은 상법이 정하는 방법 및 절차에 의하여만 가능하다는 점에 비추어 볼 때, 위와 같은 전환권 부여조항은 상법이 정한 방법과 절차에 의하지 아니한 신주발행 내지는 주식으로의 전환을 예정하는 것이어서 효력이 없다.

(4) 양도

제3자의 신주인수권은 계약상의 권리이므로 양도할 수 있다. 정관의 상대적 기재사항으로 제3자의 범위를 정한 것은 신주인수권의 이익을 받을 자의 범위를 정한 것으로서 신주인수권의 이익에는 그 양도·처분의 이익까지도 포함하는 것으로 보는 것이 타당하다. 또한 제3자의 이익을 보호하기 위해서나 회사의 자금조달의 편의를 위해서 정관에 반하지 않는 한 신주인수권의 양도를 인정하여야 할 것이다.[167)]

(5) 위반의 효과

제3자의 신주인수권은 계약상의 권리이므로 회사가 제3자의 신주인수권을 무시하고 신주발행을 한 경우에 신주발행이 무효로 되지 않으며, 채무불이행에 의한 손해배상책임을 지게 된다. 이 경우 이사가 악의 또는 중과실로 그 임무를 해태한 경우에는 제3자에 대하여 연대하여 손해배상책임을 지게 된다(상법 제401조). 그러나 신주발행유지청구권이나 신주발행무효의 소는 인정되지 않는다.

3. 신주발행의 절차

1) 신주발행사항의 결정

회사가 성립한 후 신주를 발행하는 경우 정관으로 주주총회에서 정하기로 정한 경우를 제외하고는 신주발행사항들은 이사회에서 정하게 되는데 ① 신주의 종류와 수, ② 신주의

167) 정찬형, 950면.

발행가액과 납입기일, ③ 신주의 인수방법, ④ 현물출자를 하는 자의 성명과 그 목적인 재산의 종류, 수량, 가액과 이에 대하여 부여할 주식의 종류와 수, ⑤ 주주가 가지는 신주인수권을 양도할 수 있는 것에 관한 사항, ⑥ 주주의 청구가 있는 때에만 신주인수권증서를 발행한다는 것과 그 청구기간 등이다. 이사가 1인인 회사는 이사회가 없으므로 신주발행사항은 주주총회에서 결정한다(상법 제383조 제4항).

2) 신주배정일의 지정·공고와 청약최고

회사는 일정한 날을 정하여 그 날에 주주명부에 기재된 주주가 신주인수의 권리를 가진다는 뜻과 신주인수권을 양도할 수 있을 경우에는 그 뜻을, 그 날의 2주간 전에 공고하여야 한다(상법 제418조 제3항). 회사는 신주의 인수권을 가진 자에 대하여 그 인수권을 가지는 주식의 종류 및 수와 일정한 기일까지 주식인수의 청약을 하지 아니하면 그 권리를 잃는다는 뜻을 통지하여야 한다(상법 제419조 제1항). 통지 또는 공고에도 불구하고 그 기일까지 주식인수의 청약을 하지 아니한 때에는 신주의 인수권을 가진 자는 그 권리를 잃는다(상법 제419조 제4항). 이러한 실권예고부최고의 경우 모집설립시 주식인수인에 대한 실권예고부최고납입최고와는 달리 다시 일정한 기일을 정하여 청약최고를 할 필요없이 청약기일의 경과로 당연히 실권한다.

3) 주주모집

정관에 의한 신주인수권의 제한 때문에 그 대상으로 되지 아니한 주식과 신주인수권자의 실권주식에 관하여는 회사가 일반 공중으로부터 주주를 모집할 수 있다. 모집의 범위를 회사임원·종업원·거래처 등과 같이 연고사를 한정하는 연고모집과 모집범위를 한정하지 않고 널리 일반으로부터 주주를 모집하는 공모가 있다. 우리나라 상장회사가 모집에 의해 신주발행하는 경우는 대부분 공모에 의하고 있다.

공모의 방법에는 발행회사 자신이 직접 모집절차를 취하는 직접모집방식과 발행회사로부터 위탁받은 증권회사가 모집의 절차를 취하는 간접모집방식이 있다. 간접모집은 증권회사가 모집을 주선하기만 하는 모집주선과 증권회사가 모집을 주선하고 잔여 주식을 인수하는 잔액인수, 그리고 증권회사 발행회사의 주식을 전부 인수하여 일반에게 매출하는 총액인수의 방식이 있다.

4) 인수

회사설립절차와 유사하게 청약과 배정에 의하여 주식인수가 이루어진다. 이사는 주식청약서를 작성하여 한다. 주식청약서에는 ① 상호, 발행예정주식 총수, 1주의 금액, ② 이익소각을 정한 때에는 그 규정, 납입을 맡을 금융기관과 납입장소, 명의개서대리인을 둔 경우에는 그 성명·주소 및 영업소, ③ 신주의 종류와 수, 발행가액과 납입기일, 인수방법, 현물출자에 관한 사항, ④ 액면미달발행을 한 경우에 발행조건과 미상각액, ⑤ 주주의 신주인수권에 제한이 있는 경우 그 내용, 특정의 제3자에게 신주인수권을 부여하는 경우에는 그 사항, ⑥ 주식발행결의의 연월일 등을 기재하여야 한다(상법 제420조).

신주인수권증서를 발행한 경우에는 신주인수권증서에 의하여 주식의 청약을 한다(상법 제420조의4 제1항). 신주인수권증서를 상실한 자는 주식청약서에 의하여 주식의 청약을 할 수 있으나, 그 청약은 신주인수권증서에 의한 청약이 있는 때에는 그 효력을 잃는다(상법 제420조의4 제2항).

주식인수의 청약에 대하여 회사는 배정을 하는데 이로서 주식인수가 성립한다. 배정에 의하여 주식인수는 완결되고 배정된 주식수가 청약한 주식수에 미달한다고 하여 인수인이 이의를 제기할 수 없다.

5) 납입 및 현물출자의 검사

이사는 신주의 인수인으로 하여금 그 배정한 주식의 수에 따라 납입기일에 그 인수한 각주에 대한 인수가액의 전액을 납입시켜야 한다(상법 제421조). 현물출자를 하는 자가 있는 경우에는 이사는 이를 조사하게 하기 위하여 검사인의 선임을 법원에 청구하여야 하며, 이 경우 공인된 감정인의 감정으로 검사인의 조사에 갈음할 수 있다(상법 제422조 제1항). 법원은 검사인의 조사보고서 또는 감정인 감정결과를 심사하여 위 사항을 부당하다고 인정한 때에는 이를 변경하여 이사와 현물출자를 한 자에게 통고할 수 있으며, 이러한 변경에 불복하는 현물출자를 한 자는 그 주식의 인수를 취소할 수 있다(상법 제422조 제2항, 제3항). 그리고 법원의 통고가 있은 후 2주내에 주식의 인수를 취소한 현물출자를 한 자가 없는 때에는 검사인이 조사한 사항은 통고에 따라 변경된 것으로 본다(상법 제422조 제4항).

6) 신주발행의 효력발생

신주의 인수인은 납입 또는 현물출자의 이행을 한 때에는 납입기일의 다음 날로부터 주주의 권리·의무가 있다(상법 제423조 제1항). 신주의 인수인이 납입기일에 납입 또는 현물출자의 이행을 하지 아니한 때에는 그 권리를 잃는데(상법 제423조 제2항), 이로서 신주의 인수인에 대한 손해배상의 청구에 영향을 미치지 아니한다(상법 제423조 제3항).

7) 등기

신주발행의 효력이 생기면 회사의 발행주식 총수 및 자본의 총액 등에 변경이 생기므로 일정한 기간 내에 변경등기를 하여야 한다(상법 제317조 제4항, 제183조). 신주발행의 변경등기의 본질적 효력은 이미 효력을 발생하고 있는 신주발행 및 이에 따른 자본증가 등을 공시하는 효력이 있다. 이외에도 신주의 발행으로 인한 변경등기를 한 날로부터 1년을 경과한 후에는 신주를 인수한 자는 주식청약서 또는 신주인수권증서의 요건의 흠결을 이유로 하여 그 인수의 무효를 주장하거나 사기, 강박 또는 착오를 이유로 하여 그 인수를 취소하지 못하며, 그 주식에 대하여 주주의 권리를 행사한 때에도 같다(상법 제427조).

4. 액면미달빌행금지

1) 의의

회사가 신주를 액면미달로 발행하는 경우에는 회사채권자를 해할 우려가 있으므로 상법은 원칙적으로 주식의 액면미달발행을 금지하고 있다. 그러나 이 원칙을 고수하면 회사주식의 시가가 액면가 이하인 경우 회사성립 후의 자금조달이 사실상 불가능하게 되므로 엄격한 조건아래에서 액면미달발행을 할 수 있도록 하고 있다.

2) 요건

회사가 성립한 날로부터 2년을 경과한 후에 주식을 발행하는 경우에는 회사는 주주총회의 특별결의와 법원의 인가를 얻어서 주식을 액면미달의 가액으로 발행할 수 있으며, 주주총회의 결의에서는 주식의 최저발행가액을 정하여야 한다(상법 제417조 제1항, 제2항). 법원은 회사의 현황과 제반사정을 참작하여 최저발행가액을 변경하여 인가할 수 있고 이 경우에 법원은 회사의 재산상태 기타 필요한 사항을 조사하게 하기 위하여 검사인을 선임할 수 있다(상법 제417조 제3항). 회사는 법원의 인가를 얻은 날로부터 1월내에 신주발행을 하여야 한다(상법 제417조 제4항).

3) 회사채권자보호절차

회사가 신주를 할인발행하는 경우 회사채권자보호를 위하여 액면미달금액의 총액은 대차대조표자산의 부에 계상할 수 있게 하고, 계상금액은 주식발행 후 3년내의 매결산기에 균등액이상의 상각을 하여야 하도록 하고 있다(상법 제455조 제1항, 제2항). 또한 주식청약서와 신주인수권증서에 할인발행의 조건과 미상각액을 기재하여야 하고(상법 제420조 제4호, 제420조의2 제2항 제2호), 신주발행으로 인한 변경등기에 할인발행으로 인한 미상각액을 등기하여야 한다(상법 제426조).

5. 신주발행의 하자

1) 이사의 자본충실책임

신주의 발행으로 인한 변경등기 후 아직 인수하지 아니한 주식이 있거나 주식인수의 청약이 취소된 때에는 이사가 이를 공동으로 인수한 것으로 본다(상법 제428조 제1항). 이사의 인수담보책임은 무과실책임이므로 이사 전원이 인수하고 납입하여야 할 연대책임이다. 이것은 회사 설립 시의 발기인의 자본충실책임과 거의 유사하나 신주발행시에는 신주를 인수한 후 납입하지 않으면 인수인은 당연히 실권하여 무효가 되므로 납입담보책임은 발생할 여지가 없다. 회사 설립 시에는 인수·납입되지 않은 주식이 현저하게 많은 경우에는 발기인의 자본충실책임으로 해결할 것이 못되므로 회사의 설립이 무효로 되나,

신주발행시에는 인수되지 아니한 부분이 아무리 많다고 하더라도 신주발행의 효력에는 영향이 없고 모두 이사의 자본충실책임으로 돌아간다.[168]

2) 신주발행의 유지청구권

(1) 의의

회사가 법령 또는 정관에 위반하거나 현저하게 불공정한 방법에 의하여 주식을 발행함으로써 주주가 불이익을 받을 염려가 있을 때에는 그 주주는 회사에 대하여 그 발행을 유지할 것을 청구할 수 있다(상법 제424조). 제3자의 신주인수권이 있는데 이를 무시하고 신주발행을 하는 경우에는 회사에 대하여 신주발행유지청구를 하지 못하고 다만 손해배상을 청구할 수 있을 뿐이다.

(2) 요건

회사가 법령 또는 정관에 위반하거나 현저하게 불공정한 방법에 의하여 신주를 발행할 것을 요건으로 한다. 법령 또는 정관에 위반한 경우의 예로는 이사회의 결의 없는 신주발행, 발행예정주식 총수를 초과하는 주식발행, 신주인수권을 무시한 신주발행 등이 있고, 현저하게 불공정한 방법의 예로는 임원 등 특정인에 대한 신주의 과다배정, 현물출자를 과대하게 평가한 경우 등이다. 또한 이로 인하여 주주가 불이익을 받을 염려가 있어야 하는데, 이것은 특정 주주에게 직접 불이익이 생기는 경우를 말하고, 회사에 손해가 생김으로써 모든 주주에게 간접적으로 불이익이 생기는 경우는 제외한다.[169]

(3) 절차

신주발행의 유지청구를 할 수 있는 자는 불이익을 입을 염려가 있는 주주이며 단독주주도 청구가 가능하다. 또한 신주인수권의 유무나 의결권의 유무도 문제되지 않는다. 청구의 상대방은 회사가 된다. 신주발행의 유지청구는 신주발행의 효력이 생기는 납입기일의

---

168) 최준선, 554면.
169) 이철송, 723면; 정찬형, 962면.

다음날 이전에 행사하여야 하며(상법 제423조 제1항), 소나 혹은 소 이외의 방법에 의하여 청구할 수 있다.

(4) 효과

주주가 유지청구를 하면 회사는 신주발행의 위법·불공정 여부를 심사하여야 할 주의의무를 부담하게 되며, 회사가 유지를 결정하게 되면 신주발행절차의 전부가 효력이 없게 된다. 신주발행이 위법·불공정함에도 불구하고 강행한 경우에는 대표이사 등에게 중과실이 있는 것으로 볼 수 있고 회사에 대하여 손해배상을 청구하거나 이사의 제3자에 대한 책임을 물어 손해배상을 청구할 수 있다.

신주발행유지의 청구가 소로서 제기되어 이에 기한 유지의 판결이나 가처분이 있음에도 불구하고 이에 위반하여 신주를 발행한 경우에 신주발행은 무효가 된다. 신주발행유지의 청구가 소 이외의 방법으로 한 경우 이를 무시하고 한 신주발행은 무효원인이 되지 않고 다만 이사의 책임이 생길 뿐이다.[170] 위법·불공정하지 않음에도 불구하고 신주발행을 유지한 경우에는 대표이사 등의 과실이 있다고 보아야 할 것이므로 이로 인하여 회사가 손해가 생겼다면 이사들이 회사에 대하여 손해배상책임을 진다(상법 제399조).

3) 통모인수인의 책임

(1) 의의

이사와 통모하여 현저하게 불공정한 발행가액으로 주식을 인수한 자는 회사에 대하여 공정한 발행가액과의 차액에 상당한 금액을 지급할 의무가 있다(상법 제424조의2). 이사가 특정 주주 또는 제3자에게 불공정한 발행가로 주식을 인수시킨다면 회사의 자본충실을 해하고 다른 주주들의 이익을 해칠 가능성이 있으므로 주식인수인에게 공정한 가액과 발행가액과의 차액을 직접 회사에 지급할 의무를 부담시키고 있다.

170) 정찬형, 963면.

(2) 요건

첫째, 발행가액이 현저하게 불공정하여야 한다. 여기서 발행가액이란 이사회에서 발행사항으로 정하는 발행가액이 아니고 인수인이 실제 납입한 인수가액을 말한다. 이사회에서 정하는 발행가액과 인수인이 납입하는 인수가액이 다를 수 있는데 이때 회사의 자본충실과 관련하여 실제적인 의미를 갖는 것은 인수인이 납입한 금액이기 때문이다. 따라서 이사회에서 정한 발행가액이 불공정하고 인수가액도 불공정할 때 인수인의 책임이 발생하는 것은 물론이지만, 발행가액이 불공정하더라도 인수가액이 공정하다면 인수인의 책임은 발생하지 않는다.[171]

둘째, 인수인이 이사와 통모할 것을 요한다. 여기서 통모란 이사와 인수인이 사전에 모의하는 것을 말하며, 단지 현저하게 불공정한 가액임을 알고 있었다는 것만으로는 부족하다.

(3) 책임

인수인은 공정한 가액과의 차액에 상당하는 금액을 회사에 지급하여야 한다. 이러한 책임은 주식이 양도되더라도 책임은 이전되지 않는다. 인수인의 책임은 이사의 회사 또는 주주에 대한 손해배상의 책임에 영향을 미치지 아니한다(상법 제424조의2 제3항). 회사가 통모인수인에 대한 책임을 추궁하여야 하나 이사와 통모한 자에 대하여 회사가 책임을 추궁하지 않을 가능성이 있으므로 주주대표소송이 인정된다(상법 제424조의2 제2항). 대표소송을 제기할 수 있는 소수주주가 보유해야 하는 주식비율은 비상장회사는 100분의 1이상이다(상법 제403조). 이에 비하여 상장법인은 6개월전부터 계속하여 상장회사 발행주식 총수의 10,000분의 1이상이다(상법 제542조의6 제6항).

4) 신주발행무효의 소

(1) 의의와 소제기원인

신주발행의 무효는 주주·이사 또는 감사에 한하여 신주를 발행한 날로부터 6월 내에

171) 이철송, 725면.

소만으로 이를 주장할 수 있다(상법 제429조). 상법에는 신주발행의 무효원인을 규정하고 있지 않다. 신주발행이 법령이나 정관에 위반한 경우 일단 발행되어 유통되면 이해당사자들의 이익을 고려하지 않을 수 없고 무효원인을 엄격하게 해석하여야 한다. 그러므로 주식회사의 본질에 반하는 중대한 위법행위만을 신주발행의 무효원인으로 보아야 할 것이다. 예컨대 수권주식총수를 초과하는 신주발행, 정관에서 인정하지 않는 종류의 신주발행, 법정의 절차를 밟지 않고 한 액면미달의 신주발행, 주주의 신주인수권을 무시한 신주발행 등이 여기에 해당한다.[172)]

(2) 다른 소송과의 관계

신주발행을 위한 이사회 또는 주주총회의 결의에 하자가 있는 경우에는 그 하자는 신주발행의 하자에 흡수되어 신주발행무효의 소만 제기할 수 있다. 한편 신주발행의 전제요건인 발행예정주식 총수 또는 수종의 주식 등에 관한 정관규정을 변경하는 주주총회결의에 하자가 있음에도 불구하고 이것을 근거로 신주발행이 이루어진 경우에 하자를 다투는 방법이 문제되는데 결의하자의 소와 신주발행무효의 소 양자를 동시에 제기할 수 있고, 이를 병합하여야 한다고 해석한다.[173)]

(3) 당사자 및 제소기간

주주나 이사, 감사에 한하여 소를 제기할 수 있으며 회사를 피고로 하여야 한다. 주주는 주주명부에 등제된 자에 한하여 제소할 수 있으며, 소송 중에 주식의 양도 등으로 주주가 변동되는 경우에는 새로운 주주가 소송을 수계하거나 요건을 충족하는 한 새로운 소를 제기할 수도 있다.[174)] 소는 신주를 발행한 날로부터 6월내에 제기하여야 한다. 6월내에 제기한 소에서 6월 이후에 새로운 무효원인을 청구원인으로 추가할 수 없다는 뜻도 포함하는 것으로 해석하여야 한다.[175)]

---

172) 정찬형, 967면.
173) 이철송, 731면.
174) 대법원 2003. 2. 26. 선고 2000다42786 판결.
175) 이철송, 731-732면.

4) 판결의 효력

신주발행무효의 판결이 확정된 때에는 판결의 효력은 제3자에게도 효력이 미치며, 신주는 장래에 대하여 그 효력을 잃는다. 이 경우에는 회사는 지체 없이 그 뜻과 3월 이상의 일정한 기간 내에 신주의 주권을 회사에 제출할 것을 공고하고 주주명부에 기재된 주주와 질권자에 대하여는 각별로 그 통지를 하여야 한다(상법 제431조 제2항).

신주발행무효의 판결이 확정된 때에는 회사는 신주의 주주에 대하여 그 납입한 금액을 반환하여야 한다(상법 제432조 제1항). 그 반환금액이 판결확정시의 회사의 재산상태에 비추어 현저하게 부당한 때에는 법원은 회사 또는 전항의 주주의 청구에 의하여 그 금액의 증감을 명할 수 있다(상법 제432조 제2항). 또한 신주의 주주가 환급을 받는 경우 신주의 질권자는 환급금액에 대해 물상대위권을 행사할 수 있다(상법 제432조 제3항, 제339조, 제340조 제1항·제2항).

무효판결에 의해 주식이 실효되고 신주발행으로 인하여 늘어난 발행주식수와 자본은 발행 전의 상태로 돌아간다. 따라서 발행예정주식 총수의 미발행부분이 부활하고 그 부분의 신주발행이 가능하다.

대법원 2009. 1. 30. 선고 2008다50776 판결

[1] 상법 제418조 제1항, 제2항의 규정은 주식회사가 신주를 발행하면서 주주 아닌 제3자에게 신주를 배정할 경우 기존 주주에게 보유 주식의 가치 하락이나 회사에 대한 지배권 상실 등 불이익을 끼칠 우려가 있다는 점을 감안하여, 신주를 발행할 경우 원칙적으로 기존 주주에게 이를 배정하고 제3자에 대한 신주배정은 정관이 정한 바에 따라서만 가능하도록 하면서, 그 사유도 신기술의 도입이나 재무구조 개선 등 기업 경영의 필요상 부득이한 예외적인 경우로 제한함으로써 기존 주주의 신주인수권에 대한 보호를 강화하고자 하는 데 그 취지가 있다. 따라서 주식회사가 신주를 발행함에 있어 신기술의 도입, 재무구조의 개선 등 회사의 경영상 목적을 달성하기 위하여 필요한 범위 안에서 정관이 정한 사유가 없는데도, 회사의 경영권 분쟁이 현실화된 상황에서 경영진의 경영권이나 지배권 방어라는 목적을 달성하기 위하여 제3자에게 신주를 배정하는 것은 상법 제418조 제2항을 위반하여 주주의 신주인수권을 침해하는 것이다.

[2] 신주발행을 사후에 무효로 하는 경우 거래의 안전과 법적 안정성을 해할 우려가 큰 점을 고려할 때 신주발행무효의 소에서 그 무효원인은 가급적 엄격하게 해석하여야 한다. 그러나 신주발행에 법령이나 정관의 위반이 있고 그것이 주식회사의 본질 또는 회사법의 기본원칙에 반하거나 기존 주주들의 이익과 회사의 경영권 내지 지배권에 중대한 영향을 미치는 경우로서 주식에 관련된 거래의 안전, 주주 기타 이해관계인의 이익 등을 고려하더라도 도저히 묵과할 수 없는 정도라고 평가되는 경우에는 그 신주의 발행을 무효라고 보지 않을 수 없다.

수원지법 2007. 9. 21. 선고 2007가합5499 판결

지주회사가 자회사의 주식을 취득하기 위하여 정관 규정에 따라 자회사의 주식을 보유한 자에게 제3자배정 방식으로 신주를 발행하고 자회사의 주식을 현물출자받은 사안에서, 위 신주발행은 지주회사의 사업목적, 지주회사와 자회사 및 다른 자회사 사이의 사업관계에 따른 지배강화의 필요성, 자회사 주식 취득에 의한 현물출자의 효율성 등에 비추어 볼 때, 경영상 목적 달성을 위한 적정하고 비례적인 조치로서 지주회사 주주의 신주인수권을 부당하게 침해한 것이 아니라고 한 사례.

서울중앙지법 2008. 4. 28. 자 2008카합1306 결정

[1] 상법 제418조에서 "① 주주는 그가 가진 주식 수에 따라서 신주의 배정을 받을 권리가 있다. ② 회사는 제1항의 규정에 불구하고 정관에 정하는 바에 따라 주주 외의 자에게 신주를 배정할 수 있다. 다만, 이 경우에는 신기술의 도입, 재무구조의 개선 등 회사의 경영상 목적을 달성하기 위하여 필요한 경우에 한한다"라고 규정하고 있는데, 이는 주주가 비례적으로 가지고 있는 회사에 대한 지배권을 유지시키기 위하여 원칙적으로 주주에게 신주인수권을 부여하는 법제를 취한다는 점을 명시적으로 밝히면서도, 회사의 경영상 합리적인 필요가 있고, 이를 정관에 규정하고 있는 경우에 한하여 주주의 신주인수권을 배제할 수 있도록 규정한 것으로 봄이 상당하다. 그러므로 신주발행이 주주의 종전 지배권에 미치는 영향, 회사가 신주를 발행한 목적 등을 종합하여, 자본을 조달하려는 목적이 회사의 이익에 부합하지 아니할 뿐만 아니라 그 목적 달성을 위하여 주주의 신주인수권을 배제하는 것이 상당하다고 인정할 만한 아무런 사정이 없는 상황에서 주주의 신주인수권을 배제하고 제3자배정 방식으로 신주를

발행하는 등 그 발행 방법이 현저하게 불공정한 경우에는 신주발행이 무효이다.

[2] 가처분채무자가 이미 발행한 신주의 효력에 영향을 미치는 가처분은, 가처분권리자로서는 권리가 종국적으로 만족을 받는 것과 동일한 결과에 이르게 되는 반면, 가처분채무자로서는 본안소송에서 다투어 볼 기회조차 없이 기존에 발행한 주식의 효력이 부정되어 향후 원활한 자본조달에 어려움을 겪게 될 개연성이 있다는 점을 고려할 때, 주식의 발행이 현저하게 불공정하다는 사정이 통상의 보전처분보다 고도로 소명되는 경우에만 허용된다.

Ⅱ. 특수한 신주발행

1. 준비금의 자본전입에 의한 신주발행

1) 의의

회사는 이사회의 결의에 의하여 준비금의 전부 또는 일부를 자본에 전입할 수 있으며 주주에 대하여 그가 가진 주식의 수에 따라 주식을 발행하여야 한다(상법 제461조 제1항, 제2항). 준비금의 자본전입은 신주의 무상교부가 있게 되므로 실질적으로는 주식의 분할과 비슷한 경제적 효과가 생긴다. 자본전입의 대상이 되는 준비금은 법정준비금에 한한다고 보며, 이익준비금이든 자본준비금이든 무방하다.

2) 신주의 효력발생시기

준비금의 자본전입은 원칙적으로 이사회결의에 의하지만 정관규정에 의하여 주주총회 결의사항으로 할 수 있다(상법 제461조 제1항). 이사회결의가 있은 때에는 회사는 일정한 날을 정하여 그 날에 주주명부에 기재된 주주가 신주의 주주가 된다는 뜻을 그 날의 2주간 전에 공고하여야 한다. 그러나 그 날이 주주명부폐쇄기간 중인 때에는 그 기간의 초일의 2주간 전에 이를 공고하여야 한다(상법 제461조 제3항). 자본전입에 관하여 주주총회결의에 의한 경우에는 주주는 주주총회의 결의가 있은 때로부터 신주의 주주가 된다(상법 제461조 제4항). 한편 회사는 신주에 대한 이익이나 이자배당에 관하여 정관이 정하는 바에 따라 그 청구를 한 때가 속한 영업연도의 직전영업연도말에 주주가 되는 것으로 할 수 있다(상법 제461조 제6항).

3) 무상주 교부의 통지·공고 등

준비금의 자본전입으로 신주의 주주가 된 때에는 이사는 지체 없이 신주를 받은 주주와 주주명부에 기재된 질권자에 대하여 그 주주가 받은 주식의 종류와 수를 통지하고, 무기명식의 주권을 발행한 경우에는 결의의 내용을 공고하여야 한다(상법 제461조 제5항). 준비금의 자본전입으로 발행되는 신주는 실질적으로 종전의 주식의 분할에 의하여 생긴 것과 같으므로, 주식이 입질된 경우 그 주주가 받은 무상주식 및 단주의 처분에 의하여 받은 대금위에 물상대위의 효력이 생긴다(상법 제461조 제7항, 제339조).

2. 주식배당에 의한 신주발행

회사는 주주총회의 결의에 의하여 이익의 배당을 새로이 발행하는 주식으로써 할 수 있으며, 주식에 의한 배당은 이익배당총액의 2분의 1에 상당하는 금액을 초과하지 못한다(상법 제462조의2 제1항). 다만 상장법인의 경우 주식의 시가가 액면액 이상이면 이익배당총액을 주식배당으로 할 수 있다(자본시장과 금융투자업에 관한 법률 제165조의13 제1항).

주식배당은 주식의 권면액으로 하며, 회사가 수종의 주식을 발행한 때에는 각각 그와 같은 종류의 주식으로 할 수 있다(상법 제462조의2 제2항). 주식으로 배당을 받은 주주는 배당결의가 있는 주주총회가 종결한 때부터 신주의 주주가 된다(상법 제462조의2 제4항). 이사는 주식배당결의가 있는 때에는 지체 없이 배당을 받을 주주와 주주명부에 기재된 질권자에게 그 주주가 받을 주식의 종류와 수를 통지하고, 무기명식의 주권을 발행한 때에는 결의의 내용을 공고하여야 한다(상법 제462조의2 제5항).

3. 전환주식 또는 전환사채의 전환에 의한 신주발행

회사가 수종의 주식을 발행하는 경우에는 정관으로 주주는 인수한 주식을 다른 종류의 주식으로 전환을 청구할 수 있음을 정할 수 있는데 이를 전환주식이라 한다. 이 경우에는 전환의 조건, 전환의 청구기간과 전환으로 인하여 발행할 주식의 수와 내용을 정하여야 한다(상법 제346조 제1항). 주식의 전환을 청구하는 자는 청구서 2통에 주권을 첨부하여 회사에 제출하여야 하며(상법 제349조 제1항), 주식의 전환은 그 청구를 한 때에 효력이 생긴다(상법 제350조 제1항). 또한 회사는 사채를 주식으로 전환할 수 있는 전환사채를 발행할 수 있는데(상법 제513조 제1항), 전환은 그 청구한 때에 효력이 생긴다(상법 제516조 제2항, 제350조).

전환주식이 전환되어 신주가 발행된 경우 전환주식과 신주식의 수가 동수이면 자본의 변동이 없으나 신주식의 주가 증가하면 자본은 증가한다. 그러나 전환사채는 언제나 발행되는 신주의 액면총액만큼 자본이 증가하게 된다.

4. 신주인수권부사채의 신주인수권행사에 의한 신수발행

신주인수권이 부여된 사채를 신주인수권부사채라고 하며, 신주인수권의 행사에 의하여 신주가 발행된다. 사채권자의 신주인수권행사에 의하여 발행된 신주의 효력발생시기는 원칙적으로 대용납입이 허용되지 않으므로 신주의 발행가액의 전액을 납입한 때이나, 이익이나 이자의 배당에 관하여는 신주인수권을 행사한 때가 속하는 영업연도말에 신주발행의 효력이 생긴 것으로 본다(상법 제516조의9, 제350조 제3항).

신주인수권부사채권자의 신주인수권행사에 의한 신주발행의 효과로 회사의 자본이 증가하며 재산도 증가한다. 대용납입이 인정되는 경우에는 신주인수권행사시에 신주발행의 효력이 발생하며 자본은 증가하나 재산은 증가하지 않게 된다.

5. 기타 신주발행의 경우

회사의 흡수합병이나 분할합병의 경우에 신주를 발행하게 되는데 이때에는 흡수합병 또는 분할합병의 효력이 발생하는 때 그 효력이 발생한다. 그리고 주식의 포괄적 교환이나 이전에 의하여 완전자회사의 주주에게 신주를 발행하게 되는데 신주발행의 효력은 주식교환을 할 날에 발생한다. 그 외에도 주식의 병합이나 분할에 의하여도 신주를 발행하게 된다.

Ⅲ. 자본의 감소

1. 의의

자본감소란 회사의 자본액을 감소하는 것으로서 회사채권자에게 미치는 영향이 크기 때문에 상법에서는 그 요건을 엄격히 하고 있다. 자본감소의 방법으로는 주금액의 감소, 주식수의 감소, 양자를 병행하는 방법 등이 있다. 주식수를 감소하는 방법으로는 주식을 병합하는 방법과 주식을 소각하는 방법이 있다.

주식의 병합은 여러 주식을 합하여 그보다 적은 수의 주식을 발행하는 방법이며, 모든 주주에 대해 균등하게 실시하여야 한다. 주식의 소각은 발행주식의 일부를 소멸시키는 것으로 소각에 동의한 주주의 주식에 대해서만 할 수도 있고, 동의에 관계없이 회사가 일방적으로 할 수도 있다. 또한 주식의 소각에 따라 주주에게 주금을 지급할 수도 있고, 않을 수도 있다.[176)]

2. 절차

1) 주주총회특별결의

자본의 감소는 주주총회의 특별결의에 의하여야 하며(상법 제438조 제1항), 그 결의에서 감소의 방법을 정하여야 한다(상법 제439조 제1항). 액면가는 정관기재사항이므로 액면가를 감액하는 방법을 택하면 정관변경을 요하지만 다른 방법의 경우에는 정관변경을 할 필요가 없다. 주식수의 감소로 발행주식 총수가 발행예정주식 총수의 4분의 1이하가 되더라도 정관변경은 필요하지 않다.

---

176) 이철송, 740면.

2) 채권자보호절차

회사는 자본감소의 결의가 있은 날부터 2주내에 회사채권자에 대하여 자본감소에 이의가 있으면 1월 이상의 일정한 기간 내에 이를 제출할 것을 공고하고 알고 있는 채권자에 대하여는 따로따로 이를 최고하여야 한다. 채권자가 이 기간 내에 이의를 제출하지 아니한 때에는 자본감소를 승인한 것으로 본다. 이의를 제출한 채권자가 있는 때에는 회사는 그 채권자에 대하여 변제 또는 상당한 담보를 제공하거나 이를 목적으로 하여 상당한 재산을 신탁회사에 신탁하여야 한다(상법 제439조 제2항, 제232조 제1항 · 제2항 · 제3항). 사채권자가 이의를 함에는 사채권자 집회의 결의가 있어야 하고 이 경우에는 법원은 이해관계인의 청구에 의하여 사채권자를 위하여 이의의 기간을 연장할 수 있다(상법 제439조 제3항).

3) 주식병합 · 소각

주식을 병합할 경우에는 회사는 1월 이상의 기간을 정하여 그 뜻과 그 기간 내에 주권을 회사에 제출할 것을 공고하고 주주명부에 기재된 주주와 질권자에 대하여는 각별로 그 통지를 하여야 하며(상법 제440조) 그 기간이 만료한 때에 그 효력이 생긴다(상법 제441조).

주식을 병합하는 경우에 구주권을 회사에 제출할 수 없는 자가 있는 때에는 회사는 그 자의 청구에 의하여 3월 이상의 기간을 정하고 이해관계인에 대하여 그 주권에 대한 이의가 있으면 그 기간 내에 제출할 뜻을 공고하고 그 기간이 경과한 후에 신주권을 청구자에게 교부할 수 있다(상법 제442조 제1항).

병합에 적당하지 아니한 수의 주식이 있는 때에는 그 병합에 적당하지 아니한 부분에 대하여 발행한 신주를 경매하여 각주수에 따라 그 대금을 종전의 주주에게 지급하여야 한다. 그러나 거래소의 시세 있는 주식은 거래소를 통하여 매각하고, 거래소의 시세없는 주식은 법원의 허가를 받아 경매외의 방법으로 매각할 수 있다(상법 제443조 제1항)

3. 자본감소의 무효

1) 자본감소무효의 소

자본감소의 무효는 주주 · 이사 · 감사 · 청산인 · 파산관재인 또는 자본감소를 승인하지 아니한 채권자에 한하여 자본감소로 인한 변경등기가 있는 날로부터 6월내에 소만으로 주장할 수 있다(상법 제445조). 판결의 효력은 원고가 승소하면 총회결의하자소송과 같이 대세적 효력과 소급효가 있다(상법 제446조, 제377조, 제176조 제4항, 제185조~제189조, 제192조). 원고가 패소하면 원고에게 악의 또는 중과실이 있는 때에는 원고가 회사에 대하여 연대하여 손해배상책임을 진다(상법 제446조, 제191조).

2) 주주총회결의취소의 소와의 관계

자본감소에 관한 주주총회결의 취소의 소와 자본감소무효의 소와의 관계가 문제된다. 자본감소의 효력발생 전에는 자본감소무효의 소는 제기할 수 없으므로 자본감소결의의 하자를 주장하는 총회결의취소의 소 등에 의하지만, 자본감소의 효력발생 후에는 자본감소 절차의 일부에 지나지 않는 자본감소의 결의의 효력만을 다투는 총회결의취소의 소 등은 자본감소무효의 소에 흡수된다고 본다. 다만 총회결의취소의 소의 제소기간이 결의가 있은 날부터 2월 이내이므로 결의절차상의 하자를 이유로 하는 감자결의취소의 소는 이 기간 내에 반드시 제기 되어야 한다. 이때 자본감소의 효력발생 전에 결의취소의 소 등이 제기된 경우로서 그 원고가 자본감소무효의 소의 제소권자라면 감자의 효력발생 후에는 자본감소무효의 소의 제기기간 내에 소의 변경절차에 따라 결의취소의 소를 감자무효의 소로 변경하여야 할 것이다.[177)]

대법원 2004. 4. 27. 선고 2003다29616 판결

[1] 법원이 감자무효의 소를 재량 기각하기 위해서는 원칙적으로 그 소제기 전이나 그 심리중에 원인이 된 하자가 보완되어야 한다고 할 수 있을 것이지만, 하자가 추후 보완될 수 없는 성질의 것으로서 자본감소 결의의 효력에는 아무런 영향을 미치지 않는 것인 경우 등에는 그 하자가 보완되지 아니하였다 하더라도 회사의 현황 등 제반 사정을 참작하여 자본감소를 무효로 하는 것이 부적당하다고 인정한 때에는 법원은 그 청구를 기각할 수 있다.

[2] 주주총회의 감자결의에 결의방법상의 하자가 있으나 그 하자가 감자결의의 결과에 아무런 영향을 미치지 아니하였고, 감자결의를 통한 자본감소 후에 이를 기초로 채권은행 등에

177) 정찬형, 986-987면.

대하여 부채의 출자전환 형식으로 신주발행을 하고 수차례에 걸쳐 제3자에게 영업을 양도하는 등의 사정이 발생하였다면, 자본감소를 무효로 할 경우 부채의 출자전환 형식으로 발행된 신주를 인수한 채권은행 등의 이익이나 거래의 안전을 해할 염려가 있으므로 자본감소를 무효로 하는 것이 부적당하다고 볼 사정이 있다고 판단한 사례.

Ⅳ. 사채

1. 사채의 발행

1) 발행의 제한

사채란 주식회사가 일반공중으로부터 비교적 장기의 자금을 집단적 대량적으로 조달하기 위하여 채권을 발행하여 부담하는 채무를 말한다. 회사는 이사회의 결의에 의하여 사채를 모집할 수 있다(상법 제469조).

현행상법에는 사채발행에 대한 여러가지 제한 규정이 있는데, 사채의 총액은 최종의 대차대조표에 의하여 회사에 현존하는 순자산액의 4배를 초과하지 못하며(상법 제470조), 회사는 전에 모집한 사채의 총액의 납입이 완료된 후가 아니면 다시 사채를 모집하지 못한다(상법 제471조). 또한 각 사채의 금액은 1만 원 이상으로 하여야 하며, 동일 종류의 사채에서는 각 사채의 금액은 균일하거나 최저액으로 정제할 수 있는 것이어야 한다(상법 제472조). 그러나 이러한 각종의 제한 규정에 대하여 2008년 상법개정안에서는 제한내용을 모두 삭제함으로써 사채발행에 대한 회사의 사율권을 보호하려 한다.

2) 사채발행의 방법

사채발행의 방법은 지접모집, 위탁모집, 인수모집, 총액인수모집, 매출발행 등의 방식이 있다. 직접모집은 기채회사가 직접 일반공중으로부터 사채를 모집하는 방법이다. 위탁모집은 기채회사가 금융전문가인 수탁회사에 사채의 발행을 위탁하는 방법이다. 인수모집은 수탁회사가 위탁모집을 통하여 사채모집을 하고 응모액이 사채총액에 달하지 않을 때 스스로 그 부족분을 인수하는 것으로 이 방법이 가장 많이 이용된다. 총액인수는 특정인이 기채회사와 단일계약으로 사채총액을 일괄하여 인수하는 방법이며, 매출발행은 사채의 총액을 확정하지 않고 일정기간을 정하여 일반공중에게 매출하는 방법으로 직접발행의 일종이다.

3) 사채모집의 절차

(1) 사채계약의 성립

사채계약은 청약과 배정에 의하여 성립한다. 사채의 모집에 응하고자 하는 자는 사채청약서 2통에 그 인수할 사채의 수와 주소를 기재하고 기명날인 또는 서명하여야 한다(상법 제474조 제1항). 사채청약서에 법정사항을 기재하도록 한 것은 일반 공중을 보호할 목적으로 사채의 내용을 널리 공시하기 위한 것일 뿐 이것이 사채계약의 내용이 되는 것은 아니므로, 법정기재사항의 일부의 기재가 없는 경우에도 그것이 일반 공중의 보호에 본질적으로 중요한 것이 아니면 사채발행의 효력에 영향을 주지 않는다고 본다.[178)]

(2) 납입

사채의 모집이 완료한 때에는 이사는 지체 없이 인수인에 대하여 각사채의 전액 또는 제1회의 납입을 시켜야 한다(상법 제476조 제1항). 주식과 달리 사채는 분할납입이 인정되고 실권절차가 없으며 주금납입에 대한 상계제한이 없고, 납입장소에 대한 제한도 없다.

2. 사채의 유통

1) 사채권

사채의 유통성을 강화하기 위하여 채권발행을 인정하고 있다. 채권은 기명식과 무기명식으로 발행할 수 있으며, 사채권자는 언제든지 기명식의 채권을 무기명식으로, 무기명식

---

178) 정찬형, 1058면.

의 채권을 기명식으로 할 것을 회사에 청구할 수 있다. 그러나 채권을 기명식 또는 무기명식에 한할 것으로 정한 때에는 그러하지 아니하다(상법 제480조).

2) 사채의 양도와 입질

(1) 기명사채

기명사채의 이전은 취득자의 성명과 주소를 사채원부에 기재하고 그 성명을 채권에 기재하지 아니하면 회사 기타의 제3자에게 대항하지 못한다(상법 제479조 제1항). 한편 명의개서대리인이 취득자의 성명과 주소를 사채원부의 복본에 기재하면 동일한 대항력이 발생한다(상법 제479조 제2항, 제337조 제2항). 기명사채의 입질에 대하여는 상법에 규정이 없으므로 민법에 따라 당사자 간의 질권설정의 의사표시와 채권의 교부가 효력발생요건이다(민법 제347조). 회사 기타 제3자에게 대항하기 위해서는 회사에 대하여 질권설정의 사실을 통지하거나 회사가 이를 승낙하여야 한다(민법 제349조).

(2) 무기명사채

무기명사채의 양도에 관해 상법에 규정이 없으므로 민법에 따라서 양수인에게 채권을 교부하여야 그 효력이 발생한다(민법 제523조). 사채의 입질은 채권을 질권자에게 교부함으로서 그 효력이 발생하고(민법 제351조), 질권자가 제3자에게 대항하기 위해서는 채권을 계속하여 점유하여야 한다.

3. 사채의 이사지급과 상환

1) 이자의 지급

사채는 이자가 지급되는데 그 이율, 지급방법과 시기는 사채계약에서 정한다. 이자지급은 사채원부에 기재된 사채권자에 대해 지급되며, 무기명사채에서 이권이 발행된 경우에는 그 소지인에게 이권과 상환하여 지급한다. 이권있는 무기명식의 사채를 상환하는 경우에 이권이 흠결된 때에는 그 이권에 상당한 금액을 상환액으로부터 공제하며, 이 경우 이권소지인은 언제든지 그 이권과 상환하여 공제액의 지급을 청구할 수 있다(상법

제486조 제1항, 제2항). 사채의 이자청구권은 5년간 행사하지 아니하면 소멸시효가 완성한다(상법 제487조 제3항).

2) 사채의 상환

사채의 상환방법·상환기간은 이사회의 사채발행결의에서 정해지며 사채의 상환은 채권과 교환으로 한다. 사채권자에게 상환할 금액이 권면액을 초과할 것을 정한 때에는 그 초과액은 각 사채에 대하여 동률이어야 한다(상법 제473조). 사채의 상환청구권은 10년간 행사하지 아니하면 소멸시효가 완성한다(상법 제487조 제1항).

4. 사채의 관리

1) 수탁회사

(1) 의의와 선임·해임

수탁회사란 기채회사로부터 사채모집의 위탁을 받은 회사를 말하며, 수탁회사는 사채모집의 위임에 따라 사채청약서의 작성, 사채청약에 대한 배정, 사채금액의 납입의 징수 등 사채발행에 필요한 행위를 할 수 있다(상법 제476조 제2항). 사채모집의 위탁을 받은 회사는 사채를 발행한 회사와 사채권자집회의 동의를 얻어서 사임할 수 있으며 부득이한 사유가 있는 경우에 법원의 허가를 얻은 때에도 같다(상법 481조). 사채모집의 위탁을 받은 회사가 그 사무를 처리함에 부적임하거나 기타 정당한 사유가 있을 때에는 법원은 사채를 발행하는 회사 또는 사채권자집회의 청구에 의하여 이를 해임할 수 있다(상법 제482조). 사채모집의 위탁을 받은 회사가 없게 된 때에는 사채를 발행한 회사와 사채권자집회의 일치로써 그 사무의 승계자를 정할 수 있고(상법 제483조 제1항), 부득이한 사유가 있는 때에는 이해관계인은 사무승계자의 선임을 법원에 청구할 수 있다(상법 제483조 제2항).

(2) 권한

사채모집의 위탁을 받은 회사는 사채권자를 위하여 사채의 상환을 받음에 필요한 재판상 또는 재판외의 모든 행위를 할 권한이 있다(상법 제484조 제1항). 또한 이 회사가 사채의 상환을 받은 때에는 지체 없이 그 뜻을 공고하고 알고 있는 사채권자에 대하여는 각별로 이를 통지하여야 하며(상법 제484조 제2항), 사채권자는 채권과 상환하여 상환액의 지급을 청구할 수 있다(상법 제484조 제3항). 사채모집의 위탁을 받은 회사가 2이상 있을 때에는 그 권한에 속하는 행위는 공동으로 하여야 하며(상법 제485조 제1항), 이 경우에 각 회사는 사채권자에 대하여 연대하여 상환액을 지급할 의무가 있다(상법 제485조 제2항).

(3) 비용부담

사채모집의 위탁을 받은 회사, 대표자 또는 집행자에 대하여 줄 보수와 그 사무처리에 요할 비용은 사채를 집행한 회사와의 계약에 약정이 있는 경우 외에는 법원의 허가를 얻어 회사로 하여금 이를 부담하게 할 수 있다(상법 제507조 제1항). 사채모집의 위탁을 받은 회사, 대표자 또는 집행자는 상환을 받은 금액에서 사채권자에 우선하여 전항의 보수와 비용의 변제를 받을 수 있다(상법 제507조 제2항).

(4) 취소의 소

회사가 어느 사채권자에 대하여 한 변제, 화해 기타의 행위가 현저하게 불공정한 때에는 사채모집의 위탁을 받은 회사는 소만으로 그 행위의 취소를 청구할 수 있다(상법 제511조 제1항). 이러한 소는 사채모집의 위탁을 받은 회사가 취소의 원인인 사실을 안 때로부터 6월, 행위가 있은 때로부터 1년 내에 제기하여야 한다(상법 제511조 제2항).

2) 사채권자집회

(1) 소집

사채권자집회는 법원의 허가를 얻어 사채권자의 이해에 중대한 관계가 있는 사항에 관하여 결의를 할 수 있다(상법 제490조) 사채권자집회는 사채를 발행한 회사 또는 사채모집의 위탁을 받은 회사가 소집하며(상법 제491조 제1항), 사채총액의 10분의 1에 해당하는 사채권자는 회의의 목적인 사항과 소집의 이유를 기재한 서면을 사채를 발행한 회사 또는 사채모집을 위탁받은 회사에 제출하여 사채권자집회의 소집을 청구할 수 있다(상법 제491조 제2항).

(2) 의결권

각사채권자는 사채의 최저액마다 1개의 의결권이 있으며(상법 제491조 제3항), 무기명식의 채권을 가진 자는 회일로부터 1주간 전에 채권을 공탁하지 아니하면 그 의결권을 행사하지 못한다(상법 제491조 제4항). 사채를 발행한 회사 또는 사채모집의 위탁을 받은 회사는 그 대표자를 사채권자집회에 출석하게 하거나 서면으로 의견을 제출할 수 있다(상법 제493조 제1항). 사채권자집회 또는 그 소집자는 필요있다고 인정하는 때에는 사채를 발행한 회사에 대하여 그 대표자의 출석을 청구할 수 있다(상법 제494조).

(3) 권한

결의사항은 법률로 정해져 있다. 자본감소의 이의(상법 제439조 제3항), 합병의 이의(상법 제530조 제2항, 제439조 3항), 사채권자집회의 대표자 및 결의집행자의 선임과 해임(상법 제500조 제1항, 제501조, 제504조), 발행회사의 기한의 이익의 박탈(상법 제505조), 발행회사의 불공정한 행위를 취소하기 위한 소제기(상법 제512조), 수탁회사의 사임동의(상법 제481조), 해임청구(상법 제482조), 사무승계자결정(상법 제483조) 등이다. 이 밖에도 법원의 허가를 얻어 사채권자에게 중대한 이해가 있는 사항에 관하여 결의할 수 있다(상법 제490조).

(4) 결의의 인가

사채권자집회의 소집자는 결의한 날로부터 1주간 내에 결의의 인가를 법원에 청구하여야 한다(상법 제496조). 일정한 경우에는 결의를 인가할 수 없는데 ① 사채권자집회소집의 절차 또는 그 결의방법이 법령이나 사채모집의 계획서의 기재에 위반한 때, ② 결의가 부당한 방법에 의하여 성립하게 된 때, ③ 결의가 현저하게 불공정한 때, ④ 결의가 사채권자의 일반의 이익에 반하는 때 등이며, 이 중에서 ①과 ②의 경우에는 법원은 결의의 내용 기타 모든 사정을 참작하여 결의를 인가할 수 있다(상법 제497조 제1항).

사채권자집회의 결의는 법원의 인가를 얻음으로써 그 효력이 생기며(상법 제498조 제1항), 또한 사채권자집회의 결의는 총사채권자에 대하여 그 효력이 있다(상법 제498조 제2항). 사채권자집회의 결의에 대하여 인가 또는 불인가의 결정이 있은 때에는 사채를 발행한 회사는 지체 없이 그 뜻을 공고하여야 한다(상법 제499조). 사채권자집회에 관한 비용은 사채를 발행한 회사가 부담한다(상법 제508조 제1항).

(5) 대표자

사채권자집회는 사채총액의 500분의 1이상을 가진 사채권자중에서 1인 또는 수인의 대표자를 선임하여 그 결의할 사항의 결정을 위임할 수 있고(상법 제500조 제1항), 대표자가 수인인 때에는 결정은 그 과반수로 한다(상법 제500조 제2항). 사채권자집회의 결의는 사채모집의 위탁을 받은 회사, 사채모집의 위탁을 받은 회사가 없는 때에는 대표자가 집행하지만, 사채권자집회의 결의로써 따로 집행자를 정한 때에는 그리하지 아니하다(상법 제501조).

5. 전환사채

1) 의의

전환사채는 발행회사의 주식으로 전환할 수 있는 권리가 부여된 사채이다. 즉 전환사채는 사채인 동시에 잠재적 주식으로 사채의 확실성과 주식의 투기성을 합한 중간형태로 볼 수 있다. 전환사채는 잠재적 주식이므로 기존주주의 보호가 고려되어야 한다. 상법은 원칙적으로 전환사채의 발행을 일반사채와 같이 이사회가 결정하도록 하면서 주주에게 사채의 인수권을 부여함을 원칙으로 하고, 혹 주주 아닌 자에게 전환사채를 발행할 경우에는 주주총회의 특별결의를 요하게 함으로써 사채발행에 관한 이사회의 결정권(상법 제469조), 그리고 주주의 신주인수권(상법 제418조 제1항)을 조화시키고 있다. 또 주식으로 전환할 때에는 별도의 납입이 없이 사채의 소멸로 신주발행의 대가를 이루므로 자본충실에 대한 배려도 하고 있다.[179]

2) 발행

(1) 주주배정의 요건

주주배정에 전환사채를 발행하는 경우에 그 발행할 수 있는 전환사채의 총액, 전환의 조건, 전환으로 인하여 발행할 주식의 내용과 전환을 청구할 수 있는 기간에 관하여 정관에 규정이 없으면 이사회의 결의에 의한다(상법 제513조 제2항). 전환사채의 인수권을 가진 주주는 그가 가진 주식의 수에 따라서 전환사채의 배정을 받을 권리가 있다. 그러나 각 전환사채의 금액 중 최저액에 미달하는 단수에 대하여는 그러하지 아니하다(상법 제513조의2).

(2) 제3자 인수의 요건

주주외의 자에 대하여 전환사채를 발행하는 경우에 그 발행할 수 있는 전환사채의 액, 전환의 조건, 전환으로 인하여 발행할 주식의 내용과 전환을 청구할 수 있는 기간에 관하여 정관에 규정이 없으면 주주총회 특별결의로써 이를 정하여야 한다. 이 경우에는 신기술의 도입, 재무구조의 개선 등 회사의 경영상 목적을 달성하기 위하여 필요한 경우에 한한다(상법 제513조 제3항). 이를 결의하기 위한 주주총회에 있어서 전환사채의 발행에 관한 의안의 요령은 통지와 공고에 기재하여야 한다(상법 제513조 제4항). 정관이나 주주총회의 결의로 제3자의 인수권을 정한 때에는 그 내용이 구체적이고 확정적이어야 한다.[180)]

대법원 2009. 5. 29. 선고 2007도4949 전원합의체 판결

[판시사항]

[1] 회사의 이사가 시가보다 현저하게 낮은 가액으로 신주 등을 발행한 경우 업무상배임죄가 성립하는지 여부

[2] 신주 등의 발행에서 주주 배정방식과 제3자 배정방식을 구별하는 기준 및 회사가 기존 주주들에게 지분비율대로 신주 등을 인수할 기회를 부여하였다면 주주들이 그 인수를 포기함

---

179) 이철송, 826면.

180) 대법원 2004. 6. 25. 선고 2000다37326 판결 참조.

에 따라 발생한 실권주 등을 시가보다 현저히 낮은 가액으로 제3자에게 배정한 경우에도 주주 배정방식으로 볼 수 있는지 여부

[3] 주주 배정방식에 의한 전환사채 발행시 주주가 인수하지 아니하여 실권된 부분을 제3자에게 발행하는 경우 전환가액 등 발행조건을 변경하여야 하는지 여부

[4] 전환사채 발행을 위한 이사회 결의에는 하자가 있었다 하더라도 실권된 전환사채를 제3자에게 배정하기로 의결한 이사회 결의에는 하자가 없는 경우, 전환사채 발행절차를 진행한 것이 업무상배임죄의 임무위배에 해당하지 않는다고 한 사례

[5] 회사 지배권 이전을 목적으로 한 전환사채의 발행이 이사의 임무위배에 해당하는지 여부(소극)

[판결요지]

[1] **[다수의견]** 주주는 회사에 대하여 주식의 인수가액에 대한 납입의무를 부담할 뿐 인수가액 전액을 납입하여 주식을 취득한 후에는 주주 유한책임의 원칙에 따라 회사에 대하여 추가 출자의무를 부담하지 않는 점, 회사가 준비금을 자본으로 전입하거나 이익을 주식으로 배당할 경우에는 주주들에게 지분비율에 따라 무상으로 신주를 발행할 수 있는 점 등에 비추어 볼 때, 회사가 주주 배정의 방법, 즉 주주가 가진 주식 수에 따라 신주, 전환사채나 신주인수권부사채(이하 '신주 등'이라 한다)의 배정을 하는 방법으로 신주 등을 발행하는 경우에는 발행가액 등을 반드시 시가에 의하여야 하는 것은 아니다. 따라서, 회사의 이사로서는 주주 배정의 방법으로 신주를 발행하는 경우 원칙적으로 액면가를 하회하여서는 아니 된다는 제약 외에는 주주 전체의 이익, 회사의 자금조달의 필요성, 급박성 등을 감안하여 경영판단에 따라 자유로이 그 발행조건을 정할 수 있다고 보아야 하므로, 시가보다 낮게 발행가액 등을 정함으로써 주주들로부터 가능한 최대한의 자금을 유치하지 못하였다고 하여 배임죄의 구성요건인 임무위배, 즉 회사의 재산보호의무를 위반하였다고 볼 것은 아니다. 그러나 주주배정의 방법이 아니라 제3자에게 인수권을 부여하는 제3자 배정방법의 경우, 제3자는 신주 등을 인수함으로써 회사의 지분을 새로 취득하게 되므로 그 제3자와 회사와의 관계를 주주의 경우와 동일하게 볼 수는 없다. 제3자에게 시가보다 현저하게 낮은 가액으로 신주 등을 발행하는 경우에는 시가를 적정하게 반영하여 발행조건을 정하거나 또는 주식의 실질가액을

고려한 적정한 가격에 의하여 발행하는 경우와 비교하여 그 차이에 상당한 만큼 회사의 자산을 증가시키지 못하게 되는 결과가 발생하는데, 이 경우에는 회사법상 공정한 발행가액과 실제 발행가액과의 차액에 발행주식수를 곱하여 산출된 액수만큼 회사가 손해를 입은 것으로 보아야 한다. 이와 같이 현저하게 불공정한 가액으로 제3자 배정방식에 의하여 신주 등을 발행하는 행위는 이사의 임무위배행위에 해당하는 것으로서 그로 인하여 회사에 공정한 발행가액과의 차액에 상당하는 자금을 취득하지 못하게 되는 손해를 입힌 이상 이사에 대하여 배임죄의 죄책을 물을 수 있다. 다만, 회사가 제3자 배정의 방법으로 신주 등을 발행하는 경우에는 회사의 재무구조, 영업전망과 그에 대한 시장의 평가, 주식의 실질가액, 금융시장의 상황, 신주의 인수가능성 등 여러 사정을 종합적으로 고려하여, 이사가 그 임무에 위배하여 신주의 발행가액 등을 공정한 가액보다 현저히 낮추어 발행한 경우에 해당하는지를 살펴 이사의 업무상배임죄의 성립 여부를 판단하여야 한다.

[대법관 양승태의 별개의견] 회사에 자금이 필요한 때에는 이사는 가능한 방법을 동원하여 그 자금을 형성할 의무가 있다 할 것이나, 이사는 회사에 필요한 만큼의 자금을 형성하면 될 뿐 그 이상 가능한 한 많은 자금을 형성하여야 할 의무를 지는 것은 아니고, 또 회사에 어느 정도 규모의 자금이 필요한지, 어떠한 방법으로 이를 형성할 것인지는 원칙적으로 이사의 경영판단에 속하는 사항이다. 그런데 신주발행에 의한 자금형성의 과정에서 신주를 저가 발행하여 제3자에게 배정하게 되면 기존 주주의 지분율이 떨어지고 주식가치의 희석화로 말미암아 구 주식의 가치도 하락하게 되어 기존 주주의 회사에 대한 지배력이 그만큼 약화되므로 기존 주주에게 손해가 발생하나, 신주발행을 통하여 회사에 필요한 자금을 형성하였다면 회사에 대한 관계에서는 임무를 위배하였다고 할 수 없고, 신주발행으로 인해 종전 주식의 가격이 하락한다 하여 회사에 손해가 있다고 볼 수도 없으며, 주주의 이익과 회사의 이익을 분리하여 평가하는 배임죄의 원칙상 이를 회사에 대한 임무위배로 볼 수 없어, 배임죄가 성립한다고 볼 수 없다.

[2] **[다수의견]** 신주 등의 발행에서 주주 배정방식과 제3자 배정방식을 구별하는 기준은 회사가 신주 등을 발행하는 때에 주주들에게 그들의 지분비율에 따라 신주 등을 우선적으로 인수할 기회를 부여하였는지 여부에 따라 객관적으로 결정되어야 할 성질의 것이지, 신주 등의 인수권을 부여받은 주주들이 실제로 인수권을 행사함으로써 신주 등을 배정받았는지

여부에 좌우되는 것은 아니다. 회사가 기존 주주들에게 지분비율대로 신주 등을 인수할 기회를 부여하였는데도 주주들이 그 인수를 포기함에 따라 발생한 실권주 등을 제3자에게 배정한 결과 회사 지분비율에 변화가 생기고, 이 경우 신주 등의 발행가액이 시가보다 현저하게 낮아 그 인수권을 행사하지 아니한 주주들이 보유한 주식의 가치가 희석되어 기존 주주들의 부(富)가 새로이 주주가 된 사람들에게 이전되는 효과가 발생하더라도, 그로 인한 불이익은 기존 주주들 자신의 선택에 의한 것일 뿐이다. 또한, 회사의 입장에서 보더라도 기존 주주들이 신주 등을 인수하여 이를 제3자에게 양도한 경우와 이사회가 기존 주주들이 인수하지 아니한 신주 등을 제3자에게 배정한 경우를 비교하여 보면 회사에 유입되는 자금의 규모에 아무런 차이가 없을 것이므로, 이사가 회사에 대한 관계에서 어떠한 임무에 위배하여 손해를 끼쳤다고 볼 수는 없다.

[대법관 김영란, 대법관 박시환, 대법관 이홍훈, 대법관 김능환, 대법관 전수안의 반대의견]

신주 등의 발행이 주주 배정방식인지 여부는, 발행되는 모든 신주 등을 모두 주주가 그 가진 주식 수에 따라서 배정받아 이를 인수할 기회가 부여되었는지 여부에 따라 결정되어야 하고, 주주에게 배정된 신주 등을 주주가 인수하지 아니함으로써 생기는 실권주의 처리에 관하여는 상법에 특별한 규정이 없으므로 이사는 그 부분에 해당하는 신주 등의 발행을 중단하거나 동일한 발행가액으로 제3자에게 배정할 수 있다. 그러나 주주 배정방식으로 발행되는 것을 전제로 하여 신주 등의 발행가액을 시가보다 현저히 저가로 발행한 경우에, 그 신주 등의 상당 부분이 주주에 의하여 인수되지 아니하고 실권되는 것과 같은 특별한 사정이 있는 때에는, 그와 달리 보아야 한다. 주주 배정방식인지 제3자 배정방식인지에 따라 회사의 이해관계 및 이사의 임무 내용이 달라지는 것이므로, 회사에 대한 관계에서 위임의 본지에 따른 선관의무상 제3자 배정방식의 신주 등 발행에 있어 시가발행의무를 지는 이사로서는, 위와 같이 대량으로 발생한 실권주에 대하여 발행을 중단하고 추후에 그 부분에 관하여 새로이 제3자 배정방식에 의한 발행을 모색할 의무가 있고, 그렇게 하지 아니하고 그 실권주를 제3자에게 배정하여 발행을 계속할 경우에는 그 실권주를 처음부터 제3자 배정방식으로 발행하였을 경우와 마찬가지로 취급하여 발행가액을 시가로 변경할 의무가 있다고 봄이 상당하다. 이와 같이 대량으로 발생한 실권주를 제3자에게 배정하는 것은, 비록 그것이 주주 배정방식으로 발행한 결과라고 하더라도, 그 실질에 있어 당초부터 제3자 배정방식으로 발행하는 것과 다를 바 없고, 이를 구별할 이유도 없기 때문이다. 그러므로 신주 등을 주주 배정방식으로 발행하였다고 하더라도, 상당 부분이 실권되었음에도, 이사가 그 실권된 부분에 관한 신주 등의 발행을 중단하지도 아니하고 그 발행가액 등의 발행조건을 제3자 배정방식으로 발행하는 경우와 마찬가지로 취급하여 시가로 변경하지도 아니한 채 발행을 계속하여 그 실권주 해당부분을 제3자에게 배정하고 인수되도록 하였다면, 이는 이사가 회사에 대한 관계에서 선관의무를 다하지 아니한 것에 해당하고, 그로 인하여 회사에 자금이 덜 유입되는 손해가 발행하였다면 업무상배임죄가 성립한다.

[3] **[다수의견]** 상법상 전환사채를 주주 배정방식에 의하여 발행하는 경우에도 주주가 그 인수권을 잃은 때에는 회사는 이사회의 결의에 의하여 그 인수가 없는 부분에 대하여 자유로이 이를 제3자에게 처분할 수 있는 것인데, 단일한 기회에 발행되는 전환사채의 발행조건은 동일하여야 하므로, 주주배정으로 전환사채를 발행하는 경우에 주주가 인수하지 아니하여 실권된 부분에 관하여 이를 주주가 인수한 부분과 별도로 취급하여 전환가액 등 발행조건을 변경하여 발행할 여지가 없다. 주주배정의 방법으로 주주에게 전환사채인수권을 부여하였지만 주주들이 인수청약하지 아니하여 실권된 부분을 제3자에게 발행하더라도 주주의 경우와 같은 조건으로 발행할 수밖에 없고, 이러한 법리는 주주들이 전환사채의 인수청약을 하지 아니함으로써 발생하는 실권의 규모에 따라 달라지는 것은 아니다.

[대법관 김영란, 대법관 박시환, 대법관 이홍훈, 대법관 김능환, 대법관 전수안의 반대의견] 상법에 특별한 규정은 없지만, 일반적으로 동일한 기회에 발행되는 전환사채의 발행조건은 균등하여야 한다고 해석된다. 그러나 주주에게 배정하여 인수된 전환사채와 실권되어 제3자에게 배정되는 전환사채를 '동일한 기회에 발행되는 전환사채'로 보아야 할 논리필연적인 이유나 근거는 없다. 실권된 부분의 제3자 배정에 관하여는 다시 이사회 결의를 거쳐야 하는 것이므로, 당초의 발행결의와는 동일한 기회가 아니라고 볼 수 있다. 그 실권된 전환사채에 대하여는 발행을 중단하였다가 추후에 새로이 제3자 배정방식으로 발행할 수도 있는 것이므로, 이 경우와 달리 볼 것은 아니다. 그리고 주주 각자가 신주 등의 인수권을 행사하지 아니하고 포기하여 실권하는 것과 주주총회에서 집단적 의사결정 방법으로 의결권을 행사하여 의결하는 것을 동일하게 평가할 수는 없는 것이므로, 대량의 실권이 발생하였다고 하여 이를 전환사

채 등의 제3자 배정방식의 발행에 있어서 요구되는 주주총회의 특별결의가 있었던 것으로 간주할 수도 없다.

[4] 전환사채 발행을 위한 이사회 결의에는 하자가 있었다 하더라도 실권된 전환사채를 제3자에게 배정하기로 의결한 이사회 결의에는 하자가 없는 경우, 전환사채의 발행절차를 진행한 것이 재산보호의무 위반으로서의 임무위배에 해당하지 않는다고 한 사례.

[5] 이사가 주식회사의 지배권을 기존 주주의 의사에 반하여 제3자에게 이전하는 것은 기존 주주의 이익을 침해하는 행위일 뿐 지배권의 객체인 주식회사의 이익을 침해하는 것으로 볼 수는 없는데, 주식회사의 이사는 주식회사의 사무를 처리하는 자의 지위에 있다고 할 수 있지만 주식회사와 별개인 주주들에 대한 관계에서 직접 그들의 사무를 처리하는 자의 지위에 있는 것은 아니고, 더욱이 경영권의 이전은 지배주식을 확보하는 데 따르는 부수적인 효과에 불과한 것이어서, 회사 지분비율의 변화가 기존 주주 자신의 선택에 기인한 것이라면 지배권 이전과 관련하여 이사에게 임무위배가 있다고 할 수 없다

(3) 발행절차

전환사채의 인수권을 가진 주주는 그가 가진 주식의 수에 따라서 전환사채의 배정을 받을 권리가 있으므로 신주발행에서와 같이 인수권을 행사할 주주를 확정하기 위하여 배정기준일을 정하고, 그 2주간 전에 배정기준일에 주주명부에 기재된 주주가 인수권을 갖는다는 뜻을 공고하여야 한다(상법 제513조의2 제2항, 제418조 제2항).

주주가 전환사채의 인수권을 가진 경우에는 각 주주에 대하여 그 인수권을 가지는 전환사채의 액, 발행가액, 전환의 조건, 전환으로 인하여 발행할 주식의 내용, 전환을 청구할 수 있는 기간과 일정한 기일까지 전환사채의 청약을 하지 아니하면 그 권리를 잃는다는 뜻을 통지하여야 한다(상법 제513조의3 제1항, 제2항, 제419조 제2항 내지 제4항).

주주 외의 자에 대하여 전환사채를 발행하는 경우에는 제3자 배정에 의한 전환사채발행과 모집에 의한 전환사채발행이 있다. 이 경우 주주총회특별결의에 따른 제3자 배정의 경우 제3자에게 소정의 전환사채를 배정하고, 모집의 경우에는 일반사채의 경우와 동일한 방법으로 배정한다.

회사가 전환사채를 발행한 때에는 납입이 완료된 날로부터 2주간 내에 본점의 소재지에서 전환사채의 등기를 하여야 한다(상법 제514조의2 제1항).

대법원 2008. 5. 29. 선고 2007도5206 판결

상법 제628조 제1항의 납입가장죄는 회사의 자본에 충실을 기하려는 상법의 취지를 해치는 행위를 처벌하려는 것인데, 전환사채는 발행 당시에는 사채의 성질을 갖는 것으로서 사채권자가 전환권을 행사한 때 비로소 주식으로 전환되어 회사의 자본을 구성하게 될 뿐만 아니라, 전환권은 사채권자에게 부여된 권리이지 의무는 아니어서 사채권자로서는 전환권을 행사하지 아니할 수도 있으므로, 전환사채의 인수 과정에서 그 납입을 가장하였다고 하더라도 상법 제628조 제1항의 납입가장죄는 성립하지 아니한다.

3) 전환의 청구와 효력

전환을 청구하는 자는 청구서 2통에 채권을 첨부하여 회사에 제출하여야 하며(상법 제515조 제1항), 이 경우 청구서에는 전환하고자 하는 사채와 청구의 연월일을 기재하고 기명날인 또는 서명하여야 한다(상법 제515조 제2항). 전환은 사채권자가 청구서를 회사에 제출함으로써 그 효력이 생기며(상법 제516조 제2항, 제350조), 회사의 승낙을 요하지 않는다. 전환사채의 전환으로 발행사채의 감소와 자본의 증가가 발생하므로 변경등기를 한다(상법 제514조의2 제3항, 제183조).

4) 전환사채발행의 무효

전환사채발행에 무효원인이 있는 경우 어떤 방법으로 다툴 수 있는지에 관해 상법은 명문규정을 두고 있지 않다. 판례에서는 전환사채발행이 사실상 신주를 발행한 것과 같으므로 무효원인이 있는 경우 신주발행무효의 소에 관한 규정을 유추적용하여 전환사채발행무효의 소를 제기할 수 있다고 한다.

대법원 2004. 8. 16. 선고 2003다9636 판결

[1] 상법은 제516조 제1항에서 신주발행의 유지청구권에 관한 제424조 및 불공정한 가액으로

주식을 인수한 자의 책임에 관한 제424조의2 등을 전환사채의 발행의 경우에 준용한다고 규정하면서도, 신주발행무효의 소에 관한 제429조의 준용 여부에 대해서는 아무런 규정을 두고 있지 않으나, 전환사채는 전환권의 행사에 의하여 장차 주식으로 전환될 수 있는 권리가 부여된 사채로서, 이러한 전환사채의 발행은 주식회사의 물적 기초와 기존 주주들의 이해관계에 영향을 미친다는 점에서 사실상 신주를 발행하는 것과 유사하므로, 전환사채 발행의 경우에도 신주발행무효의 소에 관한 상법 제429조가 유추적용된다.

[2] 전환사채 발행의 경우에도 신주발행무효의 소에 관한 상법 제429조가 유추적용되므로 전환사채발행무효 확인의 소에 있어서도 상법 제429조 소정의 6월의 제소기간의 제한이 적용된다 할 것이나, 이와 달리 전환사채 발행의 실체가 없음에도 전환사채 발행의 등기가 되어 있는 외관이 존재하는 경우 이를 제거하기 위한 전환사채발행부존재 확인의 소에 있어서는 상법 제429조 소정의 6월의 제소기간의 제한이 적용되지 아니한다.

[3] 전환사채발행유지 청구는 회사가 법령 또는 정관에 위반하거나 현저하게 불공정한 방법에 의하여 전환사채를 발행함으로써 주주가 불이익을 받을 염려가 있는 경우에 회사에 대하여 그 발행의 유지를 청구하는 것으로서(상법 제516조 제1항, 제424조), 전환사채 발행의 효력이 생기기 전, 즉 전환사채의 납입기일까지 이를 행사하여야 할 것이고, 한편 전환사채권자가 전환 청구를 하면 회사는 주식을 발행해 주어야 하는데, 전환권은 형성권이므로 전환을 청구한 때에 당연히 전환의 효력이 발생하여 전환사채권자는 그 때부터 주주가 되고 사채권자로서의 지위를 상실하게 되므로(상법 제516조, 제350조) 그 이후에는 주식전환의 금지를 구할 법률상 이익이 없게 될 것이다.

[4] 실제의 소집절차와 회의절차를 거치지 아니한 채 주주총회 의사록을 허위로 작성하는 등 도저히 그 결의가 존재한다고 볼 수 없을 정도로 중대한 하자가 있는 경우에는 그 주주총회의 결의는 부존재한다고 보아야 한다.

대법원 2004. 6. 25. 선고 2000다37326 판결

[1] 상법은 제516조 제1항에서 신주발행의 유지청구권에 관한 제424조 및 불공정한 가액으로 주식을 인수한 자의 책임에 관한 제424조의2 등을 전환사채의 발행의 경우에 준용한다고 규정하면서도 신주발행무효의 소에 관한 제429조의 준용 여부에 대해서는 아무런 규정을

두고 있지 않으나, 전환사채는 전환권의 행사에 의하여 장차 주식으로 전환될 수 있는 권리가 부여된 사채로서, 이러한 전환사채의 발행은 주식회사의 물적 기초와 기존 주주들의 이해관계에 영향을 미친다는 점에서 사실상 신주를 발행하는 것과 유사하므로, 전환사채의 발행의 경우에도 신주발행무효의 소에 관한 상법 제429조가 유추적용된다고 봄이 상당하고, 이 경우 당사자가 주장하는 개개의 공격방법으로서의 구체적인 무효원인은 각각 어느 정도 개별성을 가지고 판단할 수밖에 없는 것이기는 하지만, 전환사채의 발행에 무효원인이 있다는 것이 전체로서 하나의 청구원인이 된다는 점을 감안할 때 전환사채의 발행을 무효라고 볼 것인지 여부를 판단함에 있어서는 구체적인 무효원인에 개재된 여러 위법 요소가 종합적으로 고려되어야 한다.

[2] 구 상법(2001. 7. 24. 법률 제6488호로 개정되기 전의 것) 제513조 제3항은 주주 외의 자에 대하여 전환사채를 발행하는 경우에 그 발행할 수 있는 전환사채의 액, 전환의 조건, 전환으로 인하여 발행할 주식의 내용과 전환을 청구할 수 있는 기간에 관하여 정관에 규정이 없으면 상법 제434조의 결의로써 이를 정하여야 한다고 규정하고 있는바, 전환의 조건 등이 정관에 이미 규정되어 있어 주주총회의 특별결의를 다시 거칠 필요가 없다고 하기 위해서는 전환의 조건 등이 정관에 상당한 정도로 특정되어 있을 것이 요구된다고 하겠으나, 주식회사가 필요한 자금수요에 대응한 다양한 자금조달의 방법 중에서 주주 외의 자에게 전환사채를 발행하는 방법을 선택하여 자금을 조달함에 있어서는 전환가액 등 전환의 조건을 그때그때의 필요자금의 규모와 긴급성, 발행회사의 주가, 이자율과 시장상황 등 구체적인 경제사정에 즉응하여 신축적으로 결정할 수 있도록 하는 것이 바람직하다 할 것이고, 따라서 주주총회의 특별결의에 의해서만 변경이 가능한 정관에 전환의 조건 등을 미리 획일적으로 확정하여 규정하도록 요구할 것은 아니며, 정관에 일응의 기준을 정해 놓은 다음 이에 기하여 실제로 발행할 전환사채의 구체적인 전환의 조건 등은 그 발행시마다 정관에 벗어나지 않는 범위에서 이사회에서 결정하도록 위임하는 방법을 취하는 것도 허용된다.

[3] 정관이 전환사채의 발행에 관하여 "전환가액은 주식의 액면금액 또는 그 이상의 가액으로 사채발행시 이사회가 정한다."라고 규정하고 있는 경우, 이는 구 상법(2001. 7. 24. 법률 제6488호로 개정되기 전의 것) 제513조 제3항에 정한 여러 사항을 정관에 규정하면서 전환의

조건 중의 하나인 전환가액에 관하여는 주식의 액면금액 이상이라는 일응의 기준을 정하되 구체적인 전환가액은 전환사채의 발행시마다 이사회에서 결정하도록 위임하고 있는 것이라고 할 것인데, 전환가액 등 전환의 조건의 결정방법과 관련하여 고려되어야 할 특수성을 감안할 때, 이러한 정관의 규정은 같은 법 제513조 제3항이 요구하는 최소한도의 요건을 충족하고 있는 것이라고 봄이 상당하고, 그 기준 또는 위임방식이 지나치게 추상적이거나 포괄적이어서 무효라고 볼 수는 없다고 한 사례.

[4] 상법 제429조는 신주발행의 무효는 주주·이사 또는 감사에 한하여 신주를 발행한 날로부터 6월 내에 소만으로 이를 주장할 수 있다고 규정하고 있는바, 이는 신주발행에 수반되는 복잡한 법률관계를 조기에 확정하고자 하는 것이므로, 새로운 무효사유를 출소시간의 경과 후에도 주장할 수 있도록 하면 법률관계가 불안정하게 되어 위 규정의 취지가 몰각된다는 점에 비추어 위 규정은 무효사유의 주장시기도 제한하고 있는 것이라고 해석함이 상당하고, 한편 상법 제429조의 유추적용에 의한 전환사채발행무효의 소에 있어서도 전환사채를 발행한 날로부터 6월의 출소기간이 경과한 후에는 새로운 무효사유를 추가하여 주장할 수 없다고 보아야 한다.

[5] 신주발행무효의 소에 관한 상법 제429조에도 무효원인이 규정되어 있지 않고 다만, 전환사채의 발행의 경우에도 준용되는 상법 제424조에 '법령이나 정관의 위반 또는 현저하게 불공정한 방법에 의한 주식의 발행'이 신주발행유지청구의 요건으로 규정되어 있으므로, 위와 같은 요건을 전환사채 발행의 무효원인으로 일응 고려할 수 있다고 하겠으나 다른 한편, 전환사채가 일단 발행되면 그 인수인의 이익을 고려할 필요가 있고 또 전환사채나 전환권의 행사에 의하여 발행된 주식은 유가증권으로서 유통되는 것이므로 거래의 안전을 보호하여야 할 필요가 크다고 할 것인데, 전환사채발행유지청구권은 위법한 발행에 대한 사전 구제수단임에 반하여, 전환사채발행무효의 소는 사후에 이를 무효로 함으로써 거래의 안전과 법적 안정성을 해칠 위험이 큰 점을 고려할 때, 그 무효원인은 가급적 엄격하게 해석하여야 하고, 따라서 법령이나 정관의 중대한 위반 또는 현저한 불공정이 있어 그것이 주식회사의 본질이나 회사법의 기본원칙에 반하거나 기존 주주들의 이익과 회사의 경영권 내지 지배권에 중대한 영향을 미치는 경우로서 전환사채와 관련된 거래의 안전, 주주 기타 이해관계인의 이익 등을 고려하더라도 도저히 묵과할 수 없는 정도라고 평가되는 경우에

한하여 전환사채의 발행 또는 그 전환권의 행사에 의한 주식의 발행을 무효로 할 수 있을 것이며, 그 무효원인을 회사의 경영권 분쟁이 현재 계속 중이거나 임박해 있는 등 오직 지배권의 변경을 초래하거나 이를 저지할 목적으로 전환사채를 발행하였음이 객관적으로 명백한 경우에 한정할 것은 아니다.

[6] 전환사채의 인수인이 회사의 지배주주와 특별한 관계에 있는 자라거나 그 전환가액이 발행시점의 주가 등에 비추어 다소 낮은 가격이라는 것과 같은 사유는 일반적으로 전환사채발행유지청구의 원인이 될 수 있음은 별론으로 하고 이미 발행된 전환사채 또는 그 전환권의 행사로 발행된 주식을 무효화할 만한 원인이 되지는 못한다고 한 사례.

서울고법 1997. 5. 13. 자 97라36 결정 : 재항고

[1] 전환사채의 발행에 무효사유가 있는 경우 그 무효를 인정하여야 하고, 그 방법은 신주발행무효의 소에 관한 상법 제429조를 유추적용할 수 있다.

[2] 전환사채의 발행이 경영권 분쟁 상황하에서 열세에 처한 구지배세력이 지분 비율을 역전시켜 경영권을 방어하기 위하여 이사회를 장악하고 있음을 기화로 기존 주주를 완전히 배제한 채 제3자인 우호세력에게 집중적으로 '신주'를 배정하기 위한 하나의 방편으로 채택된 것이라면, 이는 전환사채 제도를 남용하여 전환사채라는 형식으로 사실상 신주를 발행한 것으로 보아야 하며, 그렇다면 그러한 전환사채의 발행은 주주의 신주인수권을 실질적으로 침해한 위법이 있어 신주 발행을 그와 같은 방식으로 행한 경우와 마찬가지로 무효로 보아야 하고, 뿐만 아니라 그 전환사채 발행의 주된 목적이 경영권 분쟁 상황하에서 우호적인 제3자에게 신주를 배정하여 경영권을 방어하기 위한 것인 점, 경영권을 다투는 상대방인 감사에게는 이사회 참석 기회도 주지 않는 등 철저히 비밀리에 발행함으로써 발행유지가처분 등 사전 구제수단을 사용할 수 없도록 한 점, 발행된 전환사채의 물량은 지배 구조를 역전시키기에 충분한 것이었고, 전환기간에도 제한을 두지 않아 발행 즉시 주식으로 전환될 수 있도록 하였으며, 결과적으로 인수인들의 지분이 경영권 방어에 결정적인 역할을 한 점 등에 비추어, 그 전환사채의 발행은 현저하게 불공정한 방법에 의한 발행으로서 이 점에서도 무효라고 보아야 한다고 한 사례.

6. 신주인수권부사채

1) 의의

신주인수권부사채는 사채발행회사의 신주를 인수할 수 있는 권리가 부여된 사채로서 전환사채와 유사하지만 전환사채는 전환하면 사채권자의 지위를 상실하는 반면 신주인수권부사채는 신주인수권을 행사하더라도 사채권자의 지위를 상실하는 것은 아니고, 신주인수권을 행사하기 위하여서는 출자를 하여야 한다는 점이 전환사채와 차이가 있다.

2) 발행절차

회사는 신주인수권부사채를 발행할 수 있고 정관에서 주주총회에서 정하도록 한 경우를 제외하고 정관에 규정이 없는 것은 이사회가 이를 결정한다(상법 제516조의2). 주주가 신주인수권부사채의 인수권을 가진 경우에는 각 주주에 대하여 인수권을 가지는 신주인수권부사채의 액, 발행가액, 신주인수권의 내용, 신주인수권을 행사할 수 있는 기간과 일정한 기일까지 신주인수권부사채의 청약을 하지 아니하면 그 권리를 잃는다는 뜻을 통지하여야 한다(상법 제516조의3).

3) 양도

신주인수권부사채는 신주인수권을 별도로 분리하여 양도를 허용하는가의 여부에 따라 분리형과 비분리형의 2가지가 있다. 신주인수권증권이 발행된 경우에 신주인수권의 양도는 신주인수권증권의 교부에 의하여서만 이를 행한다(상법 제516조의6). 신주인수권증권을 발행하지 않은 경우에는 인수권은 사채의 양도에 의해 이전될 뿐이다.

신주인수권부사채의 발행을 결정하면서 신주인수권만을 양도할 수 있음을 정한 경우에는 회사는 채권과 함께 신주인수권증권을 발행하여야 한다(상법 제516조의5 제1항). 신주인수권증권은 신주인수권을 표창하는 유가증권이다. 그러므로 신주인수권의 행사나 양도는 이 증권에 의하여만 한다. 이러한 점에서 보통의 신주발행에서 발행하게 되는 신주인수권증서와 유사하지만 신주인수권증서는 발행일 이후 청약기일까지 불과 2주간에 유통되므로 이것을 상실하더라도 공시최고나 제권판결을 이용할 실익이 없다. 그러나 신주인수권증권은 신주인수권의 행사기간 동안 장기간에 걸쳐 유통되므로 상실한 경우 공시최고와 제권판결에 의해 무효로 할 수 있으며 재발행을 청구할 수 있다(상법 제516조의6 제2항, 제360조).

4) 행사

신주인수권을 행사하려는 자는 청구서 2통을 회사에 제출하고 신주의 발행가액의 전액을 납입하여야 한다(상법 제516조의8 제1항). 청구서를 제출하는 경우에 신주인수권증권이 발행된 때에는 신주인수권증권을 첨부하고, 이를 발행하지 아니한 때에는 채권을 제시하여야 하며(상법 제516조의8 제2항), 납입은 채권 또는 신주인수권증권에 기재한 은행 기타 금융기관의 납입장소에서 하여야 한다(상법 제516조의8 제3항).

신주인수권을 행사한 자는 주금납입을 한때에 주주가 되며 회사의 승낙을 요하지 않는다. 신주인수권을 행사한 주식의 이익이나 이자의 배당에 관하여는 그 인수권을 행사한 때가 속하는 영업연도말에 전환된 것으로 본다. 이 경우 신주에 대한 이익이나 이자의 배당에 관하여는 정관이 정하는 바에 따라 그 인수권을 행사한 때가 속하는 영업연도의 직전 영업연도말에 발행된 것으로 할 수 있다(상법 제516조의9, 제350조 제3항).

5) 불공정한 발행에 대한 조치

회사가 법령 또는 정관에 위반하거나 현저하게 불공정한 방법에 의하여 신주인수권부사채를 발행함으로써 주주가 불이익을 받을 염려가 있는 경우에는 그 주주는 회사에 대하여 그 발행을 유지할 것을 청구할 수 있다(상법 제516조의10, 제516조 제1항, 제424조). 이사와 통모하여 현저하게 불공정한 발행가액으로 신주인수권부사채를 인수한 자는 회사에 대하여 공정한 발행가액과의 차액에 상당한 금액을 지급할 의무가 있고(상법 제516조의10, 제516조 제1항, 제424조의2 제1항), 주주가 대표소송을 제기할 수 있으며(상법 제516조의10, 제516조 제1항, 제424조의2 제2항), 이사는 회사 또는 주주에 대하여 손해배상책임을 부담한다(상법 제516조의10, 제516조 제1항, 제424조의2 제3항).

상법상 전환사채무효의 소에 관한 규정이 없는 것과 동일하게 신주인수권부사채발행무효의 소에 관한 규정은 없으나 전환사채무효의 소와 동일하게 처리할 수 있다.

7. 기타 특수사채

1) 담보부사채

담보부사채란 일정한 회사재산을 담보로 모집하는 사채를 말한다. 사채의 금액은 적은 반면 사채권자의 수는 많고 그 변동이 빈번한데, 각 사채권자에 대하여 따로따로 물상담보권을 설정한다는 것은 사실상 불가능하다. 그리하여 사채발행회사와 사채권자 사이에 신탁회사가 개입하여 수탁회사와 위탁회사가 신탁계약을 체결하고 그 신탁계약에 의해 수탁회사는 물상담보권을 취득한다.

수탁회사는 이것을 총사채권자를 위해 보존하고 실행할 의무를 부담하며 총사채권자는 수익자로서 각자의 채권액에 따라 평등하게 담보의 이익을 누리도록 하는 것이다. 상법상 사채규정은 무담보사채의 발행을 예정한 것이고 담보부사채에 관해서는 『담보부사채신탁법』이 규정하고 있다.

2) 이익참가부사채

이익참가부사채란 사채권자가 일정한 원리금을 받을 권리 이외에 이익배당에도 참가할 수 있는 권리가 있는 사채를 말한다. 이익참가부사채는 회사의 영업실적에 따라 사채권자가 이익배당에 참가할 수 있으므로 기존 주주의 이익배당청구권을 침해할 가능성이 있다. 그리하여 그 발행은 주권상장법인 및 코스닥상장법인에 한하여 허용하며 엄격한 절차를 요구하고 있다(자본시장과 금융투자업에 관한 법률 제165조의11).

3) 교환사채

교환사채란 사채발행회사가 소유하는 상장증권과의 교환을 청구할 수 있는 권리가 부여된 사채를 말한다. 교환사채는 사채권자의 전환청구가 있는 경우 신주를 발행·교부하나 교환사채의 경우에는 교환청구가 있으면 기존의 주식·사채로 교환해 준다는 점에서 다르다. 교환사채도 주권상장법인 및 코스닥상장법인에 한하여 발행할 수 있다(자본시장과 금융투자업에 관한 법률 제165조의11).

Ⅴ. 주식회사의 계산

1. 계산규정

결산기마다 회사의 재산과 손익상태를 확인평가하고 그 이익과 손실을 처리하기 위한 의사결정을 하는 일련의 행위를 회사의 계산이라고 한다. 상법상 주식회사의 계산에 관하여는 재무제표의 작성과 공시승인에 관한 규정, 회계장부 및 대차대조표에 기재될 자산, 법정준비금에 대한 규정 등을 두고 있다.

근래 기업회계기준은 국제적인 회계규범의 변화에 맞추어 꾸준히 변모하고 있으나 상법의 회계규정은 이를 제대로 반영하지 못하여 기업회계기준과 상법의 회계규정 사이에 상당한 차이가 있다. 2008년 상법개정안에서는 회사의 회계는 일반적으로 공정·타당한 회계관행에 따르도록 원칙 규정을 신설하는 한편, 구체적인 회계 처리에 관한 규정들은 삭제하고, 대차대조표와 손익계산서를 제외한 회계서류는 대통령령으로 규정하여 회계규범의 변화에 신속하게 대응하도록 규정하고 있다.

2. 재무제표와 영업보고서

상법상 재무제표란 주식회사의 결산을 위해 작성하고 주주총회에서 승인받아 확정되는 회계서류를 말한다. 대차대조표, 손익계산서, 이익잉여금처분계산서 또는 결손금처리계산서가 이에 해당한다(상법 제447조).

1) 재무제표

대차대조표란 일정한 시점에 기업의 자산과 부채 및 자본을 일정한 구분에 따라 기재하여 기업의 재무상태를 명시하는 것이다. 대차대조표는 회사의 재산을 표시할 뿐 아니라 손익계산서와의 유기적인 관련하여 작성되므로 주주에게는 경영평가의 자료가 될 수 있다. 또한 주식이나 사채에 투자하는 입장에서는 투자선택의 판단기준이 되는 등 중요한 자료이므로 다른 재무제표와 달리 대차대조표는 공고하여야 한다(상법 449조 제3항).

손익계산서는 기업의 영업연도에 있어서의 경영성적과 그 원인을 명백하게 하기 위하여 당해 사업연도에 발생한 수입과 비용을 기재하고 그 기간의 순손익을 표시하는 재무제표이다. 대차대조표가 일정 시점의 경영상태를 나타내는데 비하여 손익계산서는 일정기간의 기업성과를 나타내는 것이다.

2) 영업보고서

영업보고서는 당해 영업연도내에 있어서 영업상태 등 회사의 현황을 나타내는 보고서를 말한다. 이사는 매결산기에 영업보고서를 작성하여 이사회의 승인을 얻어야 하며, 영업보고서에는 대통령령이 정하는 바에 의하여 영업에 관한 중요한 사항을 기재하여야 한다(상법 제447조의2 제1항, 제2항).

3) 이연자산

회사의 비용 중에는 그 효용이 당해연도에 그치지 않고 그 이후 수년에 걸쳐 미칠 수가 있는데 이러한 비용을 당기의 비용으로만 처리하지 않고 일부를 후년도에 가서 비용으로 상학시키기 위해 당해 연도의 자산으로 기재하게 되는데 이를 이연자산이라고 한다. 이연자산은 대차대조표의 자산의 부에 기재할 수 있으며 법정기간 내에 상각하여야 한다. 이연자산의 종류는 창업비, 개업비, 신주발행비용, 액면미달금액, 사채차액과 사채발행비용, 건설이자배당, 연구개발비 등을 들 수 있다. 현행 상법에서는 이연자산의 처리방법에 대하여 개별로 규정하고 있으나 회계기준과 맞지 않아 2008년 상법개정안에서는 모두 삭제하는 방향으로 개정안이 마련되었다.

3. 재무제표의 승인

1) 재무제표의 제출

이사는 매결산기에 ① 대차대조표, ② 손익계산서, ③ 이익잉여금처분계산서 또는 결손금처리계산서 등의 서류와 그 부속명세서, 그리고 영업보고서를 작성하여 이사회의 승인을 얻어야 한다(상법 제447조, 상법 제447조의2 제1항). 이사는 정기총회회일의 6주간전에 이러한 서류를 감사에게 제출하여야 한다(상법 제447조의3).

2) 재무제표의 감사

감사는 서류를 받은 날로부터 4주간내에 감사보고서를 이사에게 제출하여야 하며 감사보고서에는 감사방법의 개요를 비롯한 11가지의 사항을 기재하여야 한다(상법 제447조의4 제1항, 제2항). 한편 상장법인 기타 외부감사를 받아야 하는 회사는 재무제표에 관하여 외부감사인의 감사를 받아야 하는데 외부감사인에게 제출할 재무제표에는 상법 제447조의 재무제표 이외에 연결재무제표 또는 결합재무제표도 들어 있으며, 외부감사인은 정기총회일 1주일전에 회사에 감사보고서를 제출하여야 한다(주식회사외부감사에 관한 법률 제7조, 제8조).

이사는 정기총회회일의 1주간 전부터 재무제표와 감사보고서를 본점에 5년간, 그 등본을 지점에 3년간 비치하여야 한다(상법 제448조 제1항). 주주와 회사채권자는 영업시간내에 언제든지 비치서류를 열람할 수 있으며 회사가 정한 비용을 지급하고 그 서류의 등본이나 초본의 교부를 청구할 수 있다(상법 제448조 제2항).

3) 주주총회의 승인

이사는 재무제표를 정기총회에 제출하여 그 승인을 요구하여야 하며 그 내용을 보고하여야 한다(상법 제449조 제1항, 제2항). 이사는 재무제표에 대한 총회의 승인을 얻은 때에는 지체 없이 대차대조표를 공고하여야 한다(상법 제449조 제3항). 정기총회에서 승인을 한 후 2년내에 다른 결의가 없으면 회사는 이사와 감사의 책임을 해제한 것으로 보며, 다만 이사 또는 감사의 부정행위에 대하여는 그러하지 아니하다(상법 제450조).

4. 준비금

영업연도 말에 회사가 보유하는 순자산액 중 자본액을 초과하는 금액으로서 회사가 주주에게 배당하지 않고 사내에 적립하는 금액을 준비금이라 한다. 이러한 준비금에는 법에 의해 의무적으로 적립하는 법정준비금과 총회의 결의에 의하여 적립하는 임의준비금이 있으며, 법정준비금에는 이익준비금과 자본준비금이 있다. 법정준비금은 자본의 결손 전보에 충당하는 경우 외에는 이를 처분하지 못한다(상법 제460조 제1항).

1) 이익준비금

자본 결손을 전보하기 위하여 상법이 적립을 요구하는 준비금으로, 회사는 그 자본의 2분의 1에 달할 때까지 매결산기의 금전에 의한 이익배당액의 10분의 1이상의 금액을 이익준비금으로 적립하여야 한다(상법 제458조). 이 한도를 초과하여 적립하면 그 초과분은 임의준비금의 성격을 갖는다. 이익준비금으로 자본의 결손의 전보에 충당하고서도 부족한 경우가 아니면 자본준비금으로 이에 충당하지 못한다(상법 제460조 제2항).

2) 자본준비금

매결산기의 영업이익 이외의 이익을 재원으로 하여 적립하는 법정준비금으로 그 재원이 되는 이익이 자본거래에 의하여 생기므로 자본에 준하는 성질을 갖는다. 자본준비금의 재원은 다음과 같다. ① 액면 이상의 주식을 발행한 때에는 그 액면을 초과한 금액, ② 주식의 포괄적 교환을 한 경우에는 제360조의7에 규정하는 자본증가의 한도액이 완전모회사의 증가한 자본액을 초과한 경우의 그 초과액, ③ 주식의 포괄적 이전을 한 경우에는 제360조의18에 규정하는 자본의 한도액이 설립된 완전모회사의 자본액을 초과한 경우의 그 초과액, ④ 자본감소의 경우에 그 감소액이 주식의 소각, 주금의 반환에 요한 금액과 결손의 전보에 충당한 금액을 초과한 때에는 그 초과금액, ⑤ 회사합병의 경우에 소멸된 회사로부터 승계한 재산의 가액이 그 회사로부터 승계한 채무액, 그 회사의 주주에게 지급한 금액과 합병후 존속하는 회사의 자본증가액 또는 합병으로 인하여 설립된 회사의 자본액을 초과한 때에는 그 초과금액, ⑥ 회사 분할 또는 분할합병으로 인하여 설립된 회사 또는 존속하는 회사에 출자된 재산의 가액이 출자한 회사로부터 승계한 채무액, 출자한 회사의 주주에게 지급한 금액과 설립된 회사의 자본액 또는 존속하는 회사의 자본증가액을 초과한 때에는 그 초과금액, ⑦ 기타 자본거래에서 발생한 잉여금 등이다(상법 제459조 제1항).

한편 위 주식의 포괄적 이전의 경우와 회사 분할 또는 분할합병의 경우 초과금액

중 소멸 또는 분할되는 회사의 이익준비금 기타 법정준비금은 합병후 또는 분할·분할합병 후 존속 또는 설립되는 회사가 이를 승계할 수 있다(상법 제459조 제2항).

3) 법정준비금(이익준비금과 자본준비금)의 개선

준비금의 채권자보호 역할이 감소되었을 뿐만 아니라 이익준비금의 적립한도가 주요 선진국에 비하여 지나치게 높게 설정되어 있으며, 준비금의 운용이 지나치게 경직되어 있다. 그리하여 2008년 상법개정안에서는 자본금의 150퍼센트를 초과하는 준비금에 대하여는 주주총회의 결의에 따라 준비금을 배당 등의 용도로 사용할 수 있도록 허용하고, 이에 따라 자본전입과 감자절차를 거칠 필요 없이 과다한 준비금을 주주에게 분배할 수 있게 되고, 이익준비금과 자본준비금의 신축적인 사용이 가능하도록 하고 있다(상법개정안 제460조, 제461조의2 신설).

5. 공시 및 주주·채권자의 권리보호

1) 공시제도

(1) 의의

기업은 법령에 의해 요구되는 공시사항 외에도 주주 및 이해관계자의 의사결정에 중대한 영향을 미치거나 미칠 수 있는 사항을 공시하여야 한다. 기업내용에 대한 적극적이고 적절한 공시는 주주를 포함한 이해관계자에 대한 의무로서 기업에 대한 신뢰를 높이고 시장참가자들에게 공평한 기회를 부여하며, 미공개 정보를 이용한 불공정 행위를 억제하는데 기여한다. 따라서 기업은 법령에서 요구하는 공시사항 외에도 투자자 등 이해관계자의 의사결정에 중대한 영향을 미치는 정보는 기업비밀에 속하는 사항이 아닌 한 적시에 투자자가 쉽게 접근할 수 있는 방법으로 공시하여야 한다.[181]

기업은 공시내용을 이해하기 쉽게 작성하고, 이를 이해관계자가 저렴한 비용으로 이용할 수 있도록 협조하여야 한다. 산업의 다각화·첨단화·전문화로 기업정보가 전문용

---

181) 『기업지배구조모범규준』 Ⅴ. 2. 1.

어로만 공시될 경우 정보의 이용자가 이해하기 어렵다. 따라서 기업정보는 가급적 쉬운 용어를 사용하고, 전문용어를 사용할 때에는 그 해설을 병기함으로써 일반인이 쉽게 이해할 수 있도록 하여야 한다. 또한 애매모호한 용어의 사용도 지양되어야 한다. 기업은 영업보고서, 반기보고서, 수시공시사항 및 기업설명회 자료를 기업의 인터넷 홈페이지에 게재하여 일반인이 무료로 이용할 수 있도록 한다. 기업지배구조와 관련된 주요 위원회(감사, 보상, 추천위원회)의 운영규정 및 기업윤리규정 등을 인터넷 홈페이지에 게재한다. 상장, 등록기업의 경우 기업공시 자료를 금융감독원 전자공시시스템을 통하여 공시하여야 한다.[182]

(2) 재무제표 등의 공시

이사는 정기총회회일의 1주간 전부터 재무제표 서류와 감사보고서를 본점에 5년간, 그 등본을 지점에 3년간 비지하여야 한다(상법 제448조 제1항). 주주와 회사채권자는 영업시간 내에 언제든지 비치서류를 열람할 수 있으며 회사가 정한 비용을 지급하고 그 서류의 등본이나 초본의 교부를 청구할 수 있다(상법 제448조 제2항). 또한 이사는 재무제표 등의 서류에 대한 주주총회의 승인을 얻은 때에는 지체 없이 대차대조표를 공고하여야 한다(상법 제449조 제3항).

2) 재무에 관한 소수주주권

발행주식 총수의 100분의 3이상에 해당하는 주식을 가진 주주는 이유를 붙인 서면으로 회계의 장부와 서류의 열람 또는 등사를 청구할 수 있는데 이를 회계장부열람청구권이라고 한다(상법 제466조 제1항). 한편 상장회사의 경우에는 6개월전부터 계속하여 상상회사의 발행주식 총수 10,000분의 10이상[183]에 해당하는 주식을 보유한 주주이다(상법 제542조의6 제4항). 회사는 주주의 이러한 청구가 부당함을 증명하지 아니하면 이를 거부하지 못한다(상법 제466조 제2항).

회사의 업무집행에 관하여 부정행위 또는 법령이나 정관에 위반한 중대한 사실이

---

182) 『기업지배구조모범규준』 V. 2. 7.

183) 최근 사업연도말 자본금이 1,000억 원 이상인 상장회사의 경우에는 10,000분의 5.

있음을 의심할 사유가 있는 때에는 발행주식 총수의 100분의 3이상에 해당하는 주식을 가진 주주는 회사의 업무와 재산상태를 조사하게 하기 위하여 법원에 검사인의 선임을 청구할 수 있다(상법 제467조 제1항). 한편 상장회사의 경우에는 6개월전부터 계속하여 상장회사의 발행주식 총수의 10,000분의 10이상에 해당하는 주식을 보유한 주주이다(상법 제542조의6 제4항). 검사인은 그 조사의 결과를 법원에 보고하여야 하며, 법원은 그 보고에 의하여 필요하다고 인정한 때에는 대표이사에게 주주총회의 소집을 명할 수 있다(상법 제467조 제2항, 제3항). 이사와 감사는 검사인의 보고서의 정확여부를 조사하여 이를 주주총회에 보고하여야 한다(상법 제467조 제4항).

대법원 2001. 10. 26. 선고 99다58051 판결

상법 제466조 제1항에서 정하고 있는 소수주주의 열람·등사청구의 대상이 되는 '회계의 장부 및 서류'에는 소수주주가 열람·등사를 구하는 이유와 실질적으로 관련이 있는 회계장부와 그 근거자료가 되는 회계서류를 가리키는 것으로서, 그것이 회계서류인 경우에는 그 작성명의인이 반드시 열람·등사제공의무를 부담하는 회사로 국한되어야 하거나, 원본에 국한되는 것은 아니며, 열람·등사제공의무를 부담하는 회사의 출자 또는 투자로 성립한 자회사의 회계장부라 할지라도 그것이 모자관계에 있는 모회사에 보관되어 있고, 또한 모회사의 회계상황을 파악하기 위한 근거자료로서 실질적으로 필요한 경우에는 모회사의 회계서류로서 모회사 소수주주의 열람·등사청구의 대상이 될 수 있다.

3) 이익공여의 금지

회사는 누구에게든지 주주의 권리행사와 관련하여 재산상의 이익을 공여할 수 없다(상법 제467조의2 제1항). 회사가 특정의 주주에 대하여 무상으로 재산상의 이익을 공여한 경우에는 주주의 권리행사와 관련하여 이를 공여한 것으로 추정하고, 회사가 특정의 주주에 대하여 유상으로 재산상의 이익을 공여한 경우에 있어서 회사가 얻은 이익이 공여한 이익에 비하여 현저하게 적은 때에도 또한 같다(상법 제467조의2 제2항). 회사가 이에 위반하여 재산상의 이익을 공여한 때에는 그 이익을 공여받은 자는 이를 회사에 반환하여야 하고, 이 경우 회사에 대하여 대가를 지급한 것이 있는 때에는 그 반환을

받을 수 있다(상법 제467조의2 제3항).

회사의 이익반환청구는 보통 대표이사가 하나 소수주주도 회사의 이익을 위하여 이익반환청구에 관한 대표소송을 제기할 수 있다(상법 제467조의2 제4항, 제403조~제406조). 이사 등이 이에 위반하여 주주 등에게 이익을 공여한 경우에 이로 인하여 회사에 손해가 발생한 경우에는 이사 등은 배상책임을 지며 형벌의 제재도 받는다.

4) 사용인의 우선변제권

사용인이 고용관계로 인하여 회사에 대해 갖는 채권에 대해서는 근로자의 보호라는 사회정책적 배려에서 우선변제권을 갖는다. 그리하여 신원보증금의 반환을 받을 채권 기타 회사와 사용인간의 고용관계로 인한 채권이 있는 자는 회사의 총재산에 대하여 우선변제를 받을 권리가 있다. 그러나 질권이나 저당권에 우선하지 못한다(상법 제468조). 고용관계로 인한 채권에는 주급·월급과 기말상여금 등 정기적으로 지급하는 보수, 비정기적인 특별상여금, 퇴직금 등이 모두 포함된다.

Ⅵ. 이익배당

1. 이익배당(현금배당)

1) 의의

이익배당은 주식회사가 영리활동의 결과로 얻은 이익을 구성원인 주주에게 분배하는 것이다. 주주의 이익배당청구권은 주주가 가진 권리 중에서도 가장 중요한 것이다. 이익배당청구권은 그 자체만으로 독립하여 양도·입질 등의 대상이 되지 않는 추상적 권리로 이를 추상적 이익배당청구권이라고 한다. 반면에 주주총회에서 이익잉여금처분에 대한 결의가 있은 후 주주가 회사에 대하여 구체적으로 확정된 금액의 지급을 구하는 배당금지급청구권은 독립하여 양도·압류·전부명령 등의 목적이 될 수 있는 구체적 배당금지급청구권으로 추상적 이익배당청구권과 구별된다.

2) 요건

주식회사가 이익배당을 하기 위한 요건으로는 배당가능한 이익이 존재하여야 하며, 주주총회에서 재무제표의 승인으로 배당가능한 이익이 확정되어야 한다. 회사는 대차대조표상의 순자산액으로부터 자산의 액과 그 결산기까지 적립된 법정준비금 및 그 결산기에 적립하여야 할 이익준비금을 공재한 액을 한도로 하여 이익배당을 할 수 있다(상법 제462조 제1항). 이사는 매결산기에 재무제표를 작성하여 이사회의 승인과 감사 또는 감사위원회의 감사를 받은 후 주주총회에 제출하고, 주주총회에서 승인되면 이익배당이 확정되어 주주는 구체적 배당청구권을 얻게 된다.

3) 방법

이익이나 이자의 배당은 주주평등의 원칙에 의하여 각주주가 가진 주식의 수에 따라 지급한다(상법 제464조). 그러나 상법상 예외적으로 회사 정관규정에 따라 우선주·후배주 등 이익배당에 관하여 내용이 다른 수종의 주식을 발행한 경우에는 이러한 정관규정에 따라 회사는 주식 사이에 차등을 둘 수 있다(상법 제344조 제1항).

회사는 배당금을 이익잉여금처분계산서가 주주총회에서 승인 결의된 때로부터 1월 이내에 지급하여야 하는데, 다만 주주총회에서 배당금의 지급시기를 따로 정한 경우에는 그에 의한다(상법 제464조의2 제1항). 배당금의 지급청구권은 5년간 이를 행사하지 아니하면 소멸시효가 완성한다(상법 제464조의2 제2항).

4) 위법한 이익배당

한편 규정에 위반하여 이익을 배당한 때에는 회사채권자는 이를 회사에 반환할 것을 청구할 수 있다(상법 제462조 제2항). 회사채권자의 반환청구는 소에 의할 수도 있고 소 이외의 방법으로도 할 수 있으나, 소를 제기하는 경우에는 본점소재지 지방법원에 제기하여야 한다(상법 제462조 제3항, 제186조).

위법배당을 결의한 주주총회결의는 무효확인의 소의 대상이 되는데, 이 소의 성질을 확인소송으로 보면 회사채권자는 주주총회결의의 무효확인판결 이전에도 위법배당액의 반환청구를 할 수 있으나 형성소송으로 보면 회사채권자는 주주총회결의 무효확인

판결 이후에만 위법배당액의 반환청구를 할 수 있다. 위법배당은 당연무효이므로 회사 또는 회사채권자가 위법배당의 반환청구를 함에 있어 주주의 선의·악의는 불문한다.[184)]

2. 주식배당

1) 의의

주식회사가 주주에게 배당할 수 있는 이익의 일부를 새로이 발행하는 주식으로 배당할 수 있는데 이를 주식배당이라 한다. 주식배당의 본질에 대하여는 이익배당설과 주식분할설이 있는데, 다수설은 이익배당설이다.

한편 2008년 상법개정안에서는 배당제도를 개선하는 안을 마련하고 있는데(상법개정안 제462조의4), 현재 정기 주주총회에서 배당액을 결정하므로 배당 기준일인 사업연도 말일부터 정기 주주총회까지는 배당액이 확정되지 아니하여 투자자들이 주식가치를 판단하기 어려우며, 금전배당 외에 회사가 보유하는 주식과 같은 현물로 배당할 필요가 있는바, 정관에서 배당에 관한 결정 권한을 이사회에 부여할 수 있도록 하고, 금전배당 외에 현물배당도 허용할 예정이다. 이렇게 되면 회사의 자금조달을 결정하는 기관인 이사회가 배당도 결정하게 되어 자금운용의 통일성을 기할 수 있고, 배당에 관한 선택의 폭이 넓어져 재무관리의 자율성이 높아질 것이다.

2) 요건

회사는 주주총회의 결의에 의하여 주식배당을 할 수 있으며, 주식에 의한 배당은 이익배당총액의 2분의 1에 상당하는 금액을 초과하지 못한다(상법 제462조의2 제1항). 주식배당은 주식의 권면액으로 하며, 회사가 수종의 주식을 발행한 때에는 각각 그와 같은 종류의 주식으로 할 수 있다(상법 제462조의2 제2항). 주식으로 배당할 이익의 금액중 주식의 권면액에 미달하는 단수가 있는 때에는 그 부분에 대하여는 자본감소의 경우와 같이

---

184) 정찬형, 1019-1020면.

처리한다(상법 제462조의2 제3항).

3) 효과

주식으로 배당을 받은 주주는 주식배당의 주주총회결의가 있는 주주총회가 종결한 때부터 신주의 주주가 된다. 이 경우 신주에 대한 이익이나 이자의 배당에 관하여는 정관이 정하는 바에 따라 그 청구를 한 때가 속하는 영업연도의 직전 영업연도말에 전환된 것으로 할 수 있다(상법 제462조의2 제4항, 제350조 제3항). 이사는 주식배당의 주주총회결의가 있는 때에는 지체 없이 배당을 받을 주주와 주주명부에 기재된 질권자에게 그 주주가 받을 주식의 종류와 수를 통지하고, 무기명식의 주권을 발행한 때에는 결의의 내용을 공고하여야 한다(상법 제462조의2 제5항).

주식배당에 의하여 배당된 신주에 대해서도 등록질의 효력이 미치므로 질권자에게는 물상대위권이 인정된다. 그러나 약식질의 경우에는 이익배당설을 취하면 약식질의 효력이 이익배당청구권에 미치는지 여부에 따라 그 결론이 달라진다. 약식질의 효력이 이익배당청구권에도 미친다고 보면 그 효력은 주식배당에 의하여 배당된 신주에도 미친다. 그러나 약식질의 효력이 이익배당청구권에는 미치지 않는다고 보면 약식질의 효력은 배당된 신주에는 미치지 않는다고 하게 된다.[185]

4) 위법한 주식배당의 효과

배당가능한 이익이 없음에도 주식배당을 한 경우에 신주발행의 효력에 대하여는 신주발행무효의 소에 준하여 해결하여야 할 것이다. 배당가능이익이 없음에도 불구하고 주식배당에 의한 주식을 발행한 것이 자본충실의 원칙에 반하여 무효이다. 따라서 회사채권자는 신주발행무효의 판결이 확정되기 전에는 자기의 이익을 보호하기 위하여 주주에 대하여 배당된 신주를 회사에 반환할 것을 청구할 수 있는 권리를 갖는다고 보아야 할 것이다. 또 무효인 주식이 유통되는 것을 방지하기 위하여는 주주에 대하여 배당된 신주를 회사에 반환할 것을 청구할 수 있는 권리를 갖는다고 보아야 할 것이다.[186]

---

185) 최준선, 647-648면.
186) 정찬형, 1031면.

3. 건설이자의 배당

1) 의의 및 요건

주식회사는 배당가능한 이익이 없으면 이익을 배당할 수 없는 것이 원칙이나 철도, 운하, 항만 등과 같이 건설에 장기간을 요하는 사업을 목적으로 하는 회사는 상당기간 이익배당을 할 수 없어 주주모집이 어려워진다. 그리하여 배당가능이익이 없어도 소정의 요건에 따라 일정한 한도 내의 배당을 인정하여 회사의 설립을 용이하게 하고자 마련된 제도가 건설이자의 배당이다.

회사는 그 목적인 사업의 성질에 의하여 회사의 성립 후 2년 이상 그 영업 전부를 개시하기가 불능하다고 인정한 때에는 정관으로 일정한 주식에 대하여 그 개업 전 일정한 기간 내에 일정한 이자를 그 주주에게 배당할 수 있음을 정할 수 있으며 그 이율은 년5분을 초과하지 못한다(상법 제463조 제1항). 건설이자에 관한 정관의 규정 또는 그 변경은 법원의 인가를 얻어야 한다(상법 제463조 제2항).

2) 위법한 건설이자의 배당

위법한 건설이자의 배당에 관하여는 상법의 규정이 없으므로 위법한 이익배당에 준하여 처리한다. 즉 위법한 건설이자의 배당은 무효이므로 회사는 주주에 대하여 그 반환을 청구할 수 있으며 법령이나 정관규정에 위반하거나 임무를 해태한 이사·감사는 손해배상책임을 지고 형벌의 제재도 받는다(상법 제625조 제3호).

4. 중간배당

1) 의의 및 요건

연 1회의 결산기를 정한 회사는 영업연도 중 1회에 한하여 이사회의 결의로 일정한 날을 정하여 그날의 주주에 대하여 금전으로 이익을 배당할 수 있음을 정관으로 정할 수 있다(상법 제462조의3 제1항). 중간배당은 직전 결산기의 대차대조표상의 순자산액에서 ① 직전 결산기의 자본의 액, ② 직전 결산기까지 적립된 자본준비금과 이익준비금의 합계액, ③ 직전 결산기의 정기총회에서 이익으로 배당하거나 또는 지급하기로 정한 금액, ④ 중간배당에 따라 당해 결산기에 적립하여야 할 이익준비금 등의 금액을 공제한 액을 한도로 한다(상법 제462조의3 제2항).

2) 위법한 중간배당의 효과

회사는 당해 결산기의 대차대조표상의 순자산액이 공제금액의 합계액에 미치지 못할 우려가 있는 때에는 중간배당을 하여서는 아니 된다(상법 제462조의3 제3항). 당해 결산기 대차대조표상의 순자산액이 공제금액의 합계액에 미치지 못함에도 불구하고 중간배당을 한 경우 이사는 회사에 대하여 연대하여 그 차액(배당액이 그 차액보다 적을 경우에는 배당액)을 배상할 책임이 있으며, 다만 이사가 당해 결산기의 대차대조표상의 순자산액이 공제금액의 합계액에 미치지 못할 우려가 없다고 판단함에 있어 주의를 게을리하지 아니하였음을 증명한 때에는 그러하지 아니하다(상법 제462조의3 제4항).

제9장 주식회사의 구조개편 및 소멸

Ⅰ. 회사의 합병

1. 합병의 의의

회사의 합병이란 2개 이상의 회사가 계약에 의해 상법의 규정에 따라 청산절차를 거치지 않고 하나의 회사로 합지는 것이나. 상법상 합병의 방법으로는 흡수합병과 신설합병 두 가지 형태가 있다. 흡수합병은 당사회사 중 한회사가 소멸하고 다른 회사가 존속하는데 이 경우 존속회사는 정관을 변경하고 다른 회사는 해산하게 된다. 신설합병은 당사회사 전부가 소멸하고 신회사를 설립하는 것이다.

유한회사가 주식회사와 합병하는 경우에 합병후 존속하는 회사 또는 합병으로 인하여 설립되는 회사가 주식회사인 때에는 법원의 인가를 얻지 아니하면 합병의 효력이 없다(상법 제600조 제1항). 또한 합병을 하는 회사의 일방이 사채의 상환을 완료하지 아니한 주식회사인 때에는 합병 후 존속하는 회사 또는 합병으로 인하여 설립되는 회사는 유한회사로 하지 못한다(상법 제600조 제2항).

대법원 2003. 2. 11. 선고 2001다14351 판결

회사의 합병이라 함은 두 개 이상의 회사가 계약에 의하여 신회사를 설립하거나 또는 그중의 한 회사가 다른 회사를 흡수하고, 소멸회사의 재산과 사원(주주)이 신설회사 또는 존속회사에 법정 절차에 따라 이전·수용되는 효과를 가져 오는 것으로서, 소멸회사의 사원(주주)은 합병에 의하여 1주 미만의 단주만을 취득하게 되는 경우나 혹은 합병에 반대한 주주로서의 주식매수청구권을 행사하는 경우 등과 같은 특별한 경우를 제외하고는 원칙적으로 합병계약

상의 합병비율과 배정방식에 따라 존속회사 또는 신설회사의 사원권(주주권)을 취득하여, 존속회사 또는 신설회사의 사원(주주)이 된다.

2. 합병절차

1) 합병계약과 주총승인

주식회사의 합병절차는 합병당사회사의 대표이사간에 합병계약을 체결하여 합병당사회사의 주주총회에서 특별결의에 의한 합병계약서의 승인을 얻어야 한다(상법 제522조 제1항, 제3항). 이사는 합병승인을 위한 주주총회 회일의 2주전부터 합병을 한 날 이후 6월이 경과하는 날까지 합병관련서류를 본점에 비치하여야 한다(상법 제522조의2 제1항). 주주 및 회사채권자는 영업시간내에는 언제든지 위 합병관련 서류의 열람을 청구하거나, 회사가 정한 비용을 지급하고 그 등본 또는 초본의 교부를 청구할 수 있다(상법 제522조의2 제2항).

2) 주주보호절차

합병결의사항에 관하여 이사회의 결의가 있는 때에 그 결의에 반대하는 주주는 주주총회전에 회사에 대하여 서면으로 그 결의에 반대하는 의사를 통지한 경우에는 그 총회의 결의일부터 20일 이내에 주식의 종류와 수를 기재한 서면으로 회사에 대하여 자기가 소유하고 있는 주식의 매수를 청구할 수 있다(상법 제522조의3 제1항). 신설합병 창립총회의 공고 또는 통지를 한 날부터 2주내에 회사에 대하여 서면으로 합병에 반대하는 의사를 통지한 주주는 그 기간이 경과한 날부터 20일 이내에 주식의 종류와 수를 기재한 서면으로 회사에 대하여 자기가 소유하고 있는 주식의 매수를 청구할 수 있다(상법 제522조의3 제2항).

3) 채권자보호절차

회사는 합병에 대한 주주총회의 승인결의가 있은 날부터 2주내에 채권자에 대하여 합병에 이의가 있으면 1월 이상의 기간내에 이를 제출할 것을 공고하고 알고 있는 채권자에 대하여는 따로따로 이를 최고하여야 한다(상법 제527조의5 제1항). 만일 이 기간 내에 이의를 제출하지 않은 채권자는 합병을 승인한 것으로 보며, 이의를 한 채권자에게는 변제를 하거나 또는 상당한 담보를 제공하거나 이를 목적으로 하여 신탁회사에 상당한 재산을 신탁하여야 한다(상법 제527조의5 제3항, 제232조 제2항).

합병에 관한 서류의 사후공시로서 이사는 채권자보호절차의 경과, 합병을 한 날, 합병으로 인하여 소멸하는 회사로부터 승계한 재산의 가액과 채무액 기타 합병에 관한 사항을 기재한 서면을 합병을 한 날부터 6월간 본점에 비치하여야 한다(상법 제527조의6).

4) 합병등기

회사가 합병을 한 때에는 흡수합병의 경우 보고를 위한 주주총회가 종결한 날 또는 보고에 갈음하는 공고일, 신설합병의 경우 창립총회가 종결한 날 또는 보고에 갈음하는 공고일부터 본점소재지에서는 2주내, 지점소재지에서는 3주내에 합병 후 존속하는 회사에 있어서는 변경의 등기, 합병으로 인하여 소멸하는 회사에 있어서는 해산의 등기, 합병으로 인하여 설립된 회사에 있어서는 회사설립등기를 하여야 한다(상법 제528조 제1항). 그리고 합병 후 존속하는 회사 또는 합병으로 인하여 설립된 회사가 합병으로 인하여 전환사채 또는 신주인수권부사채를 승계한 때에는 제1항의 등기와 동시에 사채의 등기를 하여야 한다(상법 제528조 제2항).

3. 간이화된 절차

합병절차를 간이하한 것으로는 합병보고총회 또는 창립총회에 대신하는 이사회의 공고로써 갈음할 수 있으며 간이합병·소규모합병세도가 있다.

1) 간이합병

합병할 회사의 일방이 합병 후 존속하는 경우에 합병으로 인하여 소멸하는 회사의 총주주의 동의가 있거나 그 회사의 발행주식 총수의 100분의 90이상을 합병 후 존속하는 회사가 소유하고 있는 때에는 합병으로 인하여 소멸하는 회사의 주주총회의 승인은 이를 이사회의 승인으로 갈음할 수 있다(상법 제527조의2 제1항). 이사회승인으로 갈음한 경우 합병으로 인하여 소멸하는 회사는 합병계약서를 작성한 날부터 2주내에 주주총회의 승인을 얻지 아니하고 합병을 한다는 뜻을 공고하거나 주주에게 통지하여야 한다. 다만, 총주주의 동의가 있는 때에는 그러하지 아니하다(상법 제527조의2 제2항).

2) 소규모합병

(1) 의의

합병 후 존속하는 회사가 합병으로 인하여 발행하는 신주의 총수가 그 회사의 발행주식 총수의 100분의 5를 초과하지 아니하는 때에는 그 존속하는 회사의 주주총회의 승인은 이를 이사회의 승인으로 갈음할 수 있다. 다만, 합병으로 인하여 소멸하는 회사의 주주에게 지급할 금액을 정한 경우에 그 금액이 존속하는 회사의 최종 대차대조표상으로 현존하는 순자산액의 100분의 2를 초과하는 때에는 그러하지 아니하다(상법 제527조의3 제1항).

(2) 절차

이사회승인으로 갈음한 경우 존속하는 회사의 합병계약서에는 주주총회의 승인을 얻지 아니하고 합병을 한다는 뜻을 기재하여야 하고(상법 제527조의3 제2항), 존속하는 회사는 합병계약서를 작성한 날부터 2주내에 소멸하는 회사의 상호 및 본점의 소재지, 합병을 할 날, 주주총회의 승인을 얻지 아니하고 합병을 한다는 뜻을 공고하거나 주주에게 통지하여야 한다(상법 제527조의3 제3항).

(3) 제한

합병후 존속하는 회사의 발행주식 총수의 100분의 20이상에 해당하는 주식을 소유한 주주가 주주총회의 승인을 얻지 아니하고 합병한다는 뜻의 공고 또는 통지를 한 날부터 2주내에 회사에 대하여 서면으로 소규모합병에 반대하는 의사를 통지한 때에는 소규모합병을 할 수 없다(상법 제527조의3 제4항). 이러한 소규모합병의 경우에는 합병반대주주의 주식매수청구권은 인정되지 않는다(상법 제527조의3 제5항).

4. 합병의 효과

흡수합병의 경우에는 존속회사를 제외한 모든 당사회사가, 신설합병의 경우에는 모든 당사회사가 소멸한다(상법 제227조). 합병 후 존속회사 또는 설립회사는 합병으로 인하여 소멸된 회사의 권리의무를 포괄적으로 승계한다(상법 제235조, 제269조, 제530조 제2항, 제603조). 합병을 하는 회사의 일방이 합병 후 존속하는 경우에 존속하는 회사의 이사 및 감사로서 합병전에 취임한 자는 합병계약서에 다른 정함이 있는 경우를 제외하고는 합병 후 최초로 도래하는 결산기의 정기총회가 종료하는 때에 퇴임한다(상법 제527조의4).

5. 합병무효의 소

합병은 합병계약서의 작성에서부터 합병등기까지 복잡한 과정을 거쳐 진행되므로 그 절차상 하자가 발생할 소지가 많은 반면, 합병효력이 일단 발생하면 당사회사의 소멸과 주주지위의 승계 및 권리·의무의 포괄적 이전이 이루어지게 된다. 따라서 하자의 주장을 일반적인 법원칙에 따르게 하면 법률관계의 불안정과 혼란을 초래하게 되므로 제한을 두어 각 회사의 주주·이사·감사·청산인·파산관재인 또는 합병을 승인하지 아니한 채권자에 한하여 소만으로 합병무효를 주장할 수 있으며, 합병등기가 있은 날로부터 6월내에 제기하여야 한다(상법 제529조).

합병비율의 불공정성이 합병무효의 소의 원인이 되는가에 대해서는 견해가 갈리고 있다. 합병비율의 불공정은 합병의 본질에 반하는 것으로 당연히 합병의 무효원인이라는 견해[187]와 합병비율이 불공정하더라도 합병에 반대하는 주주는 주식매수청구권을 가지므로 그 자체는 합병무효의 원인이 되지 않지만, 합병비율이 현저하게 불공정한 경우에는 무효원인이 된다는 절충적인 입장이 있다.[188] 합병비율의 불공정의 경우 모든 경우에 합병무효의 원인으로 인정하게 되면 남소의 우려도 있고, 다음에 보는 바와 같이 합병비율의 공정성을 객관적으로 판단할 기준도 쉽지 않기 때문에 합병비율의 현저한 불공정의

187) 이철송, 869면; 정찬형, 469면.
188) 정동윤, 834면.

경우에만 합병무효의 원인으로 인정하여야 할 것이다.

대법원 2008. 1. 10. 선고 2007다64136 판결

[1] 상법 제523조 제2호가 흡수합병계약서의 절대적 기재사항으로 '존속하는 회사의 증가할 자본'을 규정한 것은 원칙적으로 자본충실을 도모하기 위하여 존속회사의 증가할 자본액(즉, 소멸회사의 주주들에게 배정·교부할 합병신주의 액면총액)이 소멸회사의 순자산가액 범위 내로 제한되어야 한다는 취지라고 볼 여지가 있기는 하나, 합병당사자의 전부 또는 일방이 주권상장법인인 경우 그 합병가액 및 합병비율의 산정에 있어서는 증권거래법과 그 시행령 등이 특별법으로서 일반법인 상법에 우선하여 적용되고, 증권거래법 시행령 제84조의7 소정의 합병가액 산정기준에 의하면 주권상장법인은 합병가액을 최근 유가증권시장에서의 거래가격을 기준으로 재정경제부령이 정하는 방법에 따라 산정한 가격에 의하므로 경우에 따라 주당 자산가치를 상회하는 가격이 합병가액으로 산정될 수 있고, 주권비상장법인도 합병가액을 자산가치·수익가치 및 상대가치를 종합하여 산정한 가격에 의하는 이상 역시 주당 자산가치를 상회하는 가격이 합병가액으로 산정될 수 있으므로, 결국 소멸회사가 주권상장법인이든 주권비상장법인이든 어느 경우나 존속회사가 발행할 합병신주의 액면총액이 소멸회사의 순자산가액을 초과할 수 있게 된다. 따라서 증권거래법 및 그 시행령이 적용되는 흡수합병의 경우에는 존속회사의 증가할 자본액이 반드시 소멸회사의 순자산가액의 범위 내로 제한된다고 할 수 없다.

[2] 합병비율을 정하는 것은 합병계약의 가장 중요한 내용이고, 그 합병비율은 합병할 각 회사의 재산 상태와 그에 따른 주식의 실제적 가치에 비추어 공정하게 정함이 원칙이며, 만일 그 비율이 합병할 각 회사의 일방에게 불리하게 정해진 경우에는 그 회사의 주주가 합병 전 회사의 재산에 대하여 가지고 있던 지분비율을 합병 후에 유지할 수 없게 됨으로써 실질적으로 주식의 일부를 상실케 되는 결과를 초래하므로, 현저하게 불공정한 합병비율을 정한 합병계약은 사법관계를 지배하는 신의성실의 원칙이나 공평의 원칙 등에 비추어 무효이고, 따라서 합병비율이 현저하게 불공정한 경우 합병할 각 회사의 주주 등은 상법 제529조에 의하여 소로써 합병의 무효를 구할 수 있다.

[3] 흡수합병시 존속회사가 발행하는 합병신주를 소멸회사의 주주에게 배정·교부함에 있어서 적용할 합병비율은 자산가치 이외에 시장가치, 수익가치, 상대가치 등의 다양한 요소를

고려하여 결정되어야 하는 만큼 엄밀한 객관적 정확성에 기하여 유일한 수치로 확정할 수 없고, 그 제반 요소의 고려가 합리적인 범위 내에서 이루어졌다면 결정된 합병비율이 현저하게 부당하다고 할 수 없으므로, 합병당사자 회사의 전부 또는 일부가 주권상장법인인 경우 증권거래법과 그 시행령 등 관련 법령이 정한 요건과 방법 및 절차 등에 기하여 합병가액을 산정하고 그에 따라 합병비율을 정하였다면 그 합병가액 산정이 허위자료에 의한 것이라거나 터무니없는 예상 수치에 근거한 것이라는 등의 특별한 사정이 없는 한, 그 합병비율이 현저하게 불공정하여 합병계약이 무효로 된다고 볼 수 없다.

대법원 2009. 4. 23. 선고 2005다22701, 22718 판결

현저하게 불공정한 합병비율을 정한 합병계약은 사법관계를 지배하는 신의성실의 원칙이나 공평의 원칙 등에 비추어 무효이고, 따라서 합병비율이 현저하게 불공정한 경우 합병할 각 회사의 주주 등은 상법 제529조에 의하여 소로써 합병의 무효를 구할 수 있다. 다만, 합병비율은 자산가치 이외에 시장가치, 수익가치, 상대가치 등의 다양한 요소를 고려하여 결정되어야 할 것인 만큼 엄밀한 객관적 정확성에 기하여 유일한 수치로 확정할 수 없고, 그 제반요소의 고려가 합리적인 범위 내에서 이루어진 것이라면 결정된 합병비율이 현저하게 부당하다고 할 수 없다. 따라서 합병당사회사의 전부 또는 일부가 주권상장법인인 경우 증권거래법과 그 시행령 등 관련 법령이 정한 요건과 방법 및 절차 등에 기하여 합병가액을 산정하고 그에 따라 합병비율을 정하였다면 그 합병가액 산정이 허위자료에 의한 것이라거나 터무니없는 예상 수치에 근거한 것이라는 등의 특별한 사정이 없는 한, 그 합병비율이 현저하게 불공정하여 합병계약이 무효로 된다고 볼 수 없다.

Ⅱ. 회사의 분할

1. 분할의 의의

회사의 분할은 하나의 회사가 두 개 이상의 회사로 분리되는 것으로 회사가 그 경영하는

영업부문을 분리하여 독립시키는 경우에 분할이 발생한다. 회사의 분할은 복합적인 사업을 경영하는 대기업에서 특정사업부문의 기능별 전문화, 부진사업이나 적자사업의 분리에 의한 경영의 효율화, 이익분산에 의한 절세, 주주간의 이해조정, 기타 국민경제적 목적 등 다양한 목적에 의해 이루어지고 있다.[189)]

회사의 분할에는 분할하는 회사의 재산 일부가 수개의 회사에 포괄승계되고, 재산을 승계한 회사는 그에 대한 대가로서 주식을 발행·교부하게 된다. 발행되는 주식을 누구에게 교부하느냐에 따라서 인적분할과 물적분할로 나누어지는데 피분할회사의 주주에게 주식이 배정되는 것이 인적분할이다. 상법상 회사분할의 개념은 인적분할을 요소로 하고 있으며, 물적분할만의 경우는 예외로 취급하고 있다.

2. 분할의 종류

1) 단순분할·분할합병·혼합분할합병

단순분할이란 회사는 분할에 의하여 1개 또는 수개의 회사를 설립할 수 있고, 분할에 의하여 1개 또는 수개의 존립중의 회사와 합병할 수 있다(상법 제530조의2 제1항). 그리고 회사는 분할에 의하여 1개 또는 수개의 회사를 설립함과 동시에 분할 합병할 수 있다(상법 제530조의2 제2항). 해산후의 회사는 존립중의 회사를 존속하는 회사로 하거나 새로 회사를 설립하는 경우에 한하여 분할 또는 분할 합병할 수 있는데(상법 제530조의2 제3항), 이는 혼합분할합병이라 할 수 있다.

2) 물적분할

피분할회사가 영업재산의 일부를 기존 또는 신설회사에 포괄승계의 방법으로 양도하고 그 대가로서 피분할회사의 기존 또는 신설회사의 주식을 받는 것을 말한다. 물적분할은 영업재산의 양도의 대가인 주식을 피분할회사의 주주가 아니라 피분할회사에게 부여된다는 점에서 인적분할인 협의의 분할과 구별된다. 상법에서는 회사가 분할 또는 분할합병으

---

189) 정찬형, 473면; 이철송, 871-872면.

로 인하여 설립되는 회사의 주식의 총수를 취득하는 경우에 대하여 규정하고 있다(상법 제530조의12).

3. 분할의 절차

1) 분할계획서의 작성 및 주주총회의 승인

회사가 분할 또는 분할합병을 하는 때에는 분할계획서 또는 분할합병계약서를 작성하여 주주총회의 승인을 얻어야 한다(상법 제530조의3 제1항).

회사가 수종의 주식을 발행한 경우에 분할 또는 분할합병으로 인하여 어느 종류의 주주에게 손해를 미치게 되는 때에는 종류주주총회의 결의가 있어야 하며(상법 제530조의3 제5항), 회사의 분할 또는 분할합병으로 인하여 분할 또는 분할합병에 관련되는 각 회사의 주주의 부담이 가중되는 경우에는 그 주주 전원의 동의가 있어야 한다(상법 제530조의3 제6항).

분할의 경우 일반 회사설립절차가 적용되지만, 분할에 의하여 설립되는 회사는 분할되는 회사의 출자만으로도 설립할 수 있다(상법 제530조의4 제1항). 이 경우 분할되는 회사의 주주에게 그 주주가 가지는 그 회사의 주식의 비율에 따라서 설립되는 회사의 주식이 발행되는 때에는 검사인의 조사보고 규정(상법 제299조)을 적용하지 아니한다(상법 제530조의4 제2항).

2) 분할정보의 공시

분할되는 회사의 이사는 분할승인을 위한 주주총회의 회일의 2주전부터 분할의 등기를 한 날 또는 분할합병을 한 날 이후 6월간 분할계획서 또는 분할합병계약서 등의 서류를 본점에 비치하여야 한다(상법 제530조의7 제1항). 또한 분할합병의 상대방 회사의 이사는 분할합병을 승인하는 주주총회의 회일의 2주전부터 분할합병의 등기를 한 후 6월간 서류를 본점에 비치하여야 한다(상법 제530조의7 제2항).

3) 주주보호절차

단순분할에 있어서 신설회사의 주식이 피분할회사의 주주평등의 원칙에 의하여 배정되는 경우에는 주주의 지위에 변함이 없으므로 주식매수청구권이 인정되지 않는다. 그러나 분할합병의 경우에 피분할회사나 존속회사의 주주들은 모두 당사회사의 채무상황, 경영상태에 따라 불리한 지위가 될 가능성이 있으므로 주식매수청구권이 인정된다.

회사분할의 결의사항에 관하여 이사회의 결의가 있는 때에 그 결의에 반대하는 주주는 주주총회 전에 회사에 대하여 서면으로 그 결의에 반대하는 의사를 통지한 경우에는 그 총회의 결의일부터 20일 이내에 주식의 종류와 수를 기재한 서면으로 회사에 대하여 자기가 소유하고 있는 주식의 매수를 청구할 수 있다(상법 제530조의11 제2항, 제522조의3 제1항). 주주총회의 공고 또는 통지를 한 날부터 2주내에 회사에 대하여 서면으로 합병에 반대하는 의사를 통지한 주주는 그 기간이 경과한 날부터 20일 이내에 주식의 종류와 수를 기재한 서면으로 회사에 대하여 자기가 소유하고 있는 주식의 매수를 청구할 수 있다(상법 제530조의11 제2항, 제522조의3 제2항).

4) 채권자보호절차

회사는 회사분할의 주주총회의 승인결의가 있은 날부터 2주내에 채권자에 대하여 분할에 이의가 있으면 1월 이상의 기간내에 이를 제출할 것을 공고하고 알고 있는 채권자에 대하여는 따로따로 이를 최고하여야 한다(상법 제530조의11 제2항, 제527조의5).

5) 분할등기

회사분할의 효력은 분할등기에 의해 발생한다. 회사가 분할한 때에는 신설회사의 창립총회 또는 분할 합병의 경우의 보고총회가 종결한 날로부터 본점소재지에서는 2주내, 지점소재지에서는 3주내에 분할 후 존속하는 회사에 있어서는 변경의 등기, 분할합병으로 인하여 소멸하는 회사에 있어서는 해산의 등기, 분할로 인하여 설립된 회사에 있어서는 회사설립등기를 하여야 한다(상법 제530조의11 제1항, 제528조 제1항).

4. 분할의 효과

1) 분할 및 분할합병후의 회사의 책임

분할 또는 분할합병으로 인하여 설립되는 회사 또는 존속하는 회사는 분할 또는 분할합병전의 회사채무에 관하여 연대하여 변제할 책임이 있으며(상법 제530조의9 제1항), 이에 불구하고 분할되는 회사가 회사분할결의로 분할에 의하여 회사를 설립하는 경우에는 설립되는 회사가 분할되는 회사의 채무 중에서 출자한 재산에 관한 채무만을 부담할 것을 정할 수 있다(상법 제530조의9 제2항). 이 경우 분할되는 회사가 분할 후에 존속하는 때에는 분할로 인하여 설립되는 회사가 부담하지 아니하는 채무만을 부담한다. 분할합병의 경우에 분할되는 회사는 회사분할결의로 분할합병에 따른 출자를 받는 존립중의 회사가 분할되는 회사의 채무 중에서 출자한 재산에 관한 채무만을 부담할 것을 정할 수 있다(상법 제530조의9 제3항).

대법원 2008. 2. 14. 선고 2007다73321 판결

상법 제530조의9 제1항에 따라 주식회사의 분할 또는 분할합병으로 인하여 설립되는 회사와 존속하는 회사가 회사 채권자에게 연대하여 변제할 책임이 있는 분할 또는 분할합병 전의 회사 채무에는, 회사 분할 또는 분할합병의 효력발생 전에 발생하였으나 분할 또는 분할합병 당시에는 아직 그 변제기가 도래하지 아니한 채무도 포함된다.

대법원 2004. 8. 30. 선고 2003다25973 판결

[1] 상법은 회사가 분할되고 분할되는 회사가 분할 후에도 존속하는 경우에, 특별한 사정이 없는 한 회사의 책임재산은 분할되는 회사와 신설회사의 소유로 분리되는 것이 일반적이므로 분할 전 회사의 채권자를 보호하기 위하여 분할되는 회사와 신설회사가 분할 전의 회사채무에 관하여 연대책임을 지는 것을 원칙으로 하고, 이 경우에는 회사가 분할되더라도 채권자의 이익을 해할 우려가 없으므로 알고 있는 채권자에 대하여 따로 이를 최고할 필요가 없도록 한 반면에, 다만 만약 이러한 연대책임의 원칙을 엄격하게 고수한다면 회사분할제도의 활용을 가로막는 요소로 작용할 수 있으므로 연대책임의 원칙에 대한 예외를 인정하여 신설회사가

분할되는 회사의 채무 중에서 출자받은 재산에 관한 채무만을 부담할 것을 분할되는 회사의 주주총회의 특별결의로써 정할 수 있게 하면서, 그 경우에는 신설회사가 분할되는 회사의 채무 중에서 그 부분의 채무만을 부담하고, 분할되는 회사는 신설회사가 부담하지 아니하는 채무만을 부담하게 하여 채무관계가 분할채무관계로 바뀌도록 규정하였다고 해석된다.
[2] 분할되는 회사와 신설회사가 분할 전 회사의 채무에 대하여 연대책임을 지지 않는 경우에는 채무자의 책임재산에 변동이 생기게 되어 채권자의 이해관계에 중대한 영향을 미치므로 채권자의 보호를 위하여 분할되는 회사가 알고 있는 채권자에게 개별적으로 이를 최고하도록 규정하고 있는 것이고, 따라서 분할되는 회사와 신설회사의 채무관계가 분할채무관계로 바뀌는 것은 분할되는 회사가 자신이 알고 있는 채권자에게 개별적인 최고절차를 제대로 거쳤을 것을 요건으로 하는 것이라고 보아야 하며, 만약 그러한 개별적인 최고를 누락한 경우에는 그 채권자에 대하여 분할채무관계의 효력이 발생할 수 없고 원칙으로 돌아가 신설회사와 분할되는 회사가 연대하여 변제할 책임을 지게 되는 것이라고 해석하는 것이 옳다.

부산고법 2004. 3. 31. 선고 2003나11424 판결

[1] 상법이 회사분할의 경우 분할 전 회사의 채권자보호를 위하여 피분할회사 및 신설회사에게 분할 전 회사의 채무 전체에 대하여 연대책임을 지게 하는 것을 원칙으로 하고(상법 제530조의9 제1항), 그 예외로서 분할결의로 이를 배제할 수 있음을 규정하면서(같은 조 제2항), 그러한 경우에는 알고 있는 채권자에 대한 개별최고를 포함한 채권자보호절차를 규정하고 있는 점(같은 조 제4항, 같은 법 제527조의5 제1항) 등에 비추어 볼 때, 회사분할결의에서 상법 제530조의9 제2항에 의하여 피분할회사의 채무 중 피분할회사가 출자한 재산에 관한 채무만을 신설회사가 부담하는 것으로 분할결의 하였다고 하더라도 같은 조 제4항에 규정된 채권자보호절차 중 알고 있는 채권자에게 이의제출을 위한 최고를 거치지 아니한 흠결이 있는 경우에는 같은 조 제1항에 의하여 신설회사는 피분할회사와 연대하여 분할 전 회사의 채무를 이행할 책임이 있다.
[2] 법적 안정성을 위해 조속한 회사분할의 확정을 도모하고자 규정된 회사분할무효의 소의 단기제척기간이 상법 제530조의9 제1항에 의한 연대책임 추궁의 경우에까지 준용되는 것으로 해석할 아무런 근거가 없다.

2) 권리의무의 승계

분할 또는 분할합병으로 인하여 설립되는 회사 또는 존속하는 회사는 분할하는 회사의 권리와 의무를 분할계획서 또는 분할합병계약서가 정하는 바에 따라서 승계한다(상법 제530조의10).

3) 분할 및 분할합병에 관한 계산

분할 또는 분할합병으로 인하여 설립되는 회사 또는 분할합병의 상대방 회사가 영업권을 취득한 경우에는 그 취득가액을 대차대조표의 자산의 부에 계상할 수 있다. 이 경우에는 설립등기 또는 분할합병의 등기를 한 후 5년내의 매 결산기에 균등액 이상을 상각하여야 한다(상법 제530조의8).

Ⅲ. 지주회사 - 주식의 포괄적 교환·이전

1. 의의

지주회사는 주식의 소유를 통하여 다른 회사의 사업내용을 지배하는 것을 주된 목적으로 하는 회사를 말하는데, 상법상으로는 이를 완전모회사라고 한다.

주식의 포괄적 교환·이전은 회사간의 주식 전부를 받거나 주는 방식으로 완전한 모회사 또는 자회사가 될 수 있도록 하는 제도이다. 주식의 포괄적 교환은 회사가 신주를 발행하여 다른 회사의 주주가 가진 주식 전부와 교환하도록 함으로써 그 다른 회사의 모회사가 되는 방식이다. 이에 비해 주식의 포괄적 이전은 회사가 별도의 완전모회사를 설립하여 주주가 가진 그 회사의 주식 전부를 새로 설립하는 완전모회사에 이전함으로써 완전자회사가 되는 것이다. 이는 기존의 영업양도나 합병 등이 가지는 절차상·비용상의 한계를 극복하면서 기본적으로 기업의 물적 조직은 그대로 둔 채 인적 조직만 간편하게 이전시키기 위한 것이다.

주식교환과 주식이전을 비교하면 기업결합의 수단이라는 점 이외에도 주주가 흡수된다는 점, 반대주주에게 주식매수청구권이 인정된다는 점, 소규모·간이합병절차가 인정된다는 점 등이 같다. 다른 점은 당사회사가 소멸하는지의 여부, 재산의 승계, 채권자보호절차 유무, 자기주식이전유무 등이다.

2. 주식의 포괄적 교환

1) 주식교환의 의의

주식의 포괄적 교환에 의하여 완전자회사가 되는 회사의 주주가 가지는 그 회사의 주식은 주식을 교환하는 날에 주식교환에 의하여 완전모회사가 되는 회사에 이전하고, 그 완전자회사가 되는 회사의 주주는 그 완전모회사가 되는 회사가 주식교환을 위하여 발행하는 신주의 배정을 받음으로써 그 회사의 주주가 된다(상법 제360조의2 제1항, 제2항).

2) 주식교환의 절차

(1) 계약서작성과 주주총회특별결의

주식교환을 하고자 하는 회사는 주식교환계약서를 작성하여 주주총회의특별결의에 의한 승인을 얻어야 한다. 주식교환계약서에서 기재하여야 하는 사항으로는 ① 완전모회사가 되는 회사가 주식교환으로 인하여 정관을 변경하는 경우에는 그 규정, ② 완전모회사가 되는 회사가 주식교환을 위하여 발행하는 신주의 총수·종류와 종류별 주식의 수 및 완전자회사가 되는 회사의 주주에 대한 신주의 배정에 관한 사항, ③ 완전모회사가 되는 회사의 증가할 자본의 액과 자본준비금에 관한 사항, ④ 완전자회사가 되는 회사의 주주에게 지급할 금액을 정한 때에는 그 규정, ⑤ 각 회사가 제1항의 결의를 할 주주총회의 기일, ⑥ 주식교환을 할 날, ⑦ 각 회사가 주식교환을 할 날까지 이익을 배당하거나 상법 제462조의3의 규정에 의하여 금전으로 이익배당을 할 때에는 그 한도액, ⑧ 회사가 자기의 주식을 이전하는 경우에는 이전할 주식의 총수·종류 및 종류별 주식의 수, ⑨ 완전모회사가 되는 회사에 취임할 이사와 감사 또는 감사위원회의 위원을 정한 때에는 그 성명 및 주민등록번호 등이다(상법 제360조의3).

(2) 공시

이사는 포괄적 주식교환에 관한 주주총회의 회일의 2주전부터 주식교환의 날 이후 6월이 경과하는 날까지 ① 주식교환계약서, ② 완전자회사가 되는 회사의 주주에 대한 주식의 배정에 관하여 그 이유를 기재한 서면, ③ 주주총회의 회일 전 6월 이내의 날에 작성한 주식교환을 하는 각 회사의 최종 대차대조표 및 손익계산서 등의 서류를 본점에 비치하여야 한다(상법 제360조의4 제1항). 또한 이사는 주식교환의 날로부터 6개월간 주식교환사항을 기재한서면을 사후공시하여야 한다(상법 제360조의12).

(3) 주주보호절차

주식의 포괄적 교환에 관한 승인사항에 관하여 이사회의 결의가 있는 때에 그 결의에 반대하는 주주는 주주총회 전에 회사에 대하여 서면으로 그 결의에 반대하는 의사를 통지한 경우에는 그 총회의 결의일로부터 20일 이내에 주식의 종류와 수를 기재한 서면으로 회사에 대하여 자기가 소유하고 있는 주식의 매수를 청구할 수 있다(상법 제360조의5 제1항). 주주총회의 공고 또는 통지를 한 날부터 2주내에 회사에 대하여 서면으로 주식교환에 반대하는 의사를 통지한 주주는 그 기간이 경과한 날부터 20일 이내에 주식의 종류와 수를 기재한 서면으로 회사에 대하여 자기가 소유하고 있는 주식의 매수를 청구할 수 있다(상법 제360조의5 제2항).

3) 간이화된 절차

(1) 간이주식교환

완전자회사가 되는 회사의 총주주의 동의가 있거나 그 회사의 발행주식 총수의 100분의 90이상을 완전모회사가 되는 회사가 소유하고 있는 때에는 완전자회사가 되는 회사의 주주총회의 승인은 이를 이사회의 승인으로 갈음할 수 있으며, 이 경우에 완전자회사가 되는 회사는 주식교환계약서를 작성한 날부터 2주내에 주주총회의 승인을 얻지 아니하고 주식교환을 한다는 뜻을 공고하거나 주주에게 통지하여야 하며, 총주주의 동의가 있는 때에는 그러하지 아니하다(상법 제360조의9).

(2) 소규모주식교환

완전모회사가 되는 회사가 주식교환을 위하여 발행하는 신주의 총수가 그 회사의 발행주식 총수의 100분의 5를 초과하지 아니하는 경우에는 그 회사에서 주주총회의 승인은 이를 이사회의 승인으로 갈음할 수 있다. 다만, 완전자회사가 되는 회사의 주주에게 지급할 금액을 정한 경우에 그 금액이 최종 대차대조표에 의하여 완전모회사가 되는 회사에 현존하는 순자산액의 100분의 2를 초과하는 때에는 그러하지 아니하다(상법 제360조의10).

4) 주식교환의 효과

(1) 효과발생의 시기

주식의 포괄적 교환에 의하여 완전자회사가 되는 회사의 주주가 가지는 그 회사의 주식은 주식을 교환하는 날에 주식교환에 의하여 완전모회사가 되는 회사에 이전하고, 그 완전자회사가 되는 회사의 주주는 그 완전모회사가 되는 회사가 주식교환을 위하여 발행하는 신주의 배정을 받음으로써 그 회사의 주주가 된다(상법 제360조의2 제2항).

(2) 신주발행에 갈음할 자기주식의 이전

완전모회사가 되는 회사는 주식교환을 함에 있어서 신주발행에 갈음하여 회사가 소유하는 자기의 주식으로서 제342조의 규정에 의하여 상당한 시기에 처분하여야 할 주식을 완전자회사가 되는 회사의 주주에게 이전할 수 있다(상법 제360조의6).

(3) 완전모회사의 자본증가의 한도액

완전모회사가 되는 회사의 자본은 주식교환의 날에 완전자회사가 되는 회사에 현존하는 순자산액에서 ① 완전자회사가 되는 회사의 주주에게 지급할 금액, ② 완전자회사가 되는 회사의 주주에게 이전하는 주식의 회계장부가액의 합계액금액을 공제한 금액을 초과하여 증가시킬 수 없다(상법 제360조의7 제1항).

또한 완전모회사가 되는 회사가 주식교환 이전에 완전자회사가 되는 회사의 주식을 이미 소유하고 있는 경우에는 완전모회사가 되는 회사의 자본은 주식교환의 날에 완전자회사가 되는 회사에 현존하는 순자산액에 그 회사의 발행주식 총수에 대한 주식교환으로 인하여 완전모회사가 되는 회사에 이전하는 주식의 수의 비율을 곱한 금액에서 위의 ①, ②의 금액을 공제한 금액의 한도를 초과하여 이를 증가시킬 수 없다(상법 제360조의7 제2항).

(4) 주권의 실효절차

주식교환에 의하여 완전자회사가 되는 회사는 주주총회에서 승인을 한 때에는 주권실효에 관한 사항을 주식교환의 날 1월전에 공고하고, 주주명부에 기재된 주주와 질권자에 대하여 따로 따로 그 통지를 하여야 한다(상법 제360조의8).

(5) 완전모회사의 이사·감사의 임기

주식교환에 의하여 완전모회사가 되는 회사의 이사 및 감사로서 주식교환 선에 취임한 자는 주식교환계약서에 다른 정함이 있는 경우를 제외하고는 주식교환 후 최초로 도래하는 결산기에 관한 정기총회가 종료하는 때에 퇴임한다(상법 제360조의13).

5) 주식교환의 무효

주식교환의 무효는 각 회사의 주주·이사·감사·감사위원회의 위원 또는 청산인에 한하여 주식교환의 날부터 6월내에 소만으로 이를 주장할 수 있다. 주식교환을 무효로 하는 판결이 확정된 때에는 완전모회사가 된 회사는 주식교환을 위하여 발행한 신주 또는 이전한 주식의 주주에 대하여 그가 소유하였던 완전자회사가 된 회사의 주식을 이전하여야 한다(상법 제360조의14).

3. 주식의 포괄적 이전

1) 의의

주식이전에 의하여 완전자회사가 되는 회사의 주주가 소유하는 그 회사의 주식은 주식이전에 의하여 설립하는 완전모회사에 이전하고, 그 완전자회사가 되는 회사의 주주는 그 완전모회사가 주식이전을 위하여 발행하는 주식의 배정을 받음으로써 그 완전모회사의 주주가 된다(상법 제360조의15 제1항, 제2항).

2) 절차

(1) 계획서작성과 주주총회승인

주식이전을 하고자 하는 회사는 각 사항을 기재한 주식이전계획서를 작성하여 주주총회의 승인을 얻어야 한다. 주식이전계획서에 기재할 사항으로는 ① 설립하는 완전모회사의 정관의 규정, ② 설립하는 완전모회사가 주식이전에 있어서 발행하는 주식의 종류와 수 및 완전자회사가 되는 회사의 주주에 대한 주식의 배정에 관한 사항, ③ 설립하는 완전모회사의 자본의 액 및 자본준비금에 관한 사항, ④ 완전자회사가 되는 회사의 주주에 대하여 지급할 금액을 정한 때에는 그 규정, ⑤ 주식이전을 할 시기, ⑥ 완전자회사가 되는 회사가 주식이전의 날까지 이익을 배당하거나 금전으로 이익배당을 할 때에는 그 한도액, ⑦ 설립하는 완전모회사의 이사와 감사 또는 감사위원회 위원의 성명 및 주민등록번호, ⑧ 회사가 공동으로 주식이전에 의하여 완전모회사를 설립하는 때에는 그 뜻 등이다(상법 제360조의16).

(2) 공시

이사는 주식의 포괄적 이전에 관한 주주총회의 회일의 2주전부터 주식이전의 날 이후 6월을 경과하는 날까지 ① 주식이전계획서, ② 완전자회사가 되는 회사의 주주에 대한 주식의 배정에 관하여 그 이유를 기재한 서면, ③ 주주총회의 회일전 6월 이내의 날에 작성한 완전자회사가 되는 회사의 최종 대차대조표 및 손익계산서 등의 서류를 본점에 비치하여야 한다(상법 제360조의17). 또한 이사는 주식이전의 날로부터 6개월간 주식이전사항을 기재한 서면을 사후공시하여야 한다(상법 제360조의 22, 제360조의12).

(3) 주주보호절차

주식의 포괄적 이전에 관한 승인사항에 관하여 이사회의 결의가 있는 때에 그 결의에 반대하는 주주는 주주총회 전에 회사에 대하여 서면으로 그 결의에 반대하는 의사를 통지한 경우에는 그 총회의 결의일로부터 20일 이내에 주식의 종류와 수를 기재한 서면으로 회사에 대하여 자기가 소유하고 있는 주식의 매수를 청구할 수 있다(상법 제360조의22, 제360조의5 제1항). 주주총회의 공고 또는 통지를 한 날부터 2주내에 회사에 대하여 서면으로 주식이전에 반대하는 의사를 통지한 주주는 그 기간이 경과한 날부터 20일 이내에 주식의 종류와 수를 기재한 서면으로 회사에 대하여 자기가 소유하고 있는 주식의 매수를 청구할 수 있다(상법 제360조의22, 제360조의5 제2항).

(4) 등기

주식이전을 한 때에는 설립한 완전모회사의 본점의 소재지에서는 2주내에, 지점의 소재지에서는 3주내에 제317조 제2항에서 정하는 사항을 등기하여야 한다(상법 제360조의20).

3) 주식이전의 효과

(1) 효과발생의 시기

주식이전에 의하여 완전자회사가 되는 회사의 주주가 소유하는 그 회사의 주식은 주식이전에 의하여 설립하는 완전모회사에 이전하고, 그 완전자회사가 되는 회사의 주주는 그 완전모회사가 주식이전을 위하여 발행하는 주식의 배정을 받음으로써 그 완전모회사의 주주가 된다(상법 제360조의15 제2항). 주식이전은 이로 인하여 설립한 완전모회사가 그 본점소재지에서 등기를 함으로써 그 효력이 발생한다(상법 제360조의20).

(2) 완전모회사의 자본의 한도액

설립하는 완전모회사의 자본은 주식이전의 날에 완전자회사가 되는 회사에 현존하는 순자산액에서 그 회사의 주주에게 지급할 금액을 공제한 액을 초과하지 못한다(상법 제360조의18).

(3) 주권의 실효절차

주식이전에 의하여 완전자회사가 되는 회사는 주식이전에 관한 주주총회결의를 한 때에는 주권실효에 관련한 사항을 공고하고, 주주명부에 기재된 주주와 질권자에 대하여 따로 따로 그 통지를 하여야 한다(상법 제360조의19).

4) 주식이전의 무효

주식이전의 무효는 각 회사의 주주·이사·감사·감사위원회의 위원 또는 청산인에 한하여 주식이전의 날부터 6월내에 소만으로 이를 주장할 수 있다. 주식이전을 무효로 하는 판결이 확정된 때에는 완전모회사가 된 회사는 주식이전을 위하여 발행한 주식의 주주에 대하여 그가 소유하였던 완전자회사가 된 회사의 주식을 이전하여야 한다(상법 제360조의23).

Ⅳ. 주식회사의 소멸

1. 의의

회사의 법인격이 소멸하기 위해서는 해산과 청산의 절차를 밟아야 한다. 청산 중의 회사는 청산목적의 범위 내에서만 권리능력을 가지며, 주된 청산사무는 현존사무를 종결하고 채권회수와 채무변제를 하고, 재산을 환가 처분하여 잔여재산을 확정한 뒤 이를 주주에게 분배하는 것이다. 청산사무가 종료하면 청산인은 지체 없이 결산 보고서를 작성하여 이를 주주총회에 제출하여 승인을 얻어야 하고 승인이 있으면 청산종결의 등기를 하여야 한다.

2. 주식회사 해산사유

주식회사는 존립기간의 만료 기타 정관으로 정한 사유의 발생, 파산, 법원의 해산명령 또는 해산판결, 회사의 합병(상법 제717조 제1호), 분할 또는 분할합병(상법 제717조 제1의2호), 주주총회의 특별결의(상법 제717조 제2호)에 의하여 해산할 수 있다.

주식회사의 해산사유 중 특이한 것은 1인회사가 되어도 해산사유가 되지 않으며, 회사분할 또는 분할합병에 의한 해산과 주주총회특별결의에 의한 해산이 인정되는 점이다.

1) 해산명령

법원은 ① 회사의 설립목적이 불법한 것인 때, ② 회사가 정당한 사유없이 설립후 1년내에 영업을 개시하지 아니하거나 1년 이상 영업을 휴지하는 때, ③ 이사 또는 회사의 업무를 집행하는 사원이 법령 또는 정관에 위반하여 회사의 존속을 허용할 수 없는 행위를 한 때, 이해관계인이나 검사의 청구에 의하여 또는 직권으로 회사의 해산을 명할 수 있다(상법 제176조 제1항).

이러한 청구가 있는 때에는 법원은 해산을 명하기 전일지라도 이해관계인이나 검사의 청구에 의하여 또는 직권으로 관리인의 선임 기타 회사재산의 보전에 필요한 처분을 할 수 있다(상법 제176조 제2항). 이해관계인이 이러한 청구를 한 때에는 법원은 회사의 청구에 의하여 상당한 담보를 제공할 것을 명할 수 있으며(상법 제176조 제3항), 회사가 청구를 함에는 이해관계인의 청구가 악의임을 소명하여야 한다(상법 제176조 제4항).

2) 해산판결

(1) 의의

회사의 업무가 현저한 정돈상태를 계속하여 회복할 수 없는 손해가 생긴 때 또는 생길 염려가 있는 때, 혹은 회사재산의 관리 또는 처분의 현저한 실당으로 인하여 회사의 존립을 위태롭게 한 때, 부득이한 사유가 있는 때에는 발행주식 총수의 100분의 10이상에 해당하는 주식을 가진 주주는 회사의 해산을 법원에 청구할 수 있다(상법 제520조 제1항).

(2) 판결의 효력

설립무효의 판결은 제3자에 대하여도 그 효력이 있으나, 판결확정 전에 생긴 회사와 사원 및 제3자간의 권리의무에 영향을 미치지 아니한다(상법 제520조 제2항, 제190조).

설립무효의 소를 제기한 자가 패소한 경우에 악의 또는 중대한 과실이 있는 때에는 회사에 대하여 연대하여 손해를 배상할 책임이 있다(상법 제520조 제2항, 제191조).

3) 휴면회사의 해산의제

법원행정처장이 최후의 등기 후 5년을 경과한 회사는 본점의 소재지를 관할하는 법원에 아직 영업을 폐지하지 아니하였다는 뜻의 신고를 할 것을 관보로써 공고한 경우에, 그 공고한 날에 이미 최후의 등기 후 5년을 경과한 회사로써 공고한 날로부터 2월 이내에 대통령령이 정하는 바에 의하여 신고를 하지 아니한 때에는 기간 내에 등기를 한 회사를 제외하고 그 회사는 그 신고기간이 만료된 때에 해산한 것으로 본다(상법 제520조의2 제1항). 이러한 공고가 있는 때에는 법원은 해당 회사에 대하여 그 공고가 있었다는 뜻의 통지를 발송하여야 한다(상법 제520조의2 제2항).

해산한 것으로 본 회사는 그 후 3년 이내에는 주주총회특별결의에 의하여 회사를 계속할 수 있으나(상법 제520조의2 제3항), 해산한 것으로 본 회사가 회사를 계속하지 아니한 경우에는 그 3년이 경과한 때에 청산이 종결된 것으로 본다(상법 제520조의2 제4항).

3. 청산인의 선임과 해임

회사가 해산한 때에는 정관에 다른 정함이 있거나 주주총회에서 타인을 선임한 경우를 제외하고 합병·분할·분할합병 또는 파산의 경우 외에는 이사가 청산인이 된다(상법 제531조 제1항). 그래도 청산인이 없는 때에는 법원은 이해관계인의 청구에 의하여 청산인을 선임한다(상법 제531조 제2항).

청산인은 법원이 선임한 경우 외에는 언제든지 주주총회의 결의로 이를 해임할 수 있다(상법 제539조 제1항). 또한 청산인이 그 업무를 집행함에 현저하게 부적임하거나 중대한 임무에 위반한 행위가 있는 때에는 발행주식 총수의 100분의 3이상에 해당하는 주식을 가진 주주는 법원에 그 청산인의 해임을 청구할 수 있다(상법 제539조 제2항).

4. 청산절차

1) 회사재산조사보고

청산인은 취임한 후 지체 없이 회사의 재산상태를 조사하여 재산목록과 대차대조표를 작성하고 이를 주주총회에 제출하여 그 승인을 얻어야 하며, 청산인은 승인을 얻은 후 지체 없이 재산목록과 대차대조표를 법원에 제출하여야 한다(상법 제533조 제1항, 제2항). 청산인은 정기총회회일로부터 4주간전에 대차대조표 및 그 부속명세서와 사무보고서를 작성하여 감사에게 제출하여야 하며, 감사는 정기총회회일로부터 1주간전에 서류에 관한 감사보고서를 청산인에게 제출하여야 한다(상법 제534조 제1항, 제2항). 또한 청산인은 정기총회회일의 1주간전부터 대차대조표 및 그 부속명세서, 사무보고서와 감사보고서를 본점에 비치하여야 하며, 대차대조표 및 사무보고서를 정기총회에 제출하여 그 승인을 요구하여야 한다(상법 제534조 제3항, 제5항).

2) 회사채권자에의 최고

청산인은 취임한 날로부터 2월내에 회사채권자에 대하여 일정한 기간내에 그 채권을 신고할 것과 그 기간내에 신고하지 아니하면 청산에서 제외될 뜻을 2회 이상 공고로써 최고하여야 한다. 그러나 그 기간은 2월 이상이어야 한다(상법 제535조 제1항). 청산인은 알고 있는 채권자에 대하여는 각별로 그 채권의 신고를 최고하여야 하며 그 채권자가 신고하지 아니한 경우에도 이를 청산에서 제외하지 못한다(상법 제535조 제2항).

3) 채권변제

청산인은 채권신고기간 내에는 채권자에 대하여 변제를 하지 못하나, 회사는 그 변제의 지연으로 인한 손해배상의 책임을 면하지 못한다(상법 제536조 제1항). 청산인은 소액의 채권, 담보있는 채권 기타 변제로 인하여 다른 채권자를 해할 염려가 없는 채권에 대하여는 예외적으로 법원의 허가를 얻어 이를 변제할 수 있다(상법 제536조 제2항) 청산에서 제외된 채권자는 분배되지 아니한 잔여재산에 대하여서만 변제를 청구할 수 있다(상법 제537조 제1항). 일부의 주주에 대하여 재산의 분배를 한 경우에는 그와 동일한 비율로 다른 주주에게 분배할 재산은 전항의 잔여재산에서 공제한다(상법 제537조 제2항).

4) 잔여재산분배

잔여재산은 각 주주가 가진 주식의 수에 따라 주주에게 분배하여야 하는데, 다만 잔여재산의 분배에 관하여 내용이 다른 수종의 주식을 발행한 경우에는 그러하지 아니하다(상법 제538조).

5. 청산의 종결

청산사무가 종결한 때에는 청산인은 지체 없이 결산보고서를 작성하고 이를 주주총회에 제출하여 승인을 얻어야 하며(상법 제540조 제1항), 이러한 승인이 있는 때에는 회사는 청산인에 대하여 그 책임을 해제한 것으로 보지만, 청산인의 부정행위에 대하여는 그러하지 아니하다(상법 제540조 제2항).

회사의 장부 기타 영업과 청산에 관한 중요한 서류는 본점소재지에서 청산종결의 등기를 한 후 10년간 이를 보존하여야 하고, 다만 전표 또는 이와 유사한 서류는 5년간 이를 보존하여야 한다(상법 제541조 제1항). 이러한 보존에 관하여는 청산인 기타의 이해관계인의 청구에 의하여 법원이 보존인과 보존방법을 정한다(상법 제541조 제2항).

Ⅴ. 회사의 회생

1. 의의

재정적 어려움으로 인하여 파탄에 직면해 있는 채무자에 대하여 채권자·주주·지분권자 등 이해관계인의 법률관계를 조정하여 채무자 또는 그 사업의 효율적인 회생을 도모하거나, 회생이 어려운 채무자의 재산을 공정하게 환가·배당하는 것을 목적으로 2005년도에 제정된 채무자회생 및 파산에 관한 법률에 의하여 회사의 회생과 파산절차가 이루어진다.

2. 회생절차의 개시

1) 회생절차의 개시신청

사업의 계속에 현저한 지장을 초래하지 아니하고는 변제기에 있는 채무를 변제할 수 없는 경우 혹은 채무자에게 파산의 원인인 사실이 생길 염려가 있는 경우 채무자는 법원에 회생절차개시의 신청을 할 수 있다(채무자회생 및 파산에 관한 법률 제34조 제1항). 또한 채무자에게 파산의 원인인 사실이 생길 염려가 있는 경우에는 자본의 10분의 1이상에 해당하는 채권을 가진 채권자도 회생절차의 개시를 신청할 수 있다(채무자회생 및 파산에 관한 법률 제34조 제2항).

2) 회생절차의 개시결정과 그 효력

채무자가 회생절차개시를 신청한 때에는 법원은 회생절차개시의 신청일부터 1월 이내에 회생절차개시 여부를 결정하여야 한다(채무자회생 및 파산에 관한 법률 제49조 제1항).

회생절차개시 이후부터 그 회생절차가 종료될 때까지는 채무자는 회생절차에 의하지 아니하고는 ① 자본 또는 출자액의 감소, ② 지분권자의 가입, 신주 또는 사채의 발행, ③ 자본 또는 출자액의 증가, ④ 주식의 포괄적 교환 또는 주식의 포괄적 이전, ⑤ 합병·분할·분할합병 또는 조직변경, ⑥ 해산 또는 회사의 계속, ⑦ 이익 또는 이자의 배당 등의 행위를 할 수 없다(채무자회생 및 파산에 관한 법률 제55조 제1항). 회생절차개시 이후부터 그 회생절차가 종료될 때까지 회생절차에 의하지 아니하고 법인인 채무자의 정관을 변경하고자 하는 때에는 법원의 허가를 받아야 한다(채무자회생 및 파산에 관한 법률 제55조 제2항). 회생절차개시결정이 있는 때에는 채무자의 업무의 수행과 재산의 관리 및 처분을 하는 권한은 관리인에게 전속한다(채무자회생 및 파산에 관한 법률 제56조 제1항).

채무자가 회생절차개시 이후 채무자의 재산에 관하여 법률행위를 한 때에는 회생절차와의 관계에 있어서는 그 효력을 주장하지 못한다(채무자회생 및 파산에 관한 법률 제64조 제1항). 회생절차개시 이후 회생채권 또는 회생담보권에 관하여 채무자의 재산에 대한 권리를 채무자의 행위에 의하지 아니하고 취득한 때에도 회생절차와의 관계에 있어서는 그 효력을 주장하지 못한다(채무자회생 및 파산에 관한 법률 제65조 제1항).

3. 회생절차의 기관

1) 관리인

(1) 관리인의 선임

법원은 관리위원회와 채권자협의회의 의견을 들어 관리인의 직무를 수행함에 적합한 자를 관리인으로 선임하여야 하며(채무자회생 및 파산에 관한 법률 제74조 제1항), 법원은 일정한 사유가 있는 때를 제외하고는 개인인 채무자나 개인이 아닌 채무자의 대표자를 관리자로 선임하여야 한다(채무자회생 및 파산에 관한 법률 제74조 제2항). 법인도 관리인이 될 수 있으며 이 경우 그 법인은 이사 중에서 관리인의 직무를 행할 자를 지명하고 법원에 신고하여야 한다(채무자회생 및 파산에 관한 법률 제74조 제6항).

(2) 관리인의 권한

관리인이 여럿인 때에는 공동으로 그 직무를 행하며 이 경우 법원의 허가를 받아 직무를 분장할 수 있다(채무자회생 및 파산에 관한 법률 제75조 제1항). 관리인이 여럿인 때에는 제3자의 의사표시는 그 1인에 대하여 하면 된다(채무자회생 및 파산에 관한 법률 제75조 제2항).

관리인은 필요한 때에는 그 직무를 행하게 하기 위하여 자기의 책임으로 1인 또는 여럿의 관리인대리를 선임할 수 있으며, 법원의 허가를 받아야 한다(채무자회생 및 파산에 관한 법률 제76조 제1항, 제2항). 관리인은 법원의 감독을 받으며(채무자회생 및 파산에 관한 법률 제81조 제1항), 법원은 관리인에게 그 선임을 증명하는 서면을 교부하여야 한다(채무자회생 및 파산에 관한 법률 제81조 제2항).

(3) 관리인의 의무

관리인은 선량한 관리자의 주의로써 직무를 수행하여야 한다(채무자회생 및 파산에 관한 법률 제82조 제1항). 주의를 게을리한 때에는 이해관계인에게 손해를 배상할 책임이 있으며 여럿 있는 때에는 연대하여 손해를 배상할 책임이 있다(채무자회생 및 파산에 관한 법률 제81조 제2항, 제3항).

2) 보전관리인

법원은 회생절차개시의 신청이 있는 때에는 이해관계인의 신청에 의하거나 직권으로 회생절차개시신청에 대한 결정이 있을 때까지 채무자의 업무 및 재산에 관하여 가압류·가처분·그 밖의 보전처분명령을 할 수 있는데 이 외에도 필요하다고 인정하는 때에는 관리위원회의 의견을 들어 보전관리인에 관한 관리를 명할 수 있으며, 이 경우 법원은 1인 또는 수인의 보전관리인을 선임하여야 한다(채무자회생 및 파산에 관한 법률 제43조 제3항). 보전관리명령이 있는 때에는 회생절차개시결정 전까지 채무자의 업무수행, 재산의 관리 및 처분을 하는 권한은 보전관리인에게 전속한다(채무자회생 및 파산에 관한 법률 제85조).

3) 조사위원

법원은 필요하다고 인정하는 때에는 관리위원회의 의견을 들어 1인 또는 여럿의 조사위원을 선임할 수 있는데, 조사위원은 조사에 필요한 학식과 경험이 있는 자로서 그 회생절차에 이해관계가 없는 자 중에서 선임하여야 한다(채무자회생 및 파산에 관한 법률 제87조 제1항·제2항). 법원은 상당한 이유가 있는 때에는 이해관계인의 신청에 의하여 또는 직권으로 조사위원을 해임할 수 있다. 이 경우 법원은 그 조사위원을 심문하여야 한다(채무자회생 및 파산에 관한 법률 제87조 제5항).

4. 채무자재산의 조사 및 확보

1) 채무자의 재산상황조사

관리인은 취임 후 즉시 채무자의 업무와 재산의 관리에 착수하여야 한다(채무자회생 및 파산에 관한 법률 제89조). 관리인은 취임 후 지체 없이 채무자에게 속하는 모든 재산의 회생절차개시 당시의 가액을 평가하여야 하며 이 경우 지체될 우려가 있는 때를 제외하고는 채무자가 참여하도록 하여야 한다(채무자회생 및 파산에 관한 법률 제90조). 그리고 관리인은 취임 후 지체 없이 회생절차개시 당시 채무자의 재산목록 및 대차대조표를 작성하여 법원에 제출하여야 한다(채무자회생 및 파산에 관한 법률 제91조).

채무자의 영업을 계속하는 것이 부적당하다고 인정할 만한 특별한 사정이 있는 경우에는 관리인은 법원의 허가를 얻어 그 영업을 휴지시킬 수 있다(채무자회생 및 파산에 관한 법률 제96조). 한편 법원은 금전 그 밖의 재산의 보관방법과 금전의 수입과 지출에 관하여 필요한 사항을 정할 수 있다(채무자회생 및 파산에 관한 법률 제97조).

2) 부인권

(1) 부인할 수 있는 행위

관리인은 회생절차개시 이후 채무자의 재산을 위하여 다음의 행위를 부인할 수 있다.

① 채무자가 회생채권자 또는 회생담보권자를 해하는 것을 알고 한 행위. 다만, 이로 인하여 이익을 받은 자가 그 행위 당시 회생채권자 또는 회생담보권자를 해하는 사실을 알지 못한 경우에는 그러하지 아니하다.

② 채무자가 지급의 정지, 회생절차개시의 신청 또는 파산의 신청이 있은 후에 한 회생채권자 또는 회생담보권자를 해하는 행위와 담보의 제공 또는 채무의 소멸에 관한 행위. 다만, 이로 인하여 이익을 받은 자가 그 행위 당시 지급의 정지등이 있는 것 또는 회생채권자나 회생담보권자를 해하는 사실을 알고 있은 때에 한하며 이때 이익을 받은 자가 채무자와 대통령령이 정하는 범위의 특수관계에 있는 자인 때에는 그 특수관계인이 그 행위 당시 지급의 정지등이 있은 것과 회생채권자 또는 회생담보권자를 해하는 사실을 알고 있었던 것으로 추정한다(채무자회생 및 파산에 관한 법률 제100조, 제101조).

③ 채무자가 지급의 정지등이 있은 후 또는 그 전 60일 이내에 한 담보의 제공 또는 채무의 소멸에 관한 행위로서 채무자의 의무에 속하지 아니하거나 그 방법이나 시기가 채무자의 의무에 속하지 아니한 것이어야 한다. 이때 특수관계인을 상대방으로 하는 행위인 때에는 같은 위 “60일”을 “1년”으로 한다(채무자회생 및 파산에 관한 법률 제100조, 제101조).

다만, 채권자가 그 행위 당시 채무자가 다른 회생채권자 또는 회생담보권자와의 평등을 해하게 되는 것을 알지 못한 경우(그 행위가 지급의 정지등이 있은 후에 행한 것인 때에는 지급의 정지등이 있은 것도 알지 못한 경우에 한한다)에는 그러하지 아니하다. 이때 그 특수관계인이 그 행위 당시 채무자가 다른 회생채권자 또는 회생담보권자와의 평등을 해하게 되는 것을 알았던 것으로 추정한다(채무자회생 및 파산에 관한 법률 제100조, 제101조).

④ 채무자가 지급의 정지등이 있은 후 또는 그 전 6월 이내에 한 무상행위 및 이와 동일시할 수 있는 유상행위이며 이때 특수관계인을 상대방으로 하는 행위인 때에는 위 "6월"을 "1년"으로 한다. 지급의 정지등이 있은 후 권리의 설정·이전 또는 변경을 제3자에게 대항하기 위하여 필요한 행위를 한 경우 그 행위가 권리의 설정·이전 또는 변경이 있은 날부터 15일을 경과한 후에 지급의 정지등이 있음을 알고 한 것인 때에는 이를 부인할 수 있다. 다만, 가등기 또는 가등록을 한 후 이에 의하여 본등기 또는 본등록을 한 때에는 그러하지 아니하다(채무자회생 및 파산에 관한 법률 제100조, 제101조, 제103조 제1항).

⑤ 부인권은 부인하고자 하는 행위에 관하여 집행력있는 집행권원이 있는 때 또는 그 행위가 집행행위에 의한 것인 때에도 행사할 수 있다(채무자회생 및 파산에 관한 법률 제104조).

(2) 부인할 수 있는 행위의 예외

채무자로부터 어음의 지급을 받은 자가 그 지급을 받지 아니하면 채무자의 1인 또는 여럿에 대한 어음상의 권리를 상실하게 된 경우에는 관리인은 이를 부인할 수 없다(채무자회생 및 파산에 관한 법률 제102조 제1항). 이 경우 최종의 상환의무자 또는 어음의 발행을 위탁한 자가 그 발행 당시 지급의 정지등이 있는 것을 알았거나 과실로 인하여 알지 못한 때에는 관리인은 그로 하여금 채무자가 지급한 금액을 상환하게 할 수 있다(채무자회생 및 파산에 관한 법률 제102조 제2항).

(3) 부인권의 행사방법

부인권은 소, 부인의 청구 또는 항변의 방법으로 관리인이 행사하며, 소와 부인의 청구사건은 회생법원의 관할에 전속한다(채무자회생 및 파산에 관한 법률 제105조 제1항, 제3항).

법원은 회생채권자·회생담보권자·주주·지분권자의 신청에 의하거나 직권으로 관리인에게 부인권의 행사를 명할 수 있다(채무자회생 및 파산에 관한 법률 제105조 제2항).

(4) 부인권행사의 효과

부인권의 행사는 채무자의 재산을 원상으로 회복시키고, 채무자가 지급의 정지 등이 있은 후 또는 그 전 6월 이내에 한 무상행위가 부인된 경우 상대방이 그 행위 당시 지급정지 등을 알지 못한 때에는 이익이 현존하는 한도 안에서 상환하면 된다(채무자회생 및 파산에 관한 법률 제108조 제1항, 제2항). 채무자의 행위가 부인된 경우 상대방이 그가 받은 급부를 반환하거나 그 가액을 상환한 때에는 상대방의 채권은 원상으로 회복된다(채무자회생 및 파산에 관한 법률 제109조 제1항).

3) 법인의 이사 등의 책임

법원은 법인인 채무자에 대하여 회생절차개시결정이 있는 경우 필요하다고 인정하는 때에는 관리인의 신청에 의하거나 직권으로 채무자의 발기인·이사(상법 제401조의2 제1항의 규정에 의하여 이사로 보는 자를 포함한다)·감사·검사인 또는 청산인에 대한 출자이행청구권 또는 이사 등의 책임에 기한 손해배상청구권을 보전하기 위하여 이사 등의 재산에 대한 보전처분을 할 수 있다(채무자회생 및 파산에 관한 법률 제114조 제1항). 또한 법원은 법인인 채무자에 대하여 회생절차개시결정이 있는 경우 필요하다고 인정하는 때에는 관리인의 신청에 의하거나 직권으로 이사 등에 대한 출자이행청구권이나 이사 등의 책임에 기한 손해배상청구권의 존부와 그 내용을 조사확정하는 재판을 할 수 있다(채무자회생 및 파산에 관한 법률 제115조 제1항).

5. 회생채권자·회생담보권자·주주·지분권자

1) 권리

(1) 회생채권자의 권리

채무자에 대하여 회생절차개시 전의 원인으로 생긴 재산상의 청구권·회생절차개시

후의 이자·회생절차개시 후의 불이행으로 인한 손해배상금 및 위약금·회생절차참가의 비용은 회생채권으로 한다(채무자회생 및 파산에 관한 법률 제118조). 상호계산은 당사자의 일방에 관하여 회생절차가 개시된 때에는 종료하며 이 경우 각 당사자는 계산을 폐쇄하고 잔액의 지급을 청구할 수 있는데, 채무자의 상대방이 갖게 된 이러한 청구권은 회생채권으로 한다(채무자회생 및 파산에 관한 법률 제125조 제1항, 제2항).

(2) 회생담보권자의 권리

회생채권이나 회생절차개시 전의 원인으로 생긴 채무자 외의 자에 대한 재산상의 청구권으로서 회생절차개시 당시 채무자의 재산상에 존재하는 유치권·질권·저당권·양도담보권·가등기담보권·전세권 또는 우선특권으로 담보된 범위의 것은 회생담보권으로 한다(채무자회생 및 파산에 관한 법률 제141조 제1항). 회생담보권자는 그가 가진 회생담보권으로 회생절차에 참가할 수 있으며, 회생담보권자는 그 채권액 중 담보권의 목적의 가액(선순위의 담보권이 있는 때에는 그 담보권으로 담보된 채권액을 담보권의 목적의 가액으로부터 공제한 금액을 말한다)을 초과하는 부분에 관하여는 회생채권자로서 회생절차에 참가할 수 있다(채무자회생 및 파산에 관한 법률 제141조 제3항, 제4항).

회생담보권자는 그 담보권의 목적의 가액에 비례하여 의결권을 가지며 다만, 피담보채권액이 담보권의 목적의 가액보다 적은 때에는 그 피담보채권액에 비례하여 의결권을 가진다(채무자회생 및 파산에 관한 법률 제141조 제5항).

(3) 주주·지분권자의 권리

주주·지분권자는 그가 가진 주식 또는 출자지분으로 회생절차에 참가할 수 있으며, 주주·지분권자는 그가 가진 주식 또는 출자지분의 수 또는 액수에 비례하여 의결권을 가진다(채무자회생 및 파산에 관한 법률 제146조 제1항, 제2항). 회생절차의 개시 당시 채무자의 부채총액이 자산총액을 초과하는 때에는 주주·지분권자는 의결권을 가지지 않지만, 회생계획의 변경계획안을 제출할 당시 채무자의 자산총액이 부채총액을 초과하는 때에는 그러하지 아니하다(채무자회생 및 파산에 관한 법률 제146조 제3항).

2) 목록작성 및 신고

관리인은 회생채권자의 목록, 회생담보권자의 목록과 주주·지분권자의 목록을 작성하여 회생절차개시결정일부터 2주 이상 2월 이하의 기간 안에 제출하여야 한다(채무자회생 및 파산에 관한 법률 제147조 제1항).

회생절차에 참가하고자 하는 회생채권자는 신고기간 안에 ① 성명 및 주소, ② 회생채권의 내용 및 원인, ③ 의결권의 액수, ④ 일반의 우선권 있는 채권인 때에는 그 뜻 등의 사항을 법원에 신고하고 증거서류 또는 그 등본이나 초본을 제출하여야 한다(채무자회생 및 파산에 관한 법률 제148조 제1항). 또한 회생절차에 참고하고자 하는 회생담보권자나 주주·지분권자 등도 일정사항을 기재하여 제출하여야 한다(채무자회생 및 파산에 관한 법률 제149조, 제150조).

3) 회생채권·회생담보권 등의 조사 및 확정

법원사무관등은 목록에 기재되거나 신고된 회생채권, 회생담보권, 주식 또는 출자지분에 대하여 회생채권자표·회생담보권자표와 주주·지분권자표를 작성하여 권리의 성질에 따라 분류하여 기재한다(채무자회생 및 파산에 관한 법률 제158조). 이후 조사기간 안에 관리인·회생채권자·회생담보권자·주주·지분권자의 이의가 없는 때에는 권리의 내용과 의결권의 액수가 확정되며, 우선권 있는 채권에 관하여는 우선권 있는 것이 확정된다(채무자회생 및 파산에 관한 법률 제166조).

4) 공익채권과 개시후 기타채권

회생채권자, 회생담보권자와 주주·지분권자의 공동의 이익을 위하여 한 재판상 비용청구권 등의 공익채권은 회생절차에 의하지 아니하고 수시로 변제하며, 공익채권은 회생채권과 회생담보권에 우선하여 변제한다(채무자회생 및 파산에 관한 법률 제180조 제1항, 제2항). 그러나 채무자의 재산이 공익채권의 총액을 변제하기에 부족한 것이 명백하게 된 때에는 공익채권은 법령에 정하는 우선권에 불구하고 아직 변제하지 아니한 채권액의 비율에 따라 변제한다(채무자회생 및 파산에 관한 법률 제180조 제7항).

회생절차개시 이후의 원인에 기하여 발생한 재산상의 청구권으로서 공익채권, 회생채권 또는 회생담보권이 아닌 청구권에 관하여는, 회생절차가 개시된 때부터 회생계획으로 정하여진 변제기간이 만료하는 때(회생계획인가의 결정 전에 회생절차가 종료된 경우에는 회생절차가 종료된 때, 그 기간만료 전에 회생계획에 기한 변제가 완료된 경우에는 변제가 완료된 때를 말한다)까지의 사이에는 변제를 하거나 변제를 받는 행위 그 밖에 이를 소멸시키는 행위를 할 수 없다(채무자회생 및 파산에 관한 법률 제181조 제1항).

6. 관계인집회

1) 관계인집회의 공고

법원은관계인집회의 기일과 회의의 목적인 사항을 공고하여야 하는데(채무자회생 및 파산에 관한 법률 제185조), 관계인은 ① 관리인, ② 조사위원, ③ 채무자, ④ 목록에 기재되어 있거나 신고한 회생채권자 · 회생담보권자 · 주주 · 지분권자, ⑤ 회생을 위하여 채무를 부담하거나 담보를 제공한 자가 있는 때에는 그 자 등이다(채무자회생 및 파산에 관한 법률 제182조 제1항).

2) 의결권의 행사

확정된 회생채권 또는 회생담보권을 가진 회생채권자 또는 회생담보권자는 그 확정된 액이나 수에 따라, 이의없는 의결권을 가진 주주 · 지분권자는 목록에 기재되거나 신고한 액이나 수에 따라 의결권을 행사할 수 있다(채무자회생 및 파산에 관한 법률 제188조 제1항). 한편 법원은 이의있는 권리에 관하여는 의결권을 행사하게 할 것인지 여부와 의결권을 행사하게 할 액 또는 수를 결정한다(채무자회생 및 파산에 관한 법률 제188조 제2항).

상법과 마찬가지로 의결권자는 의결권을 통일하지 아니하고 행사할 수 있으며(채무자회생 및 파산에 관한 법률 제189조 제1항), 회생채권자 · 회생담보권자 · 주주 · 지분권자는 대리인에 의하여 그 의결권을 행사할 수 있으며 이 경우 대리인은 대리권을 증명하는 서면을 제출하여야 한다(채무자회생 및 파산에 관한 법률 제192조 제1항)

법원은 권리취득의 시기, 대가 그 밖의 사정으로 보아 의결권을 가진 회생채권자 · 회생담보권자 · 주주 · 지분권자가 결의에 관하여 재산상의 이익을 수수하는 등 부당한 이익을 얻을 목적으로 그 권리를 취득한 것으로 인정되는 때에는 그에 대하여 그 의결권을 행사하지 못하게 할 수 있다(채무자회생 및 파산에 관한 법률 제190조 제1항).

7. 회생계획

1) 회생계획의 내용

회생계획에는 ① 회생채권자·회생담보권자·주주·지분권자의 권리의 전부 또는 일부의 변경, ② 공익채권의 변제, ③ 채무의 변제자금의 조달방법, ④ 회생계획에서 예상된 액을 넘는 수익금의 용도, ⑤ 알고 있는 개시후 기타채권이 있는 때에는 그 내용에 관한 사항을 정하여야 한다(채무자회생 및 파산에 관한 법률 제193조 제1항).

그리고 회생계획에는 ① 영업이나 재산의 양도, 출자나 임대, 경영의 위임, ② 정관의 변경, ③ 이사·대표이사의 변경, ④ 자본의 감소, ⑤ 신주나 사채의 발행, ⑥ 주식의 포괄적 교환 및 이전, 합병, 분할, 분할합병, ⑦ 해산, ⑧ 신회사의 설립, 그 밖에 회생을 위하여 필요한 사항에 대하여 정할 수 있다(채무자회생 및 파산에 관한 법률 제193조 제3항).

2) 회생계회안의 제출

법원은 채무자의 사업을 계속할 때의 가치가 채무자의 사업을 청산할 때의 가치보다 크다고 인정하는 때에는 제1회 관계인집회의 기일 또는 그 후 지체 없이 관리인에게 기간을 정하여 채무자의 존속, 주식교환, 주식이전, 합병, 분할, 분할합병, 신회사의 설립 또는 영업의 양도 등에 의한 사업의 계속을 내용으로 하는 회생계획안의 제출을 명하여야 한다(채무자회생 및 파산에 관한 법률 제220조).

법원은 채무자의 사업을 청산할 때의 가치가 채무자의 사업을 계속할 때의 가치보다 크다고 인정하는 때에는 관리인이나 채무자, 혹은 목록에 기재되어 있거나 신고한 회생채권자·회생담보권자·주주·지분권자의 신청에 의하여 청산(영업의 전부 또는 일부의 양도, 물적 분할을 포함한다)을 내용으로 하는 회생계획안의 작성을 허가할 수 있다. 다만, 채권자 일반의 이익을 해하는 때에는 그러하지 아니하다(채무자회생 및 파산에 관한 법률 제222조 제1항).

3) 회생계획안의 결의

관계인집회에서 회생계획안이 가결되기 위해서는 회생채권자의 조, 회생담보권자의 조, 주주·지분권자의 조별로 법이 정하고 있는 각각의 의결정족수를 충족하여야 한다(채무자회생 및 파산에 관한 법률 제237조). 회생계획안의 가결은 관계인집회의 제1기일부터 2월 이내에 하여야 하며, 회생절차개시일부터 1년 이내에 하여야 한다. 다만, 불가피한 사유가 있는 때에는 법원은 6월의 범위 안에서 그 기간을 늘일 수 있다(채무자회생 및 파산에 관한 법률 제239조 제1항, 제3항).

4) 회생계획의 인가

관계인집회에서 회생계획안을 가결한 때에는 법원은 그 기일에 또는 즉시로 선고한 기일에 회생계획의 인가 여부에 관하여 결정을 하여야 하며(채무자회생 및 파산에 관한 법률 제242조), 회생계획은 인가의 결정이 있은 때부터 효력이 생긴다(채무자회생 및 파산에 관한 법률 제246조).

8. 회생계획인가 후의 절차

회생계획인가의 결정이 있는 때에는 관리인은 지체 없이 회생계획을 수행하여야 하며, 회생계획에 의하여 신회사를 설립하는 때에는 관리인이 발기인 또는 설립위원의 직무를 행한다(채무자회생 및 파산에 관한 법률 제257조 제1항, 제2항). 관리위원회는 매년 회생계획이 적정하게 수행되고 있는지의 여부에 관하여 평가하고 그 평가결과를 법원에 제출하여야 하고, 관리위원회는 법원에 회생절차의 종결 또는 폐지 여부에 관한 의견을 제시할 수 있다(채무자회생 및 파산에 관한 법률 제257조 제3항, 제4항).

9. 회생절차의 폐지

법원은 채무자의 사업을 청산할 때의 가치가 채무자의 사업을 계속할 때의 가치보다 명백히 크다고 인정되는 때에는 제1회 관계인집회 전이라도 회생계획안의 제출을 명하지 아니하고 관리인이나 목록에 기재되어 있거나 신고한 회생채권자 또는 회생담보권자의 신청에 의하거나 직권으로 회생절차폐지의 결정을 하여야 한다(채무자회생 및 파산에 관한 법률 제285조).

참고문헌

단행본

이철송, 회사법강의(제16판), 박영사, 2009.

최준선, 회사법(제4판), 삼영사, 2009.

강희갑, 회사법강의, 책과 사람들, 2004.

정찬형, 상법강의, 박영사, 2009.

이범찬, 상법, 삼영사, 2009.

정희철, 상법원론, 박영사, 1997.

채이식, 상법강의(상), 박영사, 1996.

권기범, 현대회사법론, 삼지원, 2005.

정동윤, 회사법, 법문사, 2001.

강위두, 회사법, 형설출판사, 2000.

최준선 · 김순석, 회사법 개정방향에 관한 연구, 한국상장회사협의회, 2004.

강희갑, 주식회사 경영감독 · 감사 및 감사위원회제도에 관한 연구, 한국상장회사협의회, 2002.

이형규 · 이상복, 사외이사 선임제도 개선방안에 관한 연구, 한국상장회사협의회, 2002.

논문

정재규, 「기업지배구조개선과 소유구조」, 『CGReview』 35호, 한국기업지배구조센터, 2007.

김화진, 「이사회와 사외이사의 역할에 대한 새로운 인식」, 『코스닥저널』 2003년 봄호, 코스닥등록법인협의회, 2003.

양만식, 「집행임원의 도입에 따른 지배구조론의 전개」, 『상사법연구』 제24권 제1호, 한국상사법학회, 2005.

김효신, 「기업지배구조의 변화에 따른 이사회개선방안」, 『상사판례연구』 제18권 제3호, 한국상사판례학회, 2005.

최준선, 「기업지배구조개선의 실태분석」, 『기업법연구』 제19권 제2호, 한국기업법학회, 2005.

강희갑, 「미국의 기업지배구조 및 회계감사에 관한 최근의 개혁입법」, 『상사법연구』 제21권 제4호, 한국상사법학회, 2003.

전우현, 「주식회사 감사위원회제도의 개선에 관한 일고찰」, 『상사법연구』 제23권 제3호, 한국상사법학회, 2004.

정쾌영, 「사외이사제도의 문제점과 개선방향」, 『기업법연구』 제19권 제2호, 한국기업법학회, 2005.

찾아보기

판례 색인

대법원 1965. 10. 20. 선고 65다1677 판결 186
대법원 1970. 8. 31. 선고 70다1357 판결 44
대법원 1975. 5. 27. 선고 74다1366 판결 143
대법원 1985. 6. 11. 선고 84다카962 판결 144
대법원 1983. 12. 13. 선고 83도2330 전원합의체 판결 27
대법원 1988. 10. 11. 선고 86다카2936 판결 141
대법원 1989. 9. 12. 선고 87다카2691 판결 186
대법원 1993. 12. 28. 선고 93다47653 판결 145
대법원 1994. 5. 13. 선고 94다323 판결 50
대법원 1995. 7. 28. 선고 93다61338 판결 116
대법원 1998. 5. 12. 선고 97다56020 판결 47
대법원 2000. 1. 28. 선고 99다35737 판결 46
대법원 2000. 3. 23. 선고 99다67529 판결 74, 79
대법원 2000. 9. 26. 선고 99다48429 판결 85
대법원 2001. 10. 26. 선고 99다58051 판결 262
대법원 2001. 12. 6. 자 2001그113 결정 124
대법원 2001. 5. 15. 선고 2001다12973 판결 76, 101
대법원 2001. 9. 7. 선고 2001도2917 판결 106
대법원 2002. 12. 24. 선고 2000다69927 판결 99
대법원 2002. 12. 24. 선고 2002다54691 판결 68
대법원 2002. 3. 15. 선고 2000다9086 판결 177
대법원 2002. 3. 29. 선고 2000다47316 판결 168
대법원 2002. 6. 14. 선고 2002다11441 판결 163
대법원 2003. 2. 11. 선고 2001다14351 판결 269
대법원 2003. 2. 26. 선고 2000다42786 판결 226
대법원 2003. 5. 16. 선고 2001다44109 판결 82
대법원 2003. 7. 11. 선고 2001다45584 판결 98, 114
대법원 2003. 7. 22. 선고 2002다40432 판결 142

대법원 2004. 10. 15. 선고 2004다25611 판결 124
대법원 2004. 11. 12. 선고 2002다66892 판결 30
대법원 2004. 12. 10. 선고 2002 다 60467, 60474 판결 166
대법원 2004. 12. 10. 선고 2004다25123 판결 125
대법원 2004. 12. 10. 선고 2004다25123 판결 27, 136
대법원 2004. 12. 24. 자 2003마1575 결정 129
대법원 2004. 2. 27. 선고 2002다19797 판결 144
대법원 2004. 3. 25. 선고 2003다64688 판결 151
대법원 2004. 3. 26. 선고 2002다29138 판결 54
대법원 2004. 3. 26. 선고 2003다34045 판결 139
대법원 2004. 4. 27. 선고 2003다29616 판결 103, 234
대법원 2004. 6. 25. 선고 2000다37326 판결 249
대법원 2004. 7. 8. 선고 2004다13717 판결 108
대법원 2004. 8. 16. 선고 2003다9636 판결 248
대법원 2004. 8. 30. 선고 2003다25973 판결 279
대법원 2004. 9. 23. 선고 2003다49221 판결 181
대법원 2005. 10. 28. 선고 2003다69638 판결 158
대법원 2005. 11. 8. 자 2005마541 결정 192
대법원 2005. 5. 27. 선고 2005다480 판결 37, 150
대법원 2005. 7. 28. 선고 2005다3649 판결 128
대법원 2005. 7. 28. 선고 2005다3649 판결 130
대법원 2005. 9. 9. 선고 2004다17702 판결 141
대법원 2006. 1. 27. 선고 2004다44575, 44582 판결 66
대법원 2006. 10. 12. 선고 2005다75729 판결 81
대법원 2006. 11. 23. 선고 2004다49570 판결 125
대법원 2006. 11. 23. 자 2005마958, 959, 960, 961, 962, 963, 964, 965, 966 결정 112
대법원 2006. 7. 6. 선고 2004다8272 판결 147
대법원 2006. 8. 25. 선고 2004다26119 판결 30, 173
대법원 2006. 9. 14. 선고 2005 다 45537 판결 80
대법원 2006. 9. 14. 선고 2005다45537 판결 77
대법원 2007. 10. 11. 선고 2006다33333 판결 184
대법원 2007. 12. 13. 선고 2007다60080 판결 196
대법원 2007. 2. 22. 선고 2005다73020 판결 117, 217
대법원 2007. 5. 10. 선고 2005다4284 판결 149
대법원 2007. 5. 31. 선고 2005다55473 판결 137
대법원 2007. 5. 31. 선고 2005다55473 판결 38
대법원 2007. 6. 28. 선고 2006다38161, 38178 판결 69

대법원 2007. 7. 26. 선고 2006다33609 판결 160
대법원 2007. 7. 26. 선고 2006다33685 판결 158
대법원 2007. 9. 7. 선고 2005다18740 판결 47
대법원 2008. 1. 10. 선고 2007다64136 판결 274
대법원 2008. 12. 11. 선고 2005다51471 판결 155
대법원 2008. 2. 14. 선고 2006다82601 판결 195
대법원 2008. 2. 14. 선고 2007다73321 판결 279
대법원 2008. 4. 14. 자 2008마277 결정 187
대법원 2008. 5. 29. 선고 2007도5206 판결 248
대법원 2008. 6. 26. 선고 2007다90647 판결 210
대법원 2008. 7. 10. 선고 2005다24981 판결 82
대법원 2008. 7. 10. 선고 2006다39935 판결 185
대법원 2008. 7. 10. 선고 2007다14193 판결 86
대법원 2008. 9. 11. 선고 2006다68636 판결 155
대법원 2008. 9. 11. 선고 2007다31518 판결 196
대법원 2008. 9. 11. 선고 2007다90982 판결 31
대법원 2009. 1. 30. 선고 2006다31269 판결 102
대법원 2009. 1. 30. 선고 2008다50776 판결 227
대법원 2009. 3. 12. 선고 2007다60455 판결 141
대법원 2009. 4. 23. 선고 2005다22701, 22718 판결 275
서울고법 1997. 5. 13. 자 97라36 결정 : 재항고 252
서울고법 2006. 9. 13. 선고 2006나14648 판결 169
대구고법 2002. 3. 13. 선고 2000나8336 판결 : 확정 170
부산고법 2004. 3. 31. 선고 2003나11424 판결 280
서울중앙지법 2008. 4. 28. 자 2008카합1306 결정 228
서울중앙지법 2008. 6. 20. 선고 2007가합43745 판결 180
서울서부지법 2006. 7. 26. 선고 2005가합6082 판결 211
대구지법 2000. 5. 30. 선고 99가합13533 판결 183
대전지법 2006. 3. 14. 자 2006카합242 결정 122, 203
수원지법 2007. 9. 21. 선고 2007가합5499 판결 228

색인

OECD 기업지배구조원칙 21
가장납입 53
감사 191
감사위원회 197
건설이자의 배당 267
검사인 207
결의방법 107
결의요건 107
경업금지의무 147
경영판단의 원칙 182
공동대표이사 137
공시제도 260
관계인집회 301
기명주식 62
기업지배구조모범규준 21
기준일제도 77
담보부사채 255
대표권 137
대표이사 135
무기명주식 63
무액면주식 62
발기인 44
발기인조합 45
변태설립사항 49
보고의무 153
부당결의취소·변경의 소 118
분할 275
분할의 절차 277
분할의 종류 276
분할의 효과 279
불법행위능력 38
비밀유지의무 154
사외이사제도 202
사채 235
사채권자집회 239
상환주식 65
선관주의의무 145
설립의 하자 56
설립중의 회사 45
소수주주권 68
소집시기 98
소집절차 96
소집지 98
수권자본제도 41
신주발행 213
신주발행무효의 소 225
신주발행의 절차 218
신주발행의 하자 222
신주인수권부사채 253
실권주 216
실기주 215
실질주주명부 78
액면미달발행금지 221
액면주식 61
업무집행권 136
영업보고서 257
외부감사인 207
위법행위유지청구권 173
유한책임 70
유한회사 33
의결권행사 99, 103
이사 119
이사의 보수 124
이사의 선임 119
이사의 의무 145
이사의 종임 123
이사의 책임 156
이사자기거래승인대상의 확대 152
이사회 126
이사회결의 127
이사회결의의 하자 128
이사회내 위원회 131
이사회소집 127

이사회의 권한 129
이연자산 257
이익배당 263
이익소각 91
이중대표소송 180
자기주식취득금지 80
자본 40
자본의 감소 232
자유설립주의 39
재무제표 256
전환사채 241
전환주식 64
정관작성 49
종류주주총회 66
주권 72
주권불소지제도 75
주식 42, 61
주식교환 282
주식매수선택권 87
주식매수청구권 111
주식배당 265
주식양도의 방법 86
주식의 담보설정 90
주식의 소각 91
주식의 양도 79
주식의 포괄적 이전 285
주식인수절차 52
주식회사 32, 40
주식회사설립에 관한 책임 57
주식회사의 소멸 288
주주 67
주주명부 76
주주명부의 폐쇄 77
주주의 의무 70
주주제안권 109
주주총회 93
주주총회결의 취소의 소 113
주주총회결의무효의 소 116
주주총회결의부존재의 소 117
주주총회결의의 하자 113
주주총회의 소집 95
주주평등의 원칙 69
준법감시인 212
준비금 258
준칙주의 40
중간배당 267
지배구조 13
지주회사 281
직무대행자 185
집중투표제 120
집행임원 188
집행임원제도 187
청산의 종결 292
청산인의 선임과 해임 290
청산절차 291
출자의무 70
출자이행절차 53
충실의무 71, 145
특허주의 39
표현대표이사 140
합명회사 32
합병 269
합병절차 270
합자회사 32
허가주의 39
회사 25
회사설립의 입법주의 39
회사의 권리능력 35
회사의 사업기회 유용금지제도 153
회사의 의사능력·행위능력 37
회사의 회생 292
회생계획 302
회생절차의 기관 294